Ad-hoc-Publizität von Zwischenschritten

Europäische Hochschulschriften

European University Studies

Publications Universitaires Européennes

Reihe II **Rechtswissenschaft**

Series II Law

Série II Droit

Band/Volume **5815**

Tobias Kallmaier

Ad-hoc-Publizität von Zwischenschritten

PL ACADEMIC RESEARCH

Bibliografische Information der Deutschen Nationalbibliothek
Die Deutsche Nationalbibliothek verzeichnet diese Publikation in der Deutschen Nationalbibliografie; detaillierte bibliografische Daten sind im Internet über http://dnb.d-nb.de abrufbar.

Zugl.: Passau, Univ., Diss., 2015

D 739
ISSN 0531-7312
ISBN 978-3-631-67058-3 (Print)
E-ISBN 978-3-653-06279-3 (E-Book)
DOI 10.3726/978-3-653-06279-3

Internationaler Verlag der Wissenschaften
Frankfurt am Main 2016

PL Academic Research ist ein Imprint der Peter Lang GmbH.
Peter Lang – Frankfurt am Main · Bern · Bruxelles · New York · Oxford · Warszawa · Wien

Diese Publikation wurde begutachtet.

www.peterlang.com

Für Carina

Vorwort

Die vorliegende Arbeit wurde im Sommersemester 2015 von der Juristischen Fakultät der Universität Passau als Dissertation angenommen. Sie befindet sich auf dem Stand von März 2015.

Ich danke an dieser Stelle ganz besonders meiner Doktormutter Frau Professorin Dr. Dörte Poelzig für die Förderung und Betreuung der Arbeit. Während der gesamten Bearbeitungszeit hatte sie stets ein offenes Ohr und stand immer für Fragen und einen inhaltlichen Austausch zur Thematik zur Verfügung. Mein Dank gilt ferner Herrn Professor Dr. Jan Wilhelm für die zügige Erstellung des Zweitgutachtens sowie Herrn Professor Dr. Holger Altmeppen für die Übernahme des Vorsitzes im Prüfungsausschuss.

Des Weiteren danke ich Herrn Rechtsanwalt Dr. Martin Kuhn, der mich an das Vorhaben der Dissertation herangeführt und mir durch die gewährten Freiräume eine berufsbegleitende Erstellung dieser Arbeit erst ermöglicht hat. Mein Dank gilt ferner Herrn Dr. Peter Lang für die sorgfältige Durchsicht des Manuskripts und die wertvollen inhaltlichen Anregungen.

Abschließend gilt mein ganz besonderer Dank meiner Verlobten, Frau Carina Schneider, die mich seit vielen Jahren auf jede nur erdenkliche Art und Weise bedingungslos unterstützt und mit Rat und Tat zur Seite steht. Ihre aufmunternden Worte und ihr motivierender Zuspruch halfen mir nicht nur bei der Anfertigung dieser Arbeit, sondern begleiteten mich darüber hinaus auf meinem gesamten persönlichen und beruflichen Werdegang. Ich bin ihr daher zu tiefstem Dank verpflichtet. Ihr ist diese Arbeit gewidmet.

München, im Dezember 2015 *Tobias Kallmaier*

Inhaltsverzeichnis

Abkürzungsverzeichnis

a.A.	andere Ansicht
Abl.	Amtsblatt
Abs.	Absatz
a.E.	am Ende
a.F.	alte Fassung
AG	Aktiengesellschaft (Rechtsform)
AG	Die Aktiengesellschaft (Zeitschrift)
AG	Amtsgericht
AktG	Aktiengesetz
Alt.	Alternative
Art.	Artikel
Aufl.	Auflage
Az.	Aktenzeichen
BaFin	Bundesanstalt für Finanzdienstleistungsaufsicht
BAWe	Bundesamt für Wertpapierhandel
BB	Betriebs-Berater (Zeitschrift)
BFuP	Betriebswirtschaftliche Forschung und Praxis (Zeitschrift)
BGB	Bürgerliches Gesetzbuch
BGBl.	Bundesgesetzblatt
BGH	Bundesgerichtshof
BKR	Zeitschrift für Bank- und Kapitalmarktrecht
BörsG	Börsengesetz
bzgl.	bezüglich
bzw.	beziehungsweise
CCZ	Corporate Compliance Zeitschrift
CESR	Committee of European Securities Regulators
CFL	Corporate Finance Law (Zeitschrift)
CMLR	Common Market Law Review (Zeitschrift)
DB	Der Betrieb (Zeitschrift)
ders.	derselbe
DStR	Deutsches Steuerrecht (Zeitschrift)
EG	Europäische Gemeinschaft
ESMA	European Securities and Markets Authority
EU	Europäische Union
EuGH	Europäischer Gerichtshof
EuZW	Europäische Zeitschrift für Wirtschaftsrecht
EWG	Europäische Wirtschaftsgemeinschaft
ff.	folgende
FFG	Finanzmarktförderungsgesetz
FN.	Fußnote

FRUG	Finanzmarktrichtlinien-Umsetzungsgesetz
FS	Festschrift
GG	Grundgesetz
ggf.	gegebenenfalls
GWB	Gesetz gegen Wettbewerbsbeschränkungen
GWR	Gesellschafts- und Wirtschaftsrecht (Zeitschrift)
HGB	Handelsgesetzbuch
h.M.	herrschende Meinung
Hrsg.	Herausgeber
IPCC	Intergovernmental Panel on Climate Change
i.V.m.	in Verbindung mit
JuS	Juristische Schulung (Zeitschrift)
JZ	JuristenZeitung (Zeitschrift)
LG	Landgericht
M&A	Mergers & Acquisitions
MMVO	Marktmissbrauchsverordnung
m.w.N.	mit weiteren Nachweisen
NJW	Neue Juristische Wochenschrift
NZA	Neue Zeitschrift für Arbeitsrecht
NZG	Neue Zeitschrift für Gesellschaftsrecht
NZI	Neue Zeitschrift für das Recht der Insolvenz und Sanierung
NZWiSt	Neue Zeitschrift für Wirtschafts-, Steuer und Unternehmensstrafrecht
OLG	Oberlandesgericht
OWiG	Ordnungswidrigkeitengesetz
Rdn.	Randnummer
RL	Richtlinie
Rz.	Randziffer
S.	Satz
S.	Seite
StGB	Strafgesetzbuch
TUG	Transparenzrichtlinien-Umsetzungsgesetz
u.a.	unter anderem
UN	United Nations
VGR	Gesellschaftsrechtliche Vereinigung
WpAIV	Wertpapierhandelsanzeige- und Insiderverzeichnisverordnung
WpHG	Wertpapierhandelsgesetz
WM	Wertpapier-Mitteilungen (Zeitschrift)
WRP	Wettbewerb in Recht und Praxis (Zeitschrift)
z.B.	zum Beispiel
ZBB	Zeitschrift für Bankrecht und Bankwirtschaft
ZGR	Zeitschrift für Unternehmens- und Gesellschaftsrecht
ZHR	Zeitschrift für das gesamte Handelsrecht und Wirtschaftsrecht
ZIP	Zeitschrift für Wirtschaftsrecht

A. Einleitung

Die Pflicht zur Veröffentlichung von Ad-hoc-Mitteilungen hat in den letzten Jahren rasant an Bedeutung gewonnen. Begünstigt wurde dies unter anderem durch ein nunmehr seit Jahren laufendes Gerichtsverfahren, in dem rund 100 Anleger Schadensersatz von der Daimler AG verlangen, da diese Insider-Informationen zu spät veröffentlich habe. Diese Prozessserie hat zwischenzeitlich zu höchstgerichtlichen Entscheidungen geführt, insbesondere im Hinblick auf die Veröffentlichungspflicht von Zwischenschritten.

Ferner hat auch der Gesetzgeber die Entwicklung im Bereich des Kapitalmarktrechts vorangetrieben. Mit der neuen Marktmissbrauchsverordnung wird die Rechtsgrundlage, auf welcher die Ad-hoc-Mitteilungspflicht beruht, gänzlich verändert, um eine weitere Vereinheitlichung innerhalb des europäischen Binnenmarktes zu erreichen.

Das Kapitalmarktrecht ist somit im ständigen Fluss und immer stärker im Bewusstsein der Marktteilnehmer. Von entscheidender Bedeutung ist die Frage, wann eine Insider-Information ensteht. Dies ist aufgrund der gemeinsamen Anknüpfung an § 13 Abs. 1 WpHG nicht nur für die Ad-hoc-Veröffentlichungspflicht, sondern auch für das Insiderhandelsverbot von Relevanz.

I. Ziel der Untersuchung

Ziel dieser Arbeit ist es, die Ad-hoc-Publizitätspflicht von Zwischenschritten näher zu untersuchen. Insbesondere soll dargestellt werden, ob und wann Zwischenschritte eine Insider-Information begründen. Weiter wird behandelt, welche Auswirkungen die Veröffentlichungspflicht auf Emittenten von börsennotierten Aktien hat. Insbesondere soll aufgezeigt werden, wie Unternehmen mit Zweifelsfragen umgehen und sich vor einer möglicherweise zu frühzeitigen Veröffentlichungspflicht schützen können.

In einem zweiten praktischen Teil sollen typische Konstellationen gestreckter Geschehensverläufe darauf untersucht werden, ab wann eine Insider-Information entsteht. Damit soll Emittenten eine Hilfestellung gegeben werden, ab wann sie mit einer Veröffentlichungspflicht rechnen müsen.

II. Gang der Untersuchung

Für die Bestimmung der Ad-hoc-Publizitätspflicht von Zwischenschritten werden zu Beginn des ersten Teils theoretische Grundlagen näher beleuchtet. Nachdem die gesetzgeberische Entwicklung der Ad-hoc-Publizitätspflicht aufgezeigt wird, sollen insbesondere ihr Sinn und Zweck erörtert werden. Dies dient insbesondere der teleologischen Einordnung von Zwischenschritten in den Tatbestandsaufbau.

Nachdem im nächsten Schritt die erhebliche praktische Relevanz bei Verstößen gegen die unverzügliche Publizitätspflicht aufgezeigt wird, bedarf es einer näheren Untersuchung, was Zwischenschritte auszeichnet und wie sich diese Merkmale in den Tatbestandsaufbau des § 15 Abs. 1 WpHG einfügen.

Sodann werden die Tatbestandsmerkmale der Konkretheit eines Zwischenschritts sowie dessen Kursrelevanz intensiv beleuchtet. Auf diese Weise wird festgestellt, wann ein Zwischenschritt im Wege der Ad-hoc-Mitteilung zu veröffentlichen ist. Abschließend wird in einem Ausblick auf die Marktmissbrauchsverordnung untersucht, ob die gefundenen Ergebnisse auch auf Basis der neuen Verordnung angewendet werden können.

Die im ersten Teil gefundenen Ergebnisse werden sodann im zweiten Teil dieser Arbeit auf praktisch relevante Fallkonstellationen angewendet. Hierzu werden mit M&A-Transaktionen, personellen Veränderungen sowie Kapitalmaßnahmen Konstellationen untersucht, die Prototypen gestreckter Geschehensverläufe darstellen. Damit soll eine Hilfestellung gegeben werden, ab wann in der Praxis mit der Entstehung einer Insider-Information zu rechnen ist.

Abschließend werden die gefundenen Ergebnisse in Thesen zusammengefasst.

Teil 1: Theoretische Grundlagen

B. Rechtssystematische Stellung und Entwicklung der Ad-hoc-Publizitätspflicht

I. Gesetzgeberische Entwicklung der Ad-hoc-Publizitätspflicht

Das Kapitalmarktrecht ist ein Rechtsgebiet, das einem stetigen Wandel unterliegt. Gerade in jüngerer Zeit nimmt die Entwicklung des Kapitalmarktrechts eine erhöhte Dynamik auf, insbesondere durch erforderliche Anpassungen an technische Entwicklungen und Veränderungen der Finanzmärkte, aber auch politische Veränderungen[1]. Der Teilbereich der Ad-hoc-Publizitätspflicht hingegen kann bereits auf eine jahrzehntelange Geschichte und Entwicklung zurückblicken, in der sich die Grundprinzipien verfestigt haben. Der nachfolgende Überblick über die Gesetzgebung zeigt, dass die Entwicklung maßgeblich durch eine europäische Rechtsvereinheitlichung vorangetrieben und darauf aufbauend in nationales Recht inkorporiert wurde.

1. Vorarbeiten zu ersten Kodifizierungen der Ad-hoc-Publizität

a) Vorarbeiten auf europäischer Ebene

Eingeläutet wurden die Überlegungen zur Kodifizierung des europäischen Kapitalmarktrechts durch einen Bericht einer Gruppe Sachverständiger unter dem Vorsitz von *Claudio Segré*[2]. Die Untersuchung dieser Expertenkommission, besser bekannt als „Segré-Bericht", wurde von der Kommission der EWG in Auftrag gegeben und 1966 veröffentlicht. Das Sachverständigengremium sollte die Ziele eines europäischen Kapitalmarkts definieren, die Strukturunterschiede zwischen den einzelnen Kapitalmärkten analysieren und die Auswirkungen der Schaffung eines europäischen Kapitalmarkts untersuchen[3]. Die Sachverständigengruppe erhielt zudem den Auftrag, Empfehlungen auszusprechen, auf deren Basis die Gemeinschaftsorgane konkrete Maßnahmen vorschlagen können[4].

Um die Publizität an den Kapitalmärkten zu verbessern regte die Sachverständigengruppe an, die „ständige" Publizität durch die Erstellung von Zwischenberichten

---

1 Gedacht sei an dieser Stelle beispielsweise an das zeitweise Verbot von Leerverkäufen in §§ 30h ff. WpHG, Regelungen zur Überwachung von Ratingagenturen in § 17 WpHG sowie die Sicherung des Vertrauens in die Anlageberatung durch das Anlegerschutz- und Funktionsverbesserungsgesetz.

2 Kommission der Europäischen Wirtschaftsgemeinschaft (Hrsg.), Der Aufbau eines europäischen Kapitalmarktrechts, Bericht einer von der EWG-Kommission eingesetzten Sachverständigengruppe, Brüssel, 1966.

3 Segré-Bericht, S. 11.

4 Segré-Bericht, S. 11.

zusätzlich zum Jahresabschluss zu verbessern[5]. Zur „ständigen" Information zählte die Sachverständigengruppe aber auch, dass jeder neue Umstand, der die Verhältnisse oder die Rentabilität des Unternehmens entscheidend beeinflussen könnte, dem Publikum so rasch wie möglich zur Kenntnis gebracht werden sollte[6].

Eine Reaktion auf diese Empfehlungen des Segré-Berichts ließ auf europäischer Ebene längere Zeit auf sich warten. Erst am 25. Juli 1977 wurden durch die Kommission unverbindliche Wohlverhaltensregeln für Wertpapiertransaktionen erlassen[7]. Die Grundidee der Wohlverhaltensregeln war eine zuverlässige, zutreffende, klare, ausreichende und rechtzeitige Information des Publikums[8]. Dabei sollten alle Besitzer von Wertpapieren gleich behandelt werden[9]. In den ergänzenden Grundsätzen[10] wurde festgehalten, dass jeder wichtige Sachverhalt oder Beschluss, der einen nennenswerten Einfluss auf den Wertpapierkurs haben kann, unverzüglich bekanntzugeben ist[11].

Die Empfehlungen der Kommission richteten sich an die Mitgliedsstaaten, die dafür sorgen sollten, dass diejenigen, die das Funktionieren der Wertpapiermärkte beeinflussen können, die Wohlverhaltensregeln beachten[12]. Daraufhin wurden die Wohlverhaltensregeln im Wesentlichen unverändert als Empfehlung an die „beteiligten Wirtschaftskreise" weitergereicht[13]. Dies führte dazu, dass die Regeln kaum Beachtung fanden[14].

b) Vorarbeiten auf nationaler Ebene

Auf der nationalen Ebene wurden zwar schon 1970, also noch vor der Veröffentlichung der Wohlverhaltensregeln der Europäischen Kommission, Empfehlungen

---

5 Segré-Bericht, S. 240.

6 Segré-Bericht, S. 241.

7 Empfehlung der Kommission vom 25. Juli 1977 betreffend europäische Wohlverhaltensregeln für Wertpapiertransaktionen (77/534/EWG), Amtsblatt Nr. L 212 vom 20. August 1977, S. 37–43; berichtigt durch Berichtigung der Empfehlung der Kommission vom 25. Juli 1977 betreffend europäische Wohlverhaltensregeln für Wertpapiertransaktionen (Amtsblatt der Europäischen Gemeinschaften Nr. L 212 vom 20. August 1977), Amtsblatt Nr. L 294 vom 18. November 1977, S. 28.

8 Empfehlung der Kommission 77/534/EWG (Wohlverhaltensregeln), Allgemeiner Grundsatz Nr. 2.

9 Empfehlung der Kommission 77/534/EWG (Wohlverhaltensregeln), Allgemeiner Grundsatz Nr. 3.

10 Diese sollen die allgemeinen Grundsätze präzisieren und veranschaulichen, vgl. Empfehlung der Kommission 77/534/EWG (Wohlverhaltensregeln), Erwägungsgrund Nr. 12.

11 Empfehlung der Kommission 77/534/EWG (Wohlverhaltensregeln), Ergänzender Grundsatz Nr. 12.

12 Empfehlung der Kommission 77/534/EWG (Wohlverhaltensregeln), Erwägungsgrund Nr. 6.

13 *Assmann*, AG 1994, 196, 198.

14 *Büche*, S. 41; *Assmann*, AG 1994, 196, 198; *Hopt*, ZGR 1991, 17, 20, FN. 16.

der Börsensachverständigenkommission beim Bundeswirtschaftsministerium veröffentlicht[15]. Sie enthielten aber keine Pflicht zur Abgabe von Ad-hoc-Mitteilungen, sondern bezogen sich ausschließlich auf den Insiderhandel an sich, nicht auf dessen Prävention durch die Veröffentlichung von Informationen.

An Stelle einer gesetzlichen Regelung kam es in der Folgezeit lediglich zu mehrfachen Änderungen dieser freiwilligen Insiderhandelsrichtlinien[16]. Eine Erweiterung zu einer Ad-hoc-Pflicht war damit jedoch nicht verbunden. Selbst die letzte Überarbeitung dieser Empfehlungen im Jahr 1988[17] verpflichtete die Emittenten von Wertpapieren nicht, kursrelevante Informationen ad-hoc zu veröffentlichen.

Aufgrund der am ersten Entwurf der freiwilligen Insiderrichtlinien der Börsensachverständigenkommission aus dem Jahre 1970 geäußerten Kritik[18] gab es auch andere Lösungsvorschläge. So wurde 1976, also ebenfalls noch vor Veröffentlichung der Wohlverhaltensregeln der Europäischen Kommission, vom Arbeitskreis Gesellschaftsrecht ein voll ausformulierter Entwurf einer nationalen Regelung vorgelegt[19], dem jedoch letztlich ebenfalls keine praktische Bedeutung zukam[20]. Dieser Entwurf enthielt in seinem § 21 das Gebot, dass börsennotierte Gesellschaften enumerativ aufgezählte Ereignisse[21] unverzüglich bekannt zu machen haben, sobald ihr Vorstand und gegebenenfalls Aufsichtsrat entsprechende Beschlüsse gefasst haben[22]. Dies stellte einen ersten Vorschlag einer Ad-hoc-Publizitätspflicht auf nationaler

15 Empfehlungen der Börsensachverständigenkommission beim Bundeswirtschaftsministerium zur Lösung der sog. Insider-Probleme vom 13.11.1970, abgedruckt bei *Hopt/Will*, Europäisches Insiderrecht, 1973, M-100 ff. Die Empfehlungen dieser Insiderhandels-Richtlinien richteten sich an verschiedene Empfänger: Teil A der Empfehlungen bezog sich auf die Organe von Aktiengesellschaften, Teil B richtete sich an bestimmte Kreditinstitute, Teil C an die Organe von Wertpapierbörsen, Teil D an die Börsenaufsichtsbehörden und Justizbehörden sowie Teil E an die Arbeitsgemeinschaft der Wertpapierbörsen.

16 Die Neufassung von 1975 ist beispielsweise abgedruckt bei Baumbach/Duden, Handelsgesetzbuch, 24. Aufl. 1980, Anh. III § 382.

17 Neufassung der Insider-Regeln durch den „Arbeitskreis für Insider-Fragen", Juni 1988, abgedruckt in ZIP 1988, 873.

18 Vgl. die Nachweise bei *Kübler*, AG 1977, 85, 86, FN. 25.

19 Arbeitskreis Gesellschaftsrecht, Verbot des Insiderhandelns, Rechtspolitische Überlegungen und Vorschlag eines Gesetzes gegen unlautere Börsengeschäfte in Wertpapieren, 1976.

20 *Hopt*, BFuP 1994, 85, 86.

21 Genannt werden beispielsweise der Abschluss von Unternehmensverträgen, Strukturmaßnahmen, Kapitalmaßnahmen oder die Auflösung der Gesellschaft, vgl. Arbeitskreis Gesellschaftsrecht, Verbot des Insiderhandelns, Rechtspolitische Überlegungen und Vorschlag eines Gesetzes gegen unlautere Börsengeschäfte in Wertpapieren, 1976, S. 64.

22 Arbeitskreis Gesellschaftsrecht, Verbot des Insiderhandelns, Rechtspolitische Überlegungen und Vorschlag eines Gesetzes gegen unlautere Börsengeschäfte in Wertpapieren, 1976, S. 64.

Ebene dar. Die Fokussierung auf den Beschluss der Organe macht deutlich, dass an eine eigenständige Betrachtung von Zwischenschritten noch nicht gedacht wurde.

2. Börsenzulassungsrichtlinie und Umsetzung in § 44a BörsG a.F.

a) Börsenzulassungsrichtlinie

Die erste bindende Umsetzung der Ad-hoc-Publizitätspflicht auf europäischer Ebene ließ noch Jahre auf sich warten. Erst am 5. März 1979 wurde die Börsenzulassungsrichtlinie[23] erlassen. Gemäß Art. 4 Abs. 2 dieser Richtlinie waren Emittenten von zur amtlichen Notierung zugelassenen Wertpapieren verpflichtet, die in Schema C oder D im Anhang der Richtlinie aufgeführten Pflichten einzuhalten[24]. Darin war zum ersten Mal eine Ad-hoc-Publizitätspflicht enthalten[25].

b) Börsenzulassungsgesetz

Die Richtlinie wurde erst deutlich verspätet[26] mit dem Börsenzulassungsgesetz[27] vom 16. Dezember 1986 in deutsches Recht umgesetzt und die Vorgaben zur Ad-hoc-Publizitätspflicht in § 44a BörsG a.F. eingebettet.

---

23 Richtlinie 79/279/EWG des Rates vom 5. März 1979 zur Koordinierung der Bedingungen für die Zulassung von Wertpapieren zur amtlichen Notierung an einer Wertpapierbörse, Amtsblatt Nr. L 66 vom 16. März 1979, S. 21.

24 Schema C Nr. 5 des Anhangs zur Börsenzulassungsrichtlinie statuierte die Pflicht der Emittenten von an einer Wertpapierbörse amtlich notierten Aktien, das Publikum unverzüglich über neue im Tätigkeitsbereich des Emittenten eingetretene erhebliche Tatsachen in Kenntnis zu setzen, die der breiten Öffentlichkeit nicht bekannt sind, aber wegen ihrer Auswirkungen auf Vermögens- oder Finanzlage oder den allgemeinem Geschäftsverlauf zu einer beträchtlichen Kursänderung der Aktien führen können. Schema D Nr. 4 des Anhangs zur Richtlinie übertrug diese Grund-sätze sinngemäß auf Emittenten von Schuldverschreibungen, die zur amtlichen Notierung an einer Wertpapierbörse zugelassen waren.

25 *Lutter/Bayer/Schmidt*, Europäisches Unternehmens- und Kapitalmarktrecht, 5. Aufl. 2012, § 17 Rdn. 176.

26 Art. 22 Abs. 1 der Börsenzulassungsrichtlinie gewährte den Mitgliedsstaaten eine Umsetzungsfrist von zwei Jahren ab Bekanntgabe der Richtlinie, wobei sich die Frist gemäß Art. 22 Abs. 2 der Richtlinie um ein weiteres Jahr verlängerte, wenn der Mitgliedsstaat gleichzeitig die Börsenzulassungsprospektrichtlinie (Richtlinie 80/390/EWG des Rates vom 17. März 1980 zur Koordinierung der Bedingungen für die Erstellung, die Kontrolle und die Verbreitung des Prospekts, der für die Zulassung von Wertpapieren zur amtlichen Notierung an einer Wertpapierbörse zu veröffentlichen ist, Amtsblatt Nr. L 100 vom 17. April 1980, S. 1) in nationales Recht umsetzte.

27 Gesetz zur Einführung eines neuen Marktabschnitts an den Wertpapierbörsen und zur Durchführung der Richtlinien des Rates der Europäischen Gemeinschaften vom 5. März 1979, vom 17. März 1980 und vom 15. Februar 1982 zur Koordinierung

Die Vorschrift sollte die laufende Veröffentlichung der Jahresabschlüsse und Lageberichte sowie die ebenfalls neu geschaffene[28] regelmäßige Zwischenberichterstattung nach § 44b BörsG a.F. ergänzen[29]. Inhaltlich blieb der Wortlaut des § 44a BörsG a.F. sehr nah an den Vorgaben der Richtlinie[30].

Trotz der Kodifizierung in mitgliedsstaatliches Recht blieb die Vorschrift weitgehend unberücksichtigt. Während der gesamten Geltungsdauer dieser Norm[31] wurde von nur insgesamt sechs Ad-hoc-Mitteilungen berichtet[32]. Die Ursachen hierfür lagen zum einen in der geringen Strafandrohung für Zuwiderhandlungen[33], zum anderen in der Tatsache, dass es keine ausreichende Aufsicht über die Anwendung der Norm gab[34]. Des Weiteren wurde von einer großen Unsicherheit der Emittenten bei der Anwendung der Ad-hoc-Publizität berichtet[35], da deutsche Gesellschaften aus einer Sorge vor falschen Reaktionen „Scheu" vor dem Umgang mit Publikationen hatten[36]. Die Pflicht zur Abgabe von Ad-hoc-Mitteilungen konnte zudem dadurch umgangen werden, indem kursrelevante Sachverhalte statt in einer Ad-hoc-Mitteilung im Rahmen einer Pressemitteilung publiziert wurden, so dass sie nicht mehr, wie von § 44a BörsG a.F. vorausgesetzt, „dem Publikum nicht bekannt" waren[37]. Obwohl die eigentliche Bedeutung von § 44a BörsG a.F. von einigen Autoren

---

börsenrechtlicher Vorschriften (Börsenzulassung-Gesetz) vom 16. Dezember 1986, BGBl. I, S. 2478.

28 Rechtliche Grundlage hierfür war die Umsetzung der Richtlinie 82/121/EWG des Rates vom 15. Februar 1982 über regelmäßige Informationen, die von Gesellschaften zu veröffentlichen sind, deren Aktien zur amtlichen Notierung an einer Wertpapierbörse zugelassen sind, Amtsblatt Nr. L 48 vom 20. Februar 1982, S. 26.

29 RegE Börsenzulassungsgesetz, BT-Drucks. 10/4296, S. 16.

30 Während die Richtlinie eine „beträchtliche" Kursänderung fordert, spricht § 44a BörsG a.F. von einer „erheblichen" Kursänderung. Die Information darf nach der Richtlinie der „breiten Öffentlichkeit" nicht bekannt sein. § 44a BörsG a.F. hingegen stellt auf das „Publikum" ab, dem jedoch auch nach der Richtlinie die Information bekannt zu machen ist. Dies verdeutlicht, dass inhaltliche Unterschiede damit nicht verbunden waren.

31 § 44a BörsG a.F. trat gemäß Art. 5 Abs. 3 des Börsenzulassungsgesetzes zum 1. Mai 1987 in Kraft und wurde erst durch die Schaffung des § 15 WpHG durch das 2. FFG mit Wirkung zum 1. Januar 1995 abgelöst.

32 *Pellens/Fülbier*, DB 1994, 1381, 1385 FN. 44 verweisen auf die Angaben aus einer Befragung der deutschen Börsen; in anderen Quellen wird von einer Spanne von sechs bis acht Ad-hoc-Meldungen berichtet, vgl. *Gehrt*, S. 27; *Schröder*, S. 26.

33 Die größte Sanktionsmöglichkeit für Verstöße gegen die Publizitätspflicht aus § 44a BörsG a.F. beschränkte sich gemäß § 90 Abs. 1 Nr. 2 BörsG a.F. i.V.m. § 90 Abs. 4 BörsG a.F. auf eine Geldbuße von DM 100.000,–.

34 Vgl. *Hopt*, ZHR 159 (1995), 135, 147.

35 Diesen Aspekt hervorhebend *Heidmeier*, AG 1992, 110.

36 Dies betonend *Happ*, JZ 1994, 240, 241.

37 *Gehrt*, S. 27.

durchaus erkannt wurde[38], musste die Norm letztlich als „totes" oder „schlafendes" Recht eingestuft werden[39]. Die „verhältnismäßig geringe Bedeutung" hat schließlich auch der Gesetzgeber des 2. FFG erkannt[40].

3. Insiderrichtlinie und Umsetzung durch das 2. FFG

a) Insiderrichtlinie

Der nächste große Schritt in der Entwicklung der Ad-hoc-Publizität ging von der Insiderrichtlinie[41] aus, welche am 13. November 1989 verabschiedet wurde. Hinsichtlich der Ad-hoc-Publizität erstreckte Art. 7 der Insiderrichtlinie die Verpflichtungen der Emittenten gemäß Schema C des Anhangs der Börsenzulassungsrichtlinie auf einen breiteren Umfang von Emittenten von Wertpapieren.

b) 2. Finanzmarktförderungsgesetz

Die nötige Umsetzung der Richtlinie gab dem nationalen Gesetzgeber den Antrieb, das nationale Recht zum 1. Januar 1995 durch das 2. Finanzmarktförderungsgesetz[42] mit der Schaffung des Wertpapierhandelsgesetzes[43] umfassend neu zu ordnen. Neben der Einführung des Verbots von Insidergeschäften in § 14 WpHG wurden in §§ 12, 13 WpHG die Begriffe der Insiderpapiere und des Insiders definiert. Die in § 44a BörsG a.F. geregelte Ad-hoc-Publizität wurde in § 15 WpHG übernommen und mit den vorgenannten Vorschriften in den Abschnitt 3 „Insiderüberwachung" überführt.

Die Neufassung führte zu keiner Konkretisierung der Voraussetzungen sondern nur zu einer detaillierteren Ausgestaltung des Publizitätsverfahrens[44]. Die

---

38 *Schwark*, NJW 1987, 2041, 2045 bescheinigt eine „erhebliche, bisher nicht ausgelotete Bedeutung"; *Schäfer*, ZIP 1987, 953, 956 spricht von einer „erhebliche(n) und kaum zu unterschätzende(n) Bedeutung", vor allem im Hinblick auf eine denkbare Schadensersatzpflicht aus § 823 Abs. 2 BGB.

39 Vgl. *Zimmer/Kruse*, in: Schwark/Zimmer, Kapitalmarktrechts-Kommentar, 4. Aufl. 2010, § 15 WpHG Rdn. 1 m.w.N.; *Pfüller*, in: Fuchs, WpHG, 2009, § 15 Rdn. 6. Die fehlende praktische Bedeutung betonend auch *Happ*, JZ 1994, 240, 241.

40 RegE 2. FFG, BT-Drucks. 12/6679, S. 35.

41 Richtlinie 89/562/EWG des Rates vom 13. November 1989 zur Koordinierung der Vorschriften betreffend Insider-Geschäfte, Amtsblatt Nr. L 334 vom 18. November 1989, S. 30.

42 Gesetz über den Wertpapierhandel und zur Änderung börsenrechtlicher und wertpapierrechtlicher Vorschriften (Zweites Finanzmarktförderungsgesetz – 2. FFG) vom 26. Juli 1994, BGBl. I, S. 1749.

43 Das Wertpapierhandelsgesetz wurde von *Hopt* in ZHR 159 (1995), 135, 163 daraufhin als „Grundgesetz des Kapitalmarktrechts" bezeichnet.

44 *Pellens/Fülbier*, DB 1994, 1381, 1388; zu den Unterschieden zwischen § 44 BörsG a.F. und § 15 WpHG i.d.F. des 2. FFG siehe *Zimmer*, in: Schwark, Kapitalmarktrechts-Kommentar, 3. Aufl. 2004, § 15 WpHG Rdn. 4.

Anknüpfung des § 15 Abs. 1 S. 1 WpHG an Tatsachen, die „eingetreten" sind, ließ erkennen, dass künftige Ereignisse nicht zu veröffentlichen waren. Vielmehr hielt die Gesetzesbegründung fest, dass Ereignisse, deren Konsequenzen noch nicht feststehen, weil deren Wirksamkeit noch durch andere Umstände aufgehoben werden kann oder noch wirksame Gegenmaßnahmen möglich sind, keine kursrelevanten Tatsachen darstellen[45]. Ob jedoch Zwischenschritte veröffentlichungspflichtige Tatsachen darstellen konnten, wurde unterschiedlich beurteilt[46].

Die Überführung in das Wertpapierhandelsgesetz hat die Ad-hoc-Publizität aus dem „Dornröschenschlaf"[47] erweckt. Bereits im Jahr 1995 wurden 1.001 Ad-hoc-Meldungen publiziert[48]. Zu dieser Entwicklung hat insbesondere beigetragen, dass der Gesetzgeber die früheren Schwachstellen bei der Umsetzung des § 44a BörsG a.F.[49] beseitigt hat[50].

4. Nachfolgende Gesetzesänderungen bis zum Jahr 2004

Das Wertpapierhandelsgesetz wurde in den folgenden Jahren mehrmals geringfügig und punktuell im Hinblick auf die Vorschriften zum Insiderrecht geändert[51].

Weitreichendere Änderungen brachte das Vierte Finanzmarktförderungsgesetz[52] mit sich, das am 1. Juli 2002 in Kraft trat. Die im Rahmen einer Ad-hoc-Meldung verwendeten Kennziffern mussten seitdem im Geschäftsverkehr üblich sein. Damit

45 Vgl. RegE 2. FFG, BT-Drucks. 12/6679, S. 48.

46 Vgl. hierzu die Nachweise bei *Harbarth*, ZIP 2005, 1898, 1901, FN. 32.

47 *Hopt*, BFuP 1994, 85, 94.

48 Im Jahresbericht des BAWe 1995, S. 21 wurden noch 1.441 Meldungen genannt; die enthaltene Zahl von Meldungen ausländischer Emittenten wurde jedoch im Jahresbericht des BAWe 1996, S. 45 nach unten korrigiert.

49 Vgl. hierzu die Erwägungen bei B.I.2.b).

50 Mit dem Bundesaufsichtsamt für Wertpapierhandel (BAWe) wurde eine neue Aufsichtsbehörde geschaffen, die die Pflicht zur Ad-hoc-Publizität überwachen sollte. Das Bundesaufsichtsamt für Wertpapierhandel wurde auch mit ausreichenden Instrumenten ausgestattet, um Verstöße zu ahnden. So wurde der Bußgeldrahmen in § 39 Abs. 1 Nr. 2 lit. a) WpHG i.V.m. § 39 Abs. 3 WpHG auf bis zu DM 3.000.000,– für unterlassene Ad-hoc-Mitteilungen ausgeweitet.

51 Den Anfang machte das Gesetz zur Änderung des Jahressteuergesetzes 1996 und zur Änderung anderer Gesetze (Jahressteuer-Ergänzungsgesetz 1996) vom 18.12.1995, BGBl. I, S. 1959, welches Emittenten mit Sitz im Ausland gestattete, die Veröffentlichung in einer anderen Sprache vorzunehmen. Zu erwähnen sind ferner das Gesetz zur Umsetzung von EG-Richtlinien zur Harmonisierung bank- und wertpapieraufsichtsrechtlicher Vorschriften vom 22.10.1997, BGBl. I, S. 2518, das Gesetz zur weiteren Fortentwicklung des Finanzplatzes Deutschland (Drittes Finanzmarktförderungsgesetz – 3. FFG) vom 24.03.1998, BGBl. I, S. 529 sowie Gesetz über die integrierte Finanzdienstleistungsaufsicht vom 22.04.2002, BGBl. I, S. 1310.

52 Gesetz zur weiteren Fortentwicklung des Finanzplatzes Deutschland (Viertes Finanzmarktförderungsgesetz – 4. FFG) vom 21.06.2002, BGBl. I, S. 2010.

sollte verhindert werden, dass Emittenten durch „*Fantasiekennzahlen (...) negative Entwicklungen zu verschleiern suchen*"[53]. Seit Erlass des WpHG steigerte sich zudem die Anzahl an Ad-hoc-Meldungen beträchtlich[54]. Dies war auch dem Umstand geschuldet, dass viele Ad-hoc-Mitteilungen offensichtlich überflüssig waren, indem sie beispielsweise zu Werbezwecken eingesetzt wurden[55]. Deshalb wurde durch eine Neufassung des § 15 Abs. 1 S. 3 WpHG untersagt, sonstige Angaben, die die Voraussetzungen der Ad-hoc-Mitteilungspflicht offensichtlich nicht erfüllen, zu veröffentlichen. Der Gesetzgeber hat erkannt, dass das Ziel der Schaffung von Transparenz durch die Überflutung der Marktteilnehmer mit unwichtigen Informationen nicht erreicht werden könne[56]. Auch wurde in § 15 Abs. 1 S. 4 WpHG eine Pflicht zur Berichtigung unwahrer, aber bereits publizierter, Informationen eingeführt. Die Bedeutung des 4. FFG bestand aber zusätzlich auch darin, dass die Schadensersatzanspruchsnormen der §§ 37b, 37c WpHG geschaffen wurden und somit die Haftung für fehlerhafte Ad-hoc-Mitteilungen deutlich verschärft wurde[57].

Alle genannten Gesetzesänderungen führten hingegen nicht zu einer Erweiterung der Ad-hoc-Publizitätspflicht im Hinblick auf künftige Umstände.

5. Marktmissbrauchsrichtlinie und Umsetzung durch das Anlegerschutzverbesserungsgesetz

a) Marktmissbrauchsrichtlinie

Die nächste größere Umwälzung ließ jedoch nicht lange auf sich warten. Im Jahr 2003 verabschiedeten der Europäische Rat und das Europäische Parlament die Marktmissbrauchsrichtlinie[58].

Art. 1 Abs. 1 der Marktmissbrauchsrichtlinie brachte die Definition einer Insider-Information mit sich. Das Verbot des Handels mit Insider-Informationen wurde in Art. 2 bis 4 der Marktmissbrauchsrichtlinie verankert. Hinsichtlich der Ad-hoc-Publizität gab Art. 6 Abs. 1 der Marktmissbrauchsrichtlinie vor, dass alle Emittenten

---

53 RegE 4. FFG, BT-Drucks. 14/8017, S. 87.

54 Im Jahresbericht des BAWe, S. 31 sind für das Jahr 2001 5.421 Ad-hoc-Meldungen in der Statistik verzeichnet.

55 Vgl. *Hutter/Leppert*, NZG 2002, 649, 653 mit Verweis auf *Dreyling*, Die Bank 2002, 16, 18.

56 RegE 4. FFG, BT-Drucks. 14/8017, S. 87.

57 Die Einführung der §§ 37b, 37c WpHG war erforderlich, da Anleger bei unterlassenen oder verspäteten Veröffentlichungen nur unzureichend geschützt waren und das Publizitätsverhalten einiger Unternehmen starke Mängel aufwies, vgl. RegE 4. FFG, BT-Drucks. 14/8017, S. 93. Der Schadensersatzanspruch aus § 37b Abs. 1 WpHG war beispielsweise Grundlage für die Überprüfung der Ad-hoc-Mitteilung zur Nachfolge von Prof. Dr. Jürgen Schrempp bei der DaimlerChrysler AG.

58 Richtlinie 2003/6/EG des Europäischen Parlaments und des Rates vom 28. Januar 2003 über Insider-Geschäfte und Marktmanipulation (Marktmissbrauch), Amtsblatt Nr. L 96 vom 12. April 2003, S. 16.

von Finanzinstrumenten die sie unmittelbar betreffenden Insider-Informationen so bald als möglich der Öffentlichkeit bekannt geben und auf ihrer Internetseite veröffentlichen.

Zur näheren Konkretisierung erließ die Kommission gemäß Art. 6 Abs. 10 der Marktmissbrauchsrichtlinie Durchführungsvorschriften. Maßgeblich ist dabei die Richtlinie 2003/124/EG zu nennen[59]. Art. 1 RL 2003/124/EG konkretisiert den Begriff der Insider-Information. In Art. 2 RL 2003/124/EG werden Vorgaben zur Art und Weise der Veröffentlichung der Informationen gemacht.

b) Anlegerschutzverbesserungsgesetz

Umgesetzt wurde die Richtlinie durch das Anlegerschutzverbesserungsgesetz[60], welches hinsichtlich der Änderungen des Wertpapierhandelsgesetzes am 30. Oktober 2004 in Kraft trat[61]. Es brachte nicht nur eine Umbenennung des § 15 WpHG mit sich[62], sondern auch inhaltliche Änderungen[63]. So wurde der Anwendungsbereich sowohl persönlich[64] als auch zeitlich[65] erweitert. Die Veröffentlichungspflicht bezog sich nunmehr auf „Insider-Informationen", die den Emittenten unmittelbar betreffen. Zuvor mussten nur „Tatsachen" publiziert werden, die im Tätigkeitsbereich des Emittenten eingetreten sind[66]. Dies hatte auch Auswirkungen auf Zwischenschritte, da nach alter Rechtslage umstritten war, ob Zwischenschritte als Tatsachen anzusehen waren[67]. Die Definition einer „Insider-Informationen" findet sich seitdem in

59 Richtlinie 2003/124/EG der Kommission vom 22. Dezember 2003 zur Durchführung der Richtlinie 2003/6/EG des Europäischen Parlaments und des Rates betreffend die Begriffsbestimmung und die Veröffentlichung von Insider-Informationen und die Begriffsbestimmung der Marktmanipulation, Amtsblatt Nr. L 339 vom 24. Dezember 2003, S. 70.

60 Gesetz zur Verbesserung des Anlegerschutzes (Anlegerschutzverbesserungsgesetz – AnSVG) vom 28. Oktober 2004, BGBl. I, S. 2630.

61 Zu den Veränderungen durch das Anlegerschutzverbesserungsgesetz vgl. *Holzborn/Israel*, WM 2004, 1948 sowie *Kuthe*, ZIP 2004, 883.

62 Der Titel des § 15 WpHG wurde von „Veröffentlichung und Mitteilung kursbeeinflussender Tatsachen" in „Veröffentlichung und Mitteilung von Insiderinformationen" geändert.

63 Vgl. zur Umsetzung der Marktmissbrauchsrichtlinie in Deutschland *Lutter/Bayer/Schmidt*, Europäisches Unternehmens- und Kapitalmarktrecht, 5. Aufl. 2012, § 35 Rdn. 20.

64 Der persönliche Anwendungsbereich wurde von Emittenten von Wertpapieren auf Emittenten von Finanzinstrumenten erweitert.

65 Die Ad-hoc-Publizitätspflicht greift seither schon ab Stellung des Antrags auf Zulassung an einem inländischen organisierten Markt.

66 Der in § 13 WpHG verwendete Begriff des „Umstands" zur Definition einer Insider-Information geht über den Begriff der „Tatsache" hinaus und umfasst auch überprüfbare Werturteile und Prognosen, vgl. RegE AnSVG, BT-Drucks. 15/3174, S. 33.

67 Vgl. zu diesem Streit die Nachweise bei *Harbarth*, ZIP 2005, 1898, 1901 FN. 32.

§ 13 WpHG wieder. Erstmals gibt es seit dieser Gesetzesänderung in § 13 Abs. 1 S. 3 WpHG eine ausdrückliche Anknüpfung an künftige Ereignisse.

Die durch Art. 6 Abs. 2 der Marktmissbrauchsrichtlinie vorgesehene und durch Art. 3 RL 2003/124/EG näher konkretisierte Möglichkeit der Selbstbefreiung wurde von dem früheren Erfordernis der Antragsbefreiung in § 15 Abs. 1 S. 5 WpHG a.F. auf die Möglichkeit der Selbstbefreiung in § 15 Abs. 3 WpHG n.F. umgestellt[68].

Neu enthalten war auch die Verordnungsermächtigung des Bundesministeriums für Finanzen in § 15 Abs. 7 S. 1 WpHG zur näheren Ausgestaltung von Art und Form sowie Umfang und Inhalt der Veröffentlichung und der berechtigten Interessen für die Inanspruchnahme der Selbstbefreiung. Auf Grundlage dieser Ermächtigung wurde die Wertpapierhandelsanzeige- und Insiderverzeichnisverordnung[69] vom 13. Dezember 2004 erlassen.

6. Nachfolgende Gesetzesänderungen

Im Anschluss an die Marktmissbrauchsrichtlinie und deren Umsetzung wurden die gesetzlichen Bestimmungen nur noch punktuell ergänzt.

Zu erwähnen sind hierbei die Transparenzrichtlinie[70], die in Art. 2 Abs. 1 lit. i) das Prinzip des Herkunftsstaates mit sich brachte. Umgesetzt wurde die Richtlinie durch das Transparenzrichtlinien-Umsetzungsgesetz[71] mit Wirkung zum 20. Januar 2007. Es führte zur Pflicht zur Übermittlung von Insider-Informationen an das Unternehmensregister gemäß § 15 Abs. 1 S. 1 WpHG. Der Anwendungsbereich wurde an die neu eingeführte Definition des „Inlandsemittenten“ in § 2 Abs. 7 WpHG angepasst. Zahlreiche Änderungen wurden in der Wertpapierhandelsanzeige- und Insiderverzeichnisverordnung[72] vorgenommen, v.a. hinsichtlich der Art und Weise der Veröffentlichung gemäß §§ 3a ff. WpAIV.

---

68 Zu den Auswirkungen vgl. die Ausführungen unter G.I.3.c).

69 Verordnung zur Konkretisierung von Anzeige-, Mitteilungs- und Veröffentlichungspflichten sowie der Pflicht zur Führung von Insiderverzeichnissen nach dem Wertpapierhandelsgesetz (Wertpapierhandelsanzeige- und Insiderverzeichnisverordnung – WpAIV) vom 13. Dezember 2004, BGBl. I, S. 3376.

70 Richtlinie 2004/109/EG des Europäischen Parlaments und des Rates vom 15. Dezember 2004 zur Harmonisierung der Transparenzanforderungen in Bezug auf Informationen über Emittenten, deren Wertpapiere zum Handel auf einem geregelten Markt zugelassen sind, und zur Änderung der Richtlinie 2001/34/EG, Amtsblatt Nr. L 390 vom 31. Dezember 2004, S. 38.

71 Gesetz zur Umsetzung der Richtlinie 2004/109/EG des Europäischen Parlaments und des Rates vom 15. Dezember 2004 zur Harmonisierung der Transparenzanforderungen in Bezug auf Informationen über Emittenten, deren Wertpapiere zum Handel auf einem geregelten Markt zugelassen sind, und zur Änderung der Richtlinie 2001/34/EG (Transparenzrichtlinien-Umsetzungsgesetz – TUG) vom 5. Januar 2007, BGBl. I. S. 10.

72 Wertpapierhandelsanzeige- und Insiderverzeichnisverordnung – WpAIV vom 13. Dezember 2004, BGBl. I, S. 3376.

Zur Umsetzung der Finanzmarktrichtlinie[73] erging am 16. Juli 2007 das Finanzmarktrichtlinien-Umsetzungsgesetz[74]. Zu nennen ist dabei die Neufassung vieler Definitionen in § 2 WpHG. Die Vorgaben zur Ad-hoc-Publizität wurden daher durch dieses Gesetz nur mittelbar geändert[75].

7. Ausblick auf die Marktmissbrauchsverordnung

Dass die Gesetzesentwicklung im Bereich der Ad-hoc-Publizität noch nicht abgeschlossen ist, sondern trotz des nunmehr mehrjährigen Stillstands weiter fortgeführt wird, zeigt sich besonders an dem Erlass einer Marktmissbrauchsverordnung durch die Europäische Kommission.

Durch die Marktmissbrauchsverordnung wird der Bereich der Ad-hoc-Publizität unmittelbar geregeltes europäisches Recht. Der Umsetzungsspielraum, der bisher durch die Richtlinien bestand, fällt dadurch weg. Damit ist bezweckt, die rechtliche Komplexität zu verringern und im Gegenzug Rechtssicherheit zu schaffen[76].

Angesichts der weitreichenden Bedeutung wird auf die Auswirkungen auf die Ad-hoc-Publizität in einem gesonderten Kapitel eingegangen[77].

II. Sinn und Zweck der Ad-hoc-Publizität

Die gesetzlichen Vorgaben der Ad-hoc-Publizität basieren im Wesentlichen auf unbestimmten Rechtsbegriffen[78]. Zwar wurden durch die Richtlinie 2003/124/EG Durchführungsvorschriften zu den europarechtlichen Vorgaben erlassen, die die Tatbestandsmerkmale näher konkretisieren sollen. Allerdings sind auch diese näheren Umschreibungen teils selbst auslegungsbedürftig. Im Rahmen des juristischen

---

73 Richtlinie 2004/39/EG des Europäischen Parlaments und des Rates vom 21. April 2004 über Märkte für Finanzinstrumente, zur Änderung der Richtlinien 85/611/EWG und 93/6/EWG des Rates und der Richtlinie 2000/12/EG des Europäischen Parlaments und des Rates und zur Aufhebung der Richtlinie 93/22/EWG des Rates, Amtsblatt Nr. L 145 vom 30. April 2004, S. 1.

74 Gesetz zur Umsetzung der Richtlinie über Märkte für Finanzinstrumente und der Durchführungsrichtlinie der Kommission (Finanzmarktrichtlinie-Umsetzungsgesetz – FRUG) vom 16. Juli 2007, BGBl. I, S. 1330.

75 Zu den übrigen Auswirkungen des Finanzmarktrichtlinien-Umsetzungsgesetzes vgl. *Assmann*, in: Assmann/Schneider, WpHG, 6. Aufl., Einl. Rdn. 36 und *Fuchs*, in: Fuchs, WpHG, 2009, Einl. Rdn. 63.

76 Vgl. ausführlich zu den Regelungszwecken *Viciano-Gofferje/Cascante*, NZG 2012, 968 ff.

77 Vgl. hierzu Abschnitt H.

78 Dies gilt sowohl für die europarechtlichen Richtlinien, als auch für die Umsetzung in das nationale Recht.

Auslegungskanons gehört zu den Auslegungsmöglichkeiten einer Norm maßgeblich die teleologische Auslegung[79]. Diese ermittelt den Sinn und Zweck der Vorschrift[80].

Als Hauptziel des Kapitalmarktrechts wurde schon früh die Aufrechterhaltung der Funktionsfähigkeit und Integrität der Finanzmärkte angesehen[81]. Dies hängt maßgeblich vom Vertrauen der Anleger ab[82]. Dieses Vertrauen beruht auf der Annahme, dass sämtliche Marktteilnehmer gleichbehandelt und gegen die unrechtmäßige Verwendung von Insider-Informationen geschützt werden[83].

Die Aufrechterhaltung der Funktionsfähigkeit der Finanzmärkte setzt demnach Marktintegrität voraus, welche durch Marktmissbrauch verletzt wird[84]. Marktmissbrauch ist Folge von Insider-Geschäften und Marktmanipulation[85]. Im Erwägungsgrund 12 zur Marktmissbrauchsrichtlinie wird darauf hingewiesen, dass Vorschriften zur Bekämpfung von Insider-Geschäften das Vertrauen der Anleger in die Märkte stärken[86]. Durch die unverzügliche und angemessene öffentliche Bekanntgabe von Informationen wird die Integrität der Finanzmärkte gefördert[87]. Hingegen hat die selektive Bekanntgabe von Informationen umgekehrt zur Folge, dass das Vertrauen der Anleger in die Märkte schwindet[88].

Die Erhaltung der Funktionsfähigkeit des Kapitalmarkts ist damit das übergeordnete Ziel der Ad-hoc-Publizität[89]. Im Folgenden sollen daher die verschiedenen Aspekte, die zur Erfüllung dieses Ziels beitragen, näher erörtert werden.

1. Erweiterung der Regelpublizität

Bereits nach den Empfehlungen der Wohlverhaltensregeln der Kommission sollten Unternehmen einerseits regelmäßig alle sechs Monate über ihre Tätigkeit, Ergebnisse und finanzielle Lage informieren, andererseits aber auch wichtige Sachverhalte

79 *Busche*, in: Münch Komm BGB, 6. Aufl. 2012, § 133 Rdn. 7.

80 *Busche*, in: Münch Komm BGB, 6. Aufl. 2012, § 133 Rdn. 7.

81 Vgl. bereits Segré-Bericht, S. 237, Arbeitskreis Gesellschaftsrecht, Verbot des Insiderhandelns, Rechtspolitische Überlegungen und Vorschlag eines Gesetzes gegen unlautere Börsengeschäfte in Wertpapieren, 1976, S. 10 f.; vgl. in späterer Zeit Richtlinie 89/562/EWG, Erwägungsgründe 4 und 5 sowie Richtlinie 2003/6/EG, Erwägungsgrund 12. Dies zur Richtlinie 89/562/EWG betonend bereits EuGH, Urteil vom 22.11.2005 – *Grøngaard und Bang*, Rz. 22 = EuZW 2006, 25, 26.

82 RegE 2. FFG, BT-Drucks. 12/6679, S. 33.

83 RegE 2. FFG, BT-Drucks. 12/6679, S. 33.

84 Richtlinie 2003/6/EG, Erwägungsgrund 2.

85 Richtlinie 2003/6/EG, Erwägungsgrund 12.

86 Richtlinie 2003/6/EG, Erwägungsgrund 12.

87 Richtlinie 2003/6/EG, Erwägungsgrund 24.

88 Richtlinie 2003/6/EG, Erwägungsgrund 24.

89 Vgl. *Zimmer/Kruse*, in: Schwark/Zimmer, Kapitalmarktrechts-Kommentar, 4. Aufl. 2010, § 15 WpHG Rdn. 6.

oder Beschlüsse unverzüglich bekanntgeben[90]. Schon daraus wird ersichtlich, dass sich Regel- und Ad-hoc-Publizität ergänzen.

Ergänzend wird dies auch in der Begründung zum Börsenzulassungsgesetz deutlich, wonach § 44a BörsG a.F. die laufende Veröffentlichung der Jahresabschlüsse und der Lageberichte sowie die regelmäßige Zwischenberichtserstattung ergänzen soll[91]. Der Börsenzulassungsrichtlinie selbst ist dieses Zusammenspiel nicht so deutlich zu entnehmen. Allerdings sind die Vorgaben, in denen die Ad-hoc-Publizität in Schema C Nr. 5 lit. a) des Anhangs zur Richtlinie mit „Zusätzliche Informationen" überschrieben. Diese Überschrift bezieht sich auf die in Schema C Nr. 4 lit. a) enthaltene Pflicht zur Veröffentlichung von Jahresabschluss und Lagebericht.

In den späteren Gesetzesänderungen wird dieses Zusammenwirken von Regelpublizität und Ad-hoc-Publizität nicht mehr explizit erwähnt. So findet sich in der Begründung zum Anlegerschutzverbesserungsgesetz hierzu keine Aussage mehr. Selbst in der Begründung zum TUG, durch welches die Publizitätsfolgepflichten[92] in einem eigenen Abschnitt des Wertpapierhandelsgesetzes[93] eingeführt wurden, wird auf das Verhältnis zu § 15 WpHG nicht mehr eingegangen. Teilweise wird daher davon ausgegangen, dass die Funktion als Ergänzung zur Regelpublizität inzwischen lediglich einen bloßen Reflex darstellt[94]. So wird auch vertreten, dass die Marktmissbrauchsrichtlinie einen Vorrang des Ziels der Insiderhandelsprävention[95] gegenüber der Funktion der Ergänzung der Regelpublizität statuiere[96]. Abgeleitet wird dies daraus, dass die Anpassung des Anwendungsbereichs der Ad-hoc-Publizität und des Insiderhandelsverbots durch gemeinsame Definitionen[97] die Doppelfunktion

90 Empfehlung der Kommission 77/534/EWG (Wohlverhaltensregeln), Ergänzender Grundsatz Nr. 12.

91 RegE Börsenzulassungsgesetz, BT-Drucks. 10/4296, S. 16; damit sollte sichergestellt werden, dass der Kapitalmarkt auch zwischen den Stichtagen des Jahresabschluss und der Zwischenberichterstattung unverzüglich informiert wird, vgl. *Pellens*, AG 1991, 62, 63.

92 Vgl. die Regelungen zur Veröffentlichung eines Jahresfinanzberichts in § 37v WpHG, eines Halbjahresfinanzberichts in § 37w WpHG sowie von Zwischenmitteilungen in § 37x WpHG.

93 Die Bestimmungen finden sich in §§ 37v ff. WpHG im Unterabschnitt 2 „Veröffentlichung und Übermittlung von Finanzberichten an das Unternehmensregister" wieder.

94 Vgl. *Büche*, S. 72; *Behn*, S. 37.

95 Siehe zu diesem Regelungszweck sogleich unter B.II.2.

96 Vgl. *Behn*, S. 33, der dies aus dem Umstand ableitet, dass bei der Angleichung von Insiderhandelsverbot und Ad-hoc-Publizität Art. 68 Abs. 1 der Kapitalmarktpublizitätsrichtlinie aufgehoben wurde, und gerade nicht in der Marktmissbrauchsrichtlinie darauf verwiesen worden oder auf Art. 6 der Marktmissbrauchsrichtlinie verzichtet worden ist.

97 Erst durch das Anlegerschutzverbesserungsgesetz wurden die beiden Regelungsbereiche an einheitliche Definitionen geknüpft, vgl. *Möllers*, ZBB 2003, 390, 391.

der Ad-hoc-Publizität als Publizitäts- und Präventionsinstrument unterstreiche[98]. Deshalb stelle der Schutzzweck der Prävention das wesentliche Ziel dar[99].

Dass dadurch die Ergänzung der Regelpublizität zu einem bloßen Reflex der Insiderhandelsprävention verkommen sei[100], erscheint jedoch eine zu weitgehende Interpretation. Trotz der abnehmenden Deutlichkeit der Aussagen des Gesetzgebers wird die Ergänzungsfunktion der Ad-hoc-Publizität von der überwiegenden Literatur zurecht nicht in Frage gestellt[101]. Das Bundesamt für den Wertpapierhandel (BAWe) stellte in einer Bekanntmachung zum Verhältnis zwischen Ad-hoc-Publizität und Regelpublizität vom 9. Juli 1996 klar, dass die Ergänzungsfunktion der Ad-hoc-Publizität durch § 44a BörsG a.F. unverändert auch für § 15 WpHG gelte[102]. Auch der Emittentenleitfaden[103] macht deutlich, dass die Regelpublizität die Ad-hoc-Publizität nicht ersetzen kann. Daraus muss geschlossen werden, dass auch die BaFin davon ausgeht, dass sich die beiden Bereiche ergänzen.

2. Bekämpfung des Insiderhandels

Die Bekämpfung des Insiderhandels war zu Beginn der europäischen kapitalmarktrechtlichen Entwicklung noch nicht beabsichtigt, da die Ad-hoc-Publizität zunächst lediglich der Transparenz diente[104]. Zwar wurden bereits in den nationalen freiwilligen

---

98 *Assmann*, in: Assmann/Schneider, WpHG, 6. Aufl. 2012, § 15 Rdn. 6.

99 *Büche*, S. 68.

100 Vgl. *Behn* S. 34.

101 Vgl. *Assmann*, in: Assmann/Schneider, WpHG, 6. Aufl. 2012, § 15 Rdn. 2 und 6, welcher die Ergänzungsfunktion sogar noch als vorrangig bezeichnet; *Zimmer/Kruse*, in: Schwark/Zimmer, Kapitalmarktrechts-Kommentar, 4. Aufl. 2010, § 15 Rdn. 10; vgl. auch *Pfüller*, in: Fuchs, WpHG, 2009, § 15 Rdn. 173, der dies aus dem unterschiedlichen Sinn und Zweck von Ad-hoc-Publizität und Regelpublizität ableitet; *Schröder*, S. 36; *Frowein*, in: Habersack/Mülbert/Schlitt, Handbuch der Kapitalmarktinformation, 2. Aufl. 2013, § 10 Rdn. 1; *Fischer zu Cramburg/Royé*, in: Heidel, Aktienrecht und Kapitalmarktrecht, 4. Aufl. 2014, § 15 WpHG Rdn. 2; *Wölk*, AG 1997, 73, 80; a.A. *Versteegen*, in: Köln Komm WpHG, 1. Aufl. 2007, § 15 Rdn. 130, der die Ad-hoc-Publizitätspflicht gesondert neben der Regelpublizität verortet und nicht als deren Ergänzung; vgl. nunmehr auch *Klöhn*, in: Köln Komm WpHG, 2. Aufl. 2014, § 15 Rdn. 30, wonach Ad-hoc- und Regelpublizität in Idealkonkurrenz zueinander stehen und sich daher nicht verdrängen; die Selbständigkeit der Transparenzvorschriften betonend auch *Hopt*, in: Schimansky/Bunte/Lwowski, Bankrechts-Handbuch, Band II, 4. Aufl. 2011, § 107 Rdn. 80; zweifelnd *Geibel/Schäfer*, in: Schäfer/Hamann, Kapitalmarktgesetze, Band 1, 2. Aufl., Stand 06/2007, § 15 WpHG Rdn. 6 und 10.

102 Bekanntmachung des BAWe vom 9. Juli 1996, Bundesanzeiger Nr. 133 vom 19. Juli 1996, S. 8167.

103 Emittentenleitfaden BaFin, Stand 28. April 2009, Ziffer IV.2.2.9, S. 59.

104 Vgl. hierzu ausführlich *Fürhoff*, AG 2003, 80, 83, FN. 36.

Richtlinien Vorschläge gegen Insiderhandel gemacht[105]. Allerdings findet sich diese Zielsetzung in den frühen europäischen Rechtsvorschriften nicht wieder[106]. Erst in den Erwägungsgründen zur Insiderrichtlinie wird verdeutlicht, dass ein reibungsloses Funktionieren des Kapitalmarkts vom Vertrauen der Anleger abhängt[107]. Da das Vertrauen der Anleger durch die unrechtmäßige Verwendung von Insider-Informationen[108] und damit wiederum das Funktionieren des Marktes gefährdet wird[109], seien die betreffenden Geschäfte zu bekämpfen[110]. Basis dieser Überlegungen ist, dass eine schnellstmögliche Bekanntmachung kursrelevanter Informationen dem Insiderhandel in sachlicher und zeitlicher Hinsicht die Grundlage entzieht, indem der Charakter einer Insider-Information wegfällt[111].

Angesichts dieser präventiven Wirkung wurde in der Begründung zum 2. FFG die Überführung des § 44a BörsG a.F. in das WpHG für geboten erachtet[112]. Die Stellung der Ad-hoc-Publizität in einem Abschnitt mit den Regelungen zum Insiderhandelsverbot verdeutlicht die Zusammengehörigkeit beider Komplexe[113].

Folglich ist die Insiderhandelsprävention bei der Auslegung der Ad-hoc-Publizität maßgeblich mit zu berücksichtigen. Es ist daher zu beachten, dass sich das Ziel, Insidergeschäfte effektiv zu verhindern, in der Interpretation der Normen widerspiegelt.

3. Vertrauen der Anleger

Das Hauptziel der Aufrechterhaltung der Funktionsfähigkeit der Kapitalmärkte hängt, wie bereits angedeutet[114], maßgeblich vom Vertrauen der Anleger ab[115]. Dies beruht auf der Annahme, dass sämtliche Marktteilnehmer gleichbehandelt und gegen die unrechtmäßige Verwendung von Insider-Informationen geschützt werden[116].

---

105 Vgl. die Entwürfe der Börsensachverständigenkommission aus dem Jahr 1970 sowie den Entwurf des Arbeitskreises Gesellschaftsrecht aus dem Jahr 1976 (siehe B.I.1.b)).

106 *Heidmeier*, AG 1992, 110, 113 f.

107 Vgl. Richtlinie 89/562/EG, Erwägungsgrund 4.

108 Vgl. Richtlinie 89/562/EG, Erwägungsgrund 5.

109 Vgl. Richtlinie 89/562/EG, Erwägungsgrund 6.

110 Vgl. Richtlinie 89/562/EG, Erwägungsgrund 7.

111 Vgl. *Assmann*, in: Assmann/Schneider, WpHG, 6. Aufl. 2012, § 15 Rdn. 32; Bericht des Finanzausschusses zum 2. FFG, BT-Drucks. 12/7918, S. 96; die Verkürzung des potentiellen Zeitraums einer vorhandenen Insider-Information betonend auch RegE AnSVG, BT-Drucks. 15/3174, S. 35.

112 RegE 2. FFG, BT-Drucks. 12/6679, S. 48.

113 Vgl. *Versteegen*, in: Köln Komm WpHG, 1. Aufl. 2007, § 15 Rdn. 10.

114 Vgl. die Ausführungen unter B.II.2.

115 RegE 2. FFG, BT-Drucks. 12/6679, S. 33; *Lutter/Bayer/Schmidt*, Europäisches Unternehmens- und Kapitalmarktrecht, 5. Aufl. 2012, § 17 Rdn. 28.

116 RegE 2. FFG, BT-Drucks. 12/6679, S. 33.

Dies kommt schon, wie auch der EuGH hervorgehoben hat[117], in den Erwägungen zur Insiderrichtlinie zum Ausdruck[118]. Im Erwägungsgrund 12 zur Marktmissbrauchsrichtlinie wird darauf hingewiesen, dass Vorschriften zur Bekämpfung von Insider-Geschäften das Vertrauen der Anleger in die Märkte stärken[119]. Hingegen führt die selektive Bekanntgabe von Informationen dazu, dass das Vertrauen der Anleger in die Märkte schwindet[120].

Somit ist bei der Auslegung der Vorschriften zur Ad-hoc-Publizität darauf zu achten, dass das Anlegervertrauen nicht enttäuscht sondern vielmehr gestärkt wird.

4. Prinzip der informationellen Chancengleichheit

Als weiteres Ziel der Ad-hoc-Publizität, das sich aus dem Zweck der Insiderhandelsprävention herausgebildet hat, ist das Prinzip der informationellen Chancengleichheit zu nennen, obwohl die Marktmissbrauchsrichtlinie nicht ausdrücklich auf diesem Gedanken aufbaut[121]. Herausgebildet wurde dieser Grundsatz maßgeblich durch die Rechtsprechung des EuGH[122]. Demnach fördert das Verbot von Insider-Geschäften die Gleichheit der Vertragspartner, indem es verhindert, dass einer von ihnen in Kenntnis einer Insider-Information einen Nutzen zum Nachteil Anderer zieht[123]. Daraus lässt sich der Grundsatz der informationellen Chancengleichheit ableiten[124]. Dieser vom EuGH postulierte Grundsatz stellt nach einer Meinung der Literatur sogar eine neue Rechtsquelle dar[125], ist unabhängig davon aber jedenfalls bei der Auslegung künftiger Fälle heranzuziehen[126].

---

117 EuGH, Urteil vom 22.11.2005 – *Grøngaard und Bang*, Rz. 22 und 33 = EuZW 2006, 25, 26 f.

118 Richtlinie 89/562/EWG, Erwägungsgründe 4 und 5.

119 Richtlinie 2003/6/EG, Erwägungsgrund 12; darauf abstellend auch EuGH, Urteil vom 23.12.2009 – *Spector Photo Group und Van Raemdonck*, Rz. 37 = EuZW 2010, 227, 230.

120 Richtlinie 2003/6/EG, Erwägungsgrund 24.

121 Vgl. *Hupka*, EuZW 2011, 860, 863.

122 Grundlegend zur Marktmissbrauchsrichtlinie EuGH, Urteil vom 23.12.2009 – *Spector Photo Group und Van Raemdonck*, Rz. 48 = EuZW 2010, 227, 231 unter Verweis auf EuGH, Urteil vom 10.05.2007 – *Georgakis*, Rz. 38 = EuZW 2007, 572, 573 zur Insiderrichtlinie, bestätigt durch EuGH, Urteil vom 07.07.2011 – *IMC Securities*, Rz. 27 = EuZW 2001, 715. Nach Ansicht von *Hupka*, EuZW 2011, 460, 463 kann deshalb die frühere Rechtsprechung zur Insiderrichtlinie unverändert für die Marktmissbrauchsrichtlinie Geltung beanspruchen.

123 EuGH, Urteil vom 23.12.2009 – *Spector Photo Group und Van Raemdonck*, Rz. 48 = EuZW 2010, 227, 231; EuGH, Urteil vom 10.05.2007 – *Georgakis*, Rz. 38 = EuZW 2007, 572, 573.

124 *Hupka*, EuZW 2011, 860, 853; *Klöhn*, NZG 2011, 166, 168 f.

125 Vgl. *Hupka*, EuZW 2011, 860, 863.

126 Die Bedeutung rührt daher, dass allgemeine Grundsätze ungeschriebenes primäres Gemeinschaftsrecht darstellen, vgl. *Hupka*, EuZW 2011, 860, 863; *Ruffert*, in:

Im Rahmen der Auslegung ist daher zu berücksichtigen, dass mit der Ad-hoc-Publizität die Überlegenheit eines mit Insider-Informationen ausgestatteten Teils von Anlegern verhindern werden soll. Stattdessen sollen sämtliche Marktteilnehmer die gleichen Chancen und Risiken haben. Folglich soll die Auslegung der Publizitätsvorschriften dazu führen, dass der Markt frühzeitig über Insider-Informationen informiert wird.

5. Preisbildungs- und Allokationsfunktion

Schließlich sorgen die unverzügliche Veröffentlichung von Insider-Informationen und die gleichmäßige Bekanntgabe auch dafür, dass sich zutreffende Marktpreise bilden[127]. Dies wirkt sich auf die allokative Effizienz des Kapitalmarkts aus[128]. Unter diesem Begriff ist die Steuerungsfähigkeit des Kapitalmarkts zu verstehen[129]. Die Anleger sollen „frühzeitig über marktrelevante Informationen verfügen, um sachgerechte Anlageentscheidungen treffen zu können"[130]. Dem liegt die Vorstellung zu Grunde, dass bekannt gegebene Insider-Informationen unverzüglich in den Börsen- oder Marktpreis eingepreist werden[131]. Die Erhaltung der allokativen Funktionsfähigkeit des Kapitalmarkts ist daher eine zentrale Aufgabe des Kapitalmarktrechts[132].

Der Kapitalmarkt dient als wichtige Finanzierungsquelle für Unternehmen[133]. Die eingenommenen Mittel können von den Unternehmen für Investitionsentscheidungen verwendet werden. Da die Marktteilnehmer ihr Kapital nur in lohnende Objekte zur Erzielung von hoher Rendite bei gleichzeitig hinreichender Sicherheit investieren möchten, sorgt die Allokationsfunktion des Kapitalmarkts dafür, dass das Kapital zu den Unternehmen gelangt, die damit am sinnvollsten umgehen[134]. Dies führt folglich zu einer Verbesserung des volkswirtschaftlichen Wachstums, da nicht lohnenswerte Investitionen oder ein dauerhafter Rückzug aus dem Marktgeschehen vermieden werden[135]. Erst durch umfassende Informationen erhalten die Marktteilnehmer eine breitere Entscheidungsgrundlage, durch die sie die zu erwartende

---

Callies/Ruffert, EUV/AEUV, 4. Aufl. 2011, Art. 288 AEUV Rdn. 9; *Nettesheim*, in: Grabitz/Hilf/Nettesheim, Das Recht der Europäischen Union, Stand 49. Ergänzungslieferung 2012, Art. 288 AEUV Rdn. 28.

127 *Hopt*, ZHR 159 (1995), 135, 147.

128 Zu den Auswirkungen einer Erhöhung bzw. Verringerung des Aktienkurses auf die Kosten der Kapitalbeschaffung vgl. *Pellens*, AG 1991, 63 f.

129 *Buck-Heeb*, Kapitalmarktrecht, 6. Aufl. 2013, § 1 Rz. 11.

130 RegE AnSVG, BT-Drucks. 15/3174, S. 34.

131 Vgl. *Eichner*, S. 92.

132 *Lenenbach*, Kapitalmarktrecht- und Börsenrecht, 2. Aufl. 2010, § 1 Rz. 1.67, 1.71.

133 Vgl. *v. Dryander/Niggemann*, in: Hölters, Aktiengesetz, 2. Aufl. 2014, Vorbemerkung §§ 182 ff. Rdn. 20; die wachsende Bedeutung des Kapitalmarkts für die Unternehmensfinanzierung hervorhebend auch *Kaserer*, AG 2013, R100 ff.

134 *Lenenbach*, Kapitalmarktrecht- und Börsenrecht, 2. Aufl. 2010, § 1 Rz. 1.72; *Teichmann*, JuS 2006, 953, 954; *Buck-Heeb*, Kapitalmarktrecht, 6. Aufl. 2013, § 1 Rz. 11.

135 Vgl. *Krause*, ZGR 2002, 799, 812.

Rendite ihrer Investition abschätzen und ihre Entscheidung dem anpassen können[136]. Nur wenn das Anlegerpublikum genügend Vertrauen in die Fairness, Stabilität und Integrität der Märkte hat, wird es sein Kapital investieren[137].

Folglich muss bei der Auslegung der Vorgaben der Ad-hoc-Publizität darauf Rücksicht genommen werden, dass sie zur Verbesserung der Effizienz des Kapitalmarkts und zur Bildung angemessener Preise beitragen sollen, indem den Anlegern eine umfangreiche Informationsbasis zur Anlageentscheidung zur Verfügung gestellt wird.

6. Anlegerschutz

Von großer Bedeutung vor allem für die kapitalmarktrechtliche Haftung ist die Frage, ob die Vorgaben der Ad-hoc-Publizität die Gesamtheit der Anleger schützen oder ob zumindest auch die Vermögensinteressen individueller Anleger geschützt werden sollen. Auch dies ist bei der Auslegung der Normen zu berücksichtigen. Von der Beantwortung dieser Frage hängt es auch ab, ob § 15 WpHG als Schutzgesetz im Sinne des § 823 Abs. 2 BGB[138] eingestuft werden kann. Die Einordnung als Schutzgesetz bestimmt sich nach Inhalt, Zweck und Entstehungsgeschichte der Norm[139]. Entscheidend ist, ob der Gesetzgeber den Rechtsschutz gewollt oder zumindest mitgewollt hat[140]. Dabei kommt es darauf an, dass die Schaffung eines Schadensersatzanspruchs sinnvoll und im Lichte des haftungsrechtlichen Gesamtsystems tragbar erscheint[141].

Die Rechtsprechung sieht in § 15 WpHG keinen Individualschutz sondern ausschließlich das im öffentlichen Interesse liegende Ziel der Sicherung der Funktionsfähigkeit des Kapitalmarkts vermittelt[142]. Der BGH verweist dabei auch auf die Klarstellung des § 15 Abs. 6 WpHG, wonach bei Verstößen gegen § 15 WpHG Schadensersatzansprüche nur aus anderen Anspruchsgrundlagen herrühren können[143]. Auch der Wille des Gesetzgebers verdeutlicht diesen Standpunkt. Insbesondere wurden die vom BGH aufgegriffenen Argumente bereits durch den Finanzausschuss

---

136 Vgl. *Büche*, S. 70; *Kübler/Assmann*, Gesellschaftsrecht, 6. Aufl. 2006, S. 469, 470.

137 *Lenenbach*, Kapitalmarktrecht- und Börsenrecht, 2. Aufl. 2010, § 1 Rz. 1.73; *Buck-Heeb*, Kapitalmarktrecht, 6. Aufl. 2013, § 1 Rz. 11.

138 Vgl. *Wagner*, in: Münch Komm BGB, 6. Aufl. 2013, § 823 Rdn. 405, wonach für die Eigenschaft als Schutzgesetz maßgebend ist, ob die verletzte Vorschrift dem Schutz von Individualinteressen zu dienen bestimmt ist, wobei der Individualschutz jedoch nicht der ausschließliche Zweck sein muss.

139 *Hager*, in: Staudinger, BGB, Neubearbeitung 2009, § 823 Rdn. G 23.

140 *Hager*, in: Staudinger, BGB, Neubearbeitung 2009, § 823 Rdn. G 23 mit Verweis auf BGH, Urteil vom 28.03.2006 = NJW 2006, 2110, 2112 sowie BGH, Urteil vom 11.01.2005 = NJW-RR 2005, 673.

141 BGH, Urteil vom 11.06.2013 = BB 2013, 2318, 2321.

142 Vgl. BGH, Urteil vom 19.07.2004 = NZG 2004, 816, 817.

143 BGH, Urteil vom 19.07.2004 = NZG 2004, 816, 817.

des Bundestags zum Gesetzesentwurf des 2. FFG hervorgehoben[144]. Die daraus folgende Ablehnung von § 15 WpHG als Schutzgesetz im Sinne des § 823 Abs. 2 BGB entspricht, anders als noch zu § 44a BörsG a.F.[145], auch der herrschenden Meinung in der Literatur[146].

Zwar wird aus der Einführung der Haftungsvorschriften der §§ 37b, 37c WpHG[147] teilweise gefolgert, dass aus den Ad-hoc-Publizitäts-Regelungen ein Individualschutz abzuleiten sei[148]. Allerdings wurde in der Begründung zum 4. FFG klargestellt, dass § 15 WpHG auch nach Einführung der §§ 37b, 37c WpHG kein Schutzgesetz ist, da Schutzgut die Sicherung der Funktionsfähigkeit des Kapitalmarkts ist[149].

Dass die Information des Kapitalmarkts durch die Bekanntgabe von Insider-Informationen letztlich auch den individuellen Anlegern zu Gute kommt, wird damit nicht bestritten. Zurecht ist nämlich davon auszugehen, dass der Funktionenschutz des Kapitalmarkts und der Individualschutz der Anleger *„zwei Seiten derselben Medaille“* sind[150]. Jedoch muss festgehalten werden, dass der individuelle Anlegerschutz nicht von § 15 WpHG bezweckt, sondern lediglich Reflex des kollektiven Anlegerschutzes ist[151]. Somit handelt es sich um kein eigenständiges Regelungsziel sondern ein der Integrität des Finanzmarkts dienendes Ziel[152]. Bei der Interpretation der gesetzlichen Bestimmungen ist daher nicht gesondert darauf zu achten, dass in besonderem Maß auf den Schutz individueller Anleger geachtet wird, sondern nur auf das breite Anlegerpublikum in seiner Gesamtheit.

7. Fazit

Die Zielsetzung der Ad-hoc-Publizität hat sich im Laufe der Jahre gewandelt. Während zu Beginn der ersten Kodifikationen die Ergänzung der Regelpublizität im

144 Bericht des Finanzausschusses zum 2. FFG, BT-Drucks. 12/7918, S. 102.

145 *Schäfer*, ZIP 1987, 953, 956; *Schwark*, NJW 1987, 2041, 2045; *Hopt*, in: Baumbach/Hopt, HGB, 29. Aufl. 1995, § 44a BörsG Rdn. 1; *Assmann*, ZGR 1994, 494, 529.

146 Vgl. ausführlich *Krause*, ZGR 2002, 799, 808 ff.; *Pfüller*, in: Fuchs, WpHG, 2009, § 15 Rdn. 439; *Assmann*, in: Assmann/Schneider, WpHG, 6. Aufl. 2012, § 15 Rdn. 307; *Klöhn*, in: Köln Komm WpHG, 2. Aufl. 2014, § 15 Rdn. 464 ff.

147 Eingefügt durch Art. 2 Nr. 24 des 4. FFG, BGBl. I, S. 2034.

148 Vgl. *Versteegen*, in: Köln Komm WpHG, 1. Aufl. 2007, § 15 Rdn. 7.

149 RegE 4. FFG, BT-Drucks. 14/8017, S. 87.

150 Vgl. *Hopt*, ZHR 159 (1995), 135, 159, der den Willen des Gesetzgebers, dass § 15 WpHG kein Schutzgesetz ist, akzeptiert, dabei jedoch das Argument, das WpHG sei insgesamt nur im öffentlichen Interesse ergangen, ablehnt.

151 Vgl. *Frowein*, in: Habersack/Mülbert/Schlitt, Handbuch der Kapitalmarktinformation, 1. Aufl. 2008, § 10 Rdn. 3 FN. 14, wonach allein die Absicht, nicht aber die Wirkung der Vorschrift entscheidend sei; vgl. auch *Zimmer/Kruse*, in: Schwark/Zimmer, § 15 Rdn. 6; *Assmann*, in: Assmann/Schneider, WpHG, 6. Aufl. 2012, § 15 Rdn. 31; für das europäische Kapitalmarktrecht vgl. auch *Lutter/Bayer/Schmidt*, Europäisches Unternehmens- und Kapitalmarktrecht, 5. Aufl. 2012, § 17 Rdn. 28.

152 *Assmann*, ZBB 1989, 49, 56.

Vordergrund stand, wurde dieser Zweck langsam in den Hintergrund gedrängt. Stattdessen wurde mit der Ad-hoc-Publizität in zunehmendem Maße beabsichtigt, Insiderhandel präventiv zu verhindern. Die Ad-hoc-Vorschriften erfüllen insoweit eine Doppelfunktion als Publizitäts- und Präventionsinstrument[153].

Eng mit der Insiderhandelsprävention verbunden ist das Ziel, dass allen Anlegern auf einer gemeinsamen Informationsgrundlage die gleichen Chancen eingeräumt werden sollen, so dass eine marktgerechte Preisbildung und Allokation der Finanzierungsmittel gewährleistet ist. Dies stellt gleichzeitig einen Beitrag zur Stärkung des Anlegervertrauens dar. Die Ad-hoc-Publizitätsvorschriften sind so auszulegen, dass diese Regelungsziele verwirklicht werden. Dies gelingt dadurch, dass allen Anlegern gleichermaßen eine umfassende Informationsgrundlage geboten wird.

III. Anknüpfungspunkte und Auswirkungen der Ad-hoc-Publizitätspflicht

Die Ad-hoc-Publizität hat nicht nur eine theoretische Bedeutung sondern auch ganz konkrete und massive Auswirkungen, wenn ihr nicht die gehörige Beachtung geschenkt wird.

1. Bußgelder

Gemäß § 39 Abs. 2 Nr. 5 lit. a) WpHG handelt ordnungswidrig, wer entgegen § 15 Abs. 1 S. 1 WpHG eine Veröffentlichung nicht, nicht richtig, nicht vollständig, nicht in der vorgeschriebenen Weise oder nicht rechtzeitig vornimmt oder nicht oder nicht rechtzeitig im Sinne des § 15 Abs. 1 S. 4 WpHG nachholt. Den Bußgeldrahmen setzt § 39 Abs. 4 WpHG auf einen Maximalbetrag von EUR 1.000.000,– fest. Gegenüber der ursprünglichen Bußgeldandrohung bei einem Verstoß gegen § 44a BörsG a.F.[154] bedeutet dies (ohne Indexierung) eine Steigerung um circa 2.000%.

Bereits die vorgeschlagene Verzehnfachung des Bußgeldrahmens in § 32 Abs. 1 Nr. 1, Abs. 3 WpHG auf DM 500.000,– im Regierungsentwurf zum 2. FFG zur Schaffung des WpHG wurde als Reaktion auf eine vom Gesetzgeber vermutete bewusste Missachtung der Ad-hoc-Publizitäts-Verpflichtung des § 44a BörsenG a.F. verstanden[155]. Der Finanzausschuss des Bundestages empfahl jedoch sogar eine Erhöhung des Bußgeldrahmens auf DM 3.000.000,–[156]. Begründet wurde dies damit, dass Verstöße gegen die Ad-hoc-Publizität zur Verunsicherung der Marktteilnehmer und zur erhöhten Gefahr von Insidervergehen beitragen[157]. Aufgrund der außerordentlich

153 Vgl. zu dieser Doppelfunktion auch *Koch*, in: Veil, Europäisches Kapitalmarktrecht, 2. Aufl. 2014, § 9 Rdn. 1, S. 380.

154 Vgl. FN. 33.

155 *Happ*, JZ 1994, 240, 241.

156 Bericht des Finanzausschusses zum 2. FFG, BT-Drucks. 12/7918, S. 33.

157 Bericht des Finanzausschusses zum 2. FFG, BT-Drucks. 12/7918, S. 108.

bedeutsamen wirtschaftlichen Dimension wurde dieser hohe Bußgeldrahmen für angemessen und erforderlich erachtet[158] und folglich auch ins Gesetz übernommen.

Im Rahmen der Euro-Umstellung wurde der Betrag auf EUR 1.500.000,– angepasst[159] und durch das Anlegerschutzverbesserungsgesetz auf die nunmehr geltende Höchstsumme von EUR 1.000.000,– reduziert.

Grundsätzlich richtet sich die Sanktionierung aufgrund § 130 OWiG gegen die Vorstandsmitglieder, da eine juristische Person nicht schuldfähig ist[160]. Der Emittent kann jedoch ebenfalls gemäß § 30 OWiG sanktioniert werden, was in der Praxis den Regelfall darstellt[161].

2. Schadensersatzpflicht

Während die Androhung eines Bußgeldes für größere Aktiengesellschaften meist keine abschreckende Wirkung haben wird, ist die Gefahr langwieriger Schadensersatzklagen enttäuschter Anleger von größerer Bedeutung[162]. Insbesondere die Möglichkeit von Musterverfahren durch § 1 Abs. 1 Nr. 1 KapMuG[163] hat dazu geführt, dass Anlegerklagen eine breitere Aufmerksamkeit zukommt.

In der Boom-Phase des „Neuen Marktes" täuschten einige Unternehmen die Anleger durch unrichtige oder unterlassene Ad-hoc-Mitteilungen[164]. Den Anlegern stand jedoch kein Schadensersatzanspruch zu, da die Voraussetzungen einer deliktischen Haftung nicht gegeben waren, insbesondere weil § 15 WpHG kein Schutzgesetz im Sinne des § 823 Abs. 2 BGB ist[165]. Die strafrechtlichen Voraussetzungen der §§ 263, 264a StGB als anerkannte Schutzgesetze im Sinne des § 823 Abs. 2 BGB lagen

158 Bericht des Finanzausschusses zum 2. FFG, BT-Drucks. 12/7918, S. 108.

159 Art. 3 Abs. 6 Nr. 2 des Gesetzes zur Änderung des Versicherungsaufsichtsgesetzes, insbesondere zur Durchführung der EG-Richtlinie 98/78/EG vom 27. Oktober 1998 über die zusätzliche Beaufsichtigung der einer Versicherungsgruppe angehörenden Versicherungsunternehmen sowie zur Umstellung von Vorschriften auf Euro vom 21.12.2000, BGBl. I, S. 1857.

160 *Koch*, in: Veil, Europäisches Kapitalmarktrecht, 2. Aufl. 2014, § 19 Rdn. 142, S. 414.

161 *Koch*, in: Veil, Europäisches Kapitalmarktrecht, 2. Aufl. 2014, § 19 Rdn. 142, S. 414.

162 Dies zeigt sich beispielsweise auch daran, dass die DaimlerChrysler AG den Einspruch gegen das Bußgeld wegen des Streits, ob die Ad-hoc-Mitteilung des Ausscheidens von Herrn Schrempp verspätet war, nach der Entscheidung des OLG Frankfurt in zweiter Instanz zurückgenommen hat, das Kapitalanlegermusterverfahren hingegen noch immer läuft und bereits mehrere Instanzen beschäftigt hat.

163 Gesetz über Musterverfahren in kapitalmarktrechtlichen Streitigkeiten (Kapitalanleger-Musterverfahrensgesetz – KapMuG) vom 19. Oktober 2012, BGBl. I, S. 2182.

164 Vgl. die Anmerkung von *Tilp* in ZIP 2002, 1729, der auch beispielhaft auf die Vorgänge bei der Infomatec AG eingeht.

165 Siehe dazu bereits die Ausführungen in B.II.6.

darüber hinaus zumeist nicht vor[166]. Folglich wurden die Klagen der enttäuschten Anleger von den Gerichten konsequenterweise abgewiesen[167].

Als Reaktion darauf wurden die Schadensersatzanspruchsgrundlagen der §§ 37b, 37c WpHG durch das 4. FFG eingefügt und damit eine Lücke im Anlegerschutz geschlossen[168]. Der Gesetzgeber hat erkannt, dass die Anleger nur unzureichend geschützt waren und das Publizitätsverhalten einiger börsennotierter Unternehmen starke Mängel aufwies[169]. Gemäß § 37b Abs. 1 WpHG besteht nunmehr eine Schadensersatzpflicht des Emittenten wegen unterlassener unverzüglicher Veröffentlichung von Insider-Informationen. § 37c Abs. 1 WpHG erweitert die Haftung auf die Fälle der Veröffentlichung einer unwahren Insider-Information. Folglich stehen Emittenten noch stärker in der Pflicht, die Ad-hoc-Publizität vorgabengetreu umzusetzen.

3. Verfügungen im Rahmen der Missstands-Aufsicht der BaFin

Eine weitere mögliche Konsequenz einer unzureichenden Beachtung der Ad-hoc-Regelungen ist die Möglichkeit der BaFin, im Rahmen der Missstands-Aufsicht gemäß § 4 Abs. 1 S. 3 WpHG vorzugehen, wenn die Missstände die ordnungsmäßige Durchführung des Handels mit Finanzinstrumenten beinträchtigen oder erhebliche Nachteile für den Finanzmarkt bewirken können. Möglich sind dabei Verwaltungsakte sowie der Abschluss eines öffentlich-rechtlichen Vertrages[170], aber auch schlicht hoheitliches Handeln[171]. Das Einschreiten der BaFin steht in ihrem Ermessen[172].

§ 4 Abs. 2 S. 1 WpHG eröffnet der BaFin die Möglichkeit, Anordnungen zu treffen, die zur Durchsetzung der Gebote des WpHG geeignet und erforderlich sind. Dabei hat die BaFin ein weites Auswahlermessen bei der Wahl des konkreten Mittels, das nur durch das Verhältnismäßigkeitsprinzip sowie den Zweck der Marktaufsicht begrenzt wird[173]. Konkretisiert wird § 4 Abs. 2 WpHG durch § 4 Abs. 3 bis 6 WpHG[174].

---

166 Vgl. *Sethe*, in: Assmann/Schneider, WpHG, 6. Aufl. 2012, § 37c Rdn. 5.

167 BGH, Urteil vom 19.07.2004 = NZG 2004, 186; LG München I, Urteil vom 28.06.2001 = NJW-RR 2001, 1701; LG Augsburg, Urteil vom 09.01.2002 = NZG 2002, 428; OLG München, Urteil vom 01.10.2002 = NZG 2002, 1107; AG München, Urteil vom 05.09.2001 = NJOZ 2001, 1882; OLG München, Urteil vom 18.07.2002 = NJW-RR 2002, 1702; LG Kassel, Teilurteil vom 14.08.2002 = NZG 2003, 136; LG Bonn, Urteil vom 15.05.2001 = AG 2001, 484.

168 *Sethe*, in: Assmann/Schneider, WpHG, 6. Aufl. 2012, § 37c Rdn. 5.

169 RegE 4. FFG, BT-Drucks. 14/8017, S. 93.

170 *Schlette/Bouchen*, in: Fuchs, WpHG, 2009, § 4 Rdn. 25.

171 So *Döhmel/Vogel*, in: Assmann/Schneider, WpHG, 6. Aufl. 2012, § 4 Rdn. 17.

172 Vgl. *Zetsche*, in: Schwark/Zimmer, Kapitalmarktrechts-Kommentar, 4. Aufl. 2010, § 4 WpHG Rdn. 35. So kann sie auch zur Überzeugung gelangen, dass ein Bußgeld gemäß § 39 Abs. 2 Nr. 5 lit. a) WpHG hinreichend geeignet ist, zukünftigen Rechtsverletzungen wirksam entgegenzuwirken.

173 Vgl. *Schlette/Bouchen*, in: Fuchs, WpHG, 2009, § 4 Rdn. 35.

174 *Giesberts*, in: Köln Komm WpHG, 1. Aufl. 2007, § 4 Rdn. 103.

Die BaFin ist gemäß § 4 Abs. 6 WpHG insbesondere befugt, eine nicht, nicht richtig, nicht vollständig oder nicht in der vorgeschriebenen Weise abgegebene Ad-hoc-Mitteilung an Stelle des Pflichtigen vornehmen[175]. Daneben kann sie durch Verwaltungsakt den Emittenten zur Veröffentlichung einer Ad-hoc-Mitteilung anhalten.

175 Vgl. *Lutter/Bayer/Schwarz*, Europäisches Unternehmens- und Kapitalmarktrecht, 5. Aufl. 2012, § 17 Rdn. 182; *Zetsche*, in: Schwark/Zimmer, Kapitalmarktrechts-Kommentar, 4. Aufl. 2010, § 4 Rdn. 67.

C. Relevanz von Zwischenschritten

Um die Relevanz von Zwischenschritten bei der Pflicht zur Ad-hoc-Publizität richtig einordnen zu können, ist es in einem ersten Schritt erforderlich, den Begriff des Zwischenschritts für die weitere Bearbeitung zu definieren. In einem zweiten Schritt wird sodann auf die Tatbestandsmerkmale der gesetzlichen Vorgaben der Ad-hoc-Publizität eingegangen. Dadurch sollen die Probleme, die sich bei Zwischenschritten stellen, in den Tatbestandsaufbau des § 15 Abs. 1 S. 1 WpHG eingeordnet werden.

I. Definition von Zwischenschritten

Um zu verstehen, was einen Zwischenschritt ausmacht, müssen zuerst die potentiellen Fallgruppen, in denen sie typischerweise vorkommen, betrachtet werden. Zur Abgrenzung kann im Anschluss der Begriff des Endereignisses definiert werden. Nach Klärung der Frage, was einen Zwischenschritt darstellt, wird sodann dessen Struktur näher beleuchtet.

1. Zwischenschritte als Bestandteil gestreckter Geschehensverläufe

Schon sprachlich ist notwendigerweise davon auszugehen, dass ein Zwischenschritt ein Ereignis voraussetzt, welches nicht aus einer einzelnen Entscheidung besteht. Wesentliches Merkmal ist die zeitliche Streckung eines Geschehens. Dabei ist die konkrete Information nur Teil eines aus mehreren Einzelschritten zusammengesetzten Gesamtgeschehens[176].

Dementsprechend definiert der Bundesgerichthof einen solchen Sachverhalt als einen „zeitlich gestreckten Vorgang, bei dem über mehrere Zwischenschritte ein bestimmter Umstand verwirklicht oder ein bestimmtes Ereignis herbeigeführt werden soll“[177]. Somit handelt es sich bei mehrstufigen Entscheidungsvorgängen um Vorgänge, bei denen sich ein Endziel nur im Wege der Verwirklichung von Zwischenzielen verwirklichen lässt[178].

In der Literatur wird vor allem auf die Fallgruppe der mehrstufigen Entscheidungsprozesse abgestellt, welche teils gleichbedeutend als „gestaffelte“ oder „zeitlich

176 *Frowein*, in: Habersack/Mülbert/Schlitt, Handbuch der Kapitalmarktinformation, 2. Aufl. 2013, § 10 Rdn. 15.

177 So die Formulierung in der Vorlage an den EuGH durch den BGH mit Beschluss vom 22.11.2010 = NZG 2011, 109; diese Definition findet sich auch bei *Wilsing/Goslar*, DStR 2012, 1709.

178 Vgl. *Assmann*, in: Assmann/Schneider, WpHG, 6. Aufl. 2012, § 13 Rdn. 22.

gestreckte“ Entscheidungsprozesse bezeichnet werden[179]. Die Fallgruppe der mehrstufigen Entscheidungsprozesse stellt jedoch lediglich eine Untergruppe der mehrstufigen Geschehensabläufe dar, da die denkbaren Szenarien gestreckter Sachverhalte über den Fall der unterschiedlichen aktienrechtlichen Organzuständigkeiten hinausgehen[180]. Mehrstufige Entscheidungsprozesse sind nur eine „Schablone“ der Ad-hoc-Publizitätspflicht, weshalb darüber hinaus die Veröffentlichungspflicht aufgrund gestreckter Geschehensabläufe möglich ist[181]. Folglich ist der mehrstufige Geschehensablauf als Oberbegriff zu verstehen. Die mehrstufigen Entscheidungsprozesse sowie komplexe Sachverhalte bilden sodann Untergruppen hiervon[182].

a) Fallgruppe der mehrstufigen Entscheidungsprozesse

Wie der Name schon andeutet ist das Charakteristikum mehrstufiger Entscheidungsprozesse, dass eine Entscheidung in mehreren Stufen getroffen wird. Dies ist der Fall, wenn der Emittent die Entscheidung intern in mehreren Schritten fällt oder die Entscheidung von der Zustimmung Dritter abhängt[183]. Insbesondere handelt es sich um Konstellationen, die der Mitwirkung mehrerer Organe bedürfen[184]. Teils wird der Begriff auch verkürzt dahingehend definiert, dass es sich um Sachverhalte handelt, bei denen der Beschluss des Vorstands einer Aktiengesellschaft noch vom Aufsichtsrat zu genehmigen ist[185]. Dies ist sicherlich der häufigste Anwendungsfall, jedoch nicht die einzige Konstellation[186].

---

179 Diese einheitliche Definition findet sich bei *Assmann*, in: Assmann/Schneider, WpHG, 6. Aufl. 2012, § 13 Rdn. 28. Diese faktische Gleichsetzung findet sich auch in der Literatur wieder, vgl. *Brandi/Süßmann*, AG 2004, 642, 649 sowie *Klöhn*, ZIP 2012, 1885, 1886.

180 Vgl. *Pfüller*, in: Fuchs, WpHG, 2009, § 15 Rdn. 99; die Fallgruppe der mehrstufigen Entscheidungsprozesse als Sonderfall gestreckter Sachverhalte anerkennend auch *Zimmer/Kruse*, in: Schwark/Zimmer, Kapitalmarktrechts-Kommentar, 4. Aufl. 2010, § 15 WpHG Rdn. 63 sowie *Schwark/Kruse*, in: Schwark/Zimmer, Kapitalmarktrechts-Kommentar, 4. Aufl. 2010, § 13 WpHG Rdn. 10.

181 Vgl. *Fleischer*, NZG 2007, 401, 403 a.E.

182 So *Pfüller*, in: Fuchs, WpHG, 2009, § 15 Rdn. 83 FN. 137 sowie *Gunßer*, S. 75 und *Bingel*, AG 2012, 685.

183 *Hilgendorf*, in: Park, Kapitalmarktstrafrecht, 3. Aufl. 2013, § 13 WpHG Rdn. 85; *Zimmer/Kruse*, in: Schwark/Zimmer, Kapitalmarktrechts-Kommentar, 4. Aufl. 2010, § 13 WpHG Rdn. 19.

184 *Pfüller*, in: Fuchs, WpHG, 2009, § 13 Rdn. 74, wobei die Bedeutung der aktienrechtlichen Kompetenzordnung auch in Rdn. 102 betont wird; *Fischer zu Cramburg/Royé*, in: Heidel, Aktienrecht und Kapitalmarktrecht, 4. Aufl. 2014, § 15 WpHG Rdn. 11.

185 *Gunßer*, S. 75.

186 Ausgenommen sind jedoch ausstehende Entscheidungen der Hauptversammlung, da durch die Einberufung zur Hauptversammlung die eventuell bestehende Insider-Information öffentlich bekannt würde, vgl. *Lutter/Bayer/Schmidt*, Europäisches Unternehmens- und Kapitalmarktrecht, 5. Aufl. 2012, § 17 Rdn. 40 FN. 106.

Kennzeichnendes Merkmal mehrstufiger Entscheidungsprozesse ist insbesondere, dass der tatsächliche Eintritt der am Ende kursrelevanten Information typischerweise bis zum endgültigen Abschluss aller erforderlicher Zwischenschritte in jedem Stadium scheitern kann[187].

b) Fallgruppe der komplexen Sachverhalte

Eine weitere Untergruppe der gestreckten Geschehensabläufe ist die Konstellation der komplexen Sachverhalte. Für diese ist kennzeichnend, dass eine Reihe von Ereignissen mehr oder weniger zeitlich an verschiedenen Stellen im Unternehmen auftreten und zunächst nicht zu einer Gesamtinformation zusammengefügt werden[188]. Die Einzelinformationen sind dabei noch nicht publizitätspflichtig, sondern erst die zusammengesetzte Gesamtinformation, sobald diese die Schwelle der Erheblichkeit überschreitet und dem für die Veröffentlichung Verantwortlichen zur Verfügung steht[189].

2. Definition eines Endereignisses

Nachdem deutlich geworden ist, was einen Zwischenschritt ausmacht, lässt sich im Umkehrschluss das Endereignis definieren. Das Endereignis stellt die letzte Entscheidung in der Kette dar, somit das Erreichen der letzten Stufe[190]. Es steht daher am Ende des Geschehensverlaufs[191]. Folglich bedarf es nach dem Eintritt des Endereignisses keiner weiteren Entscheidungen oder Umsetzungsakte mehr.

Jedoch ist auch zu berücksichtigen, dass genauso wie die Einteilung in Zwischenschritte willkürlich sein kann[192], dies auch für die Bestimmung von Endereignissen gelten kann[193]. Allerdings ist es schwerer zu begründen, einen in sich abgeschlossenen

---

187 *Pfüller*, in: Fuchs, WpHG, 2009, § 15 Rdn. 102; *Assmann*, in: Assmann/Schneider, WpHG, 6. Aufl. 2012, § 13 Rdn. 22; Emittentenleitfaden BaFin, Stand 28. April 2009, Ziffer III.2.1.1.1, S. 31; *Schwark/Kruse*, in: Schwark/Zimmer, Kapitalmarktrechts-Kommentar, 4. Aufl. 2010, § 13 WpHG Rdn. 19; diese Definition findet sich auch im Beschluss des OLG Stuttgart vom 15.02.2007 = NZG 2007, 352, 357.

188 Vgl. *Pfüller*, in: Fuchs, WpHG, 2009, § 15 Rdn. 97.

189 *Pfüller*, in: Fuchs, WpHG, 2009, § 15 Rdn. 97.

190 *Pawlik*, in: Köln Komm WpHG, 1. Aufl. 2007, § 13 Rdn. 14.

191 *Klöhn*, ZIP 2012, 1885, 1886; *ders.*, in: Köln Komm WpHG, 2. Aufl. 2014, § 13 Rdn. 64.

192 Vgl. beispielhaft EuGH, Urteil vom 28.06.2012 – *Geltl*, Rz. 37 = EuZW 2012, 708, 709; diese Gefahr betonend auch *Mock*, ZBB 2012, 286. 287.

193 Dem liegt der gleiche Gedanke zu Grunde. Ein für sich genommenes Endereignis, z.B. eine Kapitalerhöhung, kann theoretisch zu einem Zwischenschritt degradiert werden, indem als Endereignis die Rekapitalisierung eines Unternehmens angesehen wird, zu der dann beispielsweise auch der Abschluss neuer Kreditlinien gezählt wird.

Vorgang willkürlich zu einem Zwischenschritt zu degradieren, indem man ihn als Teil eines übergeordneten Geschehens einordnet[194].

3. Struktur von Zwischenschritten

Aus der Einordnung von Zwischenschritten als Teile eines einheitlichen Gesamtgeschehens wird erkennbar, dass ein Zwischenschritt stets dieselbe Grundstruktur aufweist. Zum einen besteht jeder Zwischenschritt aus einem gegenwärtigen Element besteht. Darüber hinaus hat er auch eine zukünftige Komponente, die auf den Eintritt des Endereignisses hinweist.

a) Gegenwärtiges Element

Das gegenwartsbezogene Element ist die Tatsache, dass der Zwischenschritt selbst eingetreten ist[195]. Mit dieser Feststellung hat der Zwischenschritt eine Bedeutung, die vom möglichen Eintritt des Endereignisses losgelöst ist. Allerdings kann ein Zwischenschritt für die Beurteilung der Ad-hoc-Publizitätspflicht nicht ausschließlich aus diesem gegenwartsbezogenen Element bestehen. Sonst würde es sich definitionsgemäß nicht mehr um einen Zwischenschritt handeln[196], da ein solcher die Vorstufe des Eintritts eines Endereignisses darstellt.

b) Zukünftiges Element

Somit wird deutlich, dass ein Zwischenschritt vor allem auch aus einem zukunftsbezogenen Element besteht[197]. Das Erreichen eines Zwischenschritts trifft eine Aussage darüber, wie weit ein Vorgang fortgeschritten und wie wahrscheinlich der Eintritt des Endereignisses ist. Dieses Endereignis stellt als letzte Entscheidung in der Kette einen zukünftigen Umstand dar, auf den der Zwischenschritt hinweist.

II. Rechtliche Grundlagen der Ad-hoc-Publizitätspflicht

Um die Probleme, die sich im Zusammenhang mit der Ad-hoc-Publizität von Zwischenschritten ergeben, einordnen zu können, ist es erforderlich, dass man sich den

---

194 In dem Fall aus FN. 193 lässt es sich beispielsweise nur äußerst schwer begründen, den Akt der Eigenkapitalaufnahme durch eine Kapitalerhöhung mit der Neuordnung der Kapitalstruktur bei einer Rekapitalisierung zu verknüpfen. Vielmehr handelt es sich um zwei gesonderte und voneinander unabhängige Vorgänge, die jeweils getrennte Endereignisse darstellen.

195 Da auch zukünftige Zwischenschritte ad-hoc-publizitätspflichtig sein können (siehe D.III), besteht bei diesen die gegenwärtige Komponente in dem Umstand, dass die hinreichende Wahrscheinlichkeit für den Eintritt des zukünftigen Zwischenschritts erreicht wurde (siehe dazu D.III.1.c)).

196 Dies verdeutlicht *Bingel*, AG 2012, 685, 690.

197 *Bingel*, AG 2012, 685, 690.

Tatbestandsaufbau der Ad-hoc-Publizität vergegenwärtigt. Dabei ist zwischen den europarechtlichen Vorgaben und deren Umsetzung durch das nationale Recht zu unterscheiden. Besonderes Augenmerk wird im Folgenden auf die Punkte gelegt, die im Zusammenhang mit der ad-hoc-rechtlichen Beurteilung von Zwischenschritten von gesteigerter Bedeutung sind.

1. Europarechtliche Vorgaben

Die derzeit anwendbaren Vorgaben zur Ad-hoc-Publizitätspflicht basieren auf der Marktmissbrauchsrichtlinie sowie den dazugehörigen Durchführungsrichtlinien. Die Pflicht zur Veröffentlichung einer Insider-Information ist in Art. 6 Abs. 1 RL 2003/6/EG geregelt. Demnach haben die Mitgliedsstaaten dafür zu sorgen, dass alle Emittenten von Finanzinstrumenten Insider-Informationen, die sie unmittelbar betreffen, so bald als möglich der Öffentlichkeit bekannt geben.

a) Anwendungsbereich

Die Ad-hoc-Publizitätspflicht richtet sich in sachlicher Hinsicht gemäß Art. 6 Abs. 1 RL 2003/6/EG an die Emittenten von Finanzinstrumenten[198]. Der räumliche Anwendungsbereich ergibt sich aus Art. 10 RL 2003/6/EG[199].

b) Definition einer Insider-Information

Gemäß Art. 1 Nr. 1 RL 2003/6/EG handelt es sich bei einer Insider-Information um eine nicht öffentlich bekannte, präzise Information, die direkt oder indirekt einen oder mehreren Emittenten von Finanzinstrumenten oder ein oder mehrere Finanzinstrumente betrifft und die, wenn sie öffentlich bekannt würde, geeignet wäre, den Kurs dieser Finanzinstrumente oder den Kurs sich darauf beziehender derivativer Finanzinstrumente erheblich zu beeinflussen[200]. Da es sich dabei im Wesentlichen um unbestimmte Rechtsbegriffe handelt, musste durch die Durchführungsrichtlinie 2003/124/EG eine nähere Konkretisierung erfolgen[201].

---

198 Eine Definition von Finanzinstrumenten findet sich in Art. 1 Nr. 3 RL 2003/6/EG, der diesen Begriff legaldefiniert; die Definition verweist insbesondere auf Wertpapiere (im Sinne der Richtlinie 93/22/EWG des Rates vom 10. Mai 1993 über Wertpapierdienstleistungen, Amtsblatt Nr. L 141 vom 11. Juni 1993, S. 27).

199 Die Finanzinstrumente müssen zum Handel an einem im Hoheitsgebiet des Mitgliedsstaats belegenen oder betriebenen geregelten Marktes (vgl. Art. 1 Nr. 4 RL 2003/6/EG, welcher auf Art. 1 Abs. 13 RL 93/22/EWG weiterverweist) zugelassen oder ein solcher Antrag muss bereits gestellt sein.

200 Die weiteren Unterabsätze in Art. 1 Nr. 1 RL 2003/6/EG beziehen sich auf Warenderivate sowie auf Informationen im Hinblick auf die Ausführung von Aufträgen. Auf eine nähere Darstellung hierzu wird verzichtet.

201 Gemäß RL 2003/124/EG, Erwägungsgrund 3 soll durch eine genauere Bestimmung der Tatbestandsmerkmale durch die Durchführungsrichtlinie die Rechtssicherheit erhöht werden.

aa) Präzise Information

Wann eine Information als „präzise" anzusehen ist folgt aus Art. 1 Abs. 1 RL 2003/124/EG. Bei der Information muss es sich entweder um ein Ereignis oder eine Reihe von Umständen, die bereits existieren oder bei denen man mit hinreichender Wahrscheinlichkeit davon ausgehen kann, dass sie in Zukunft existieren werden, handeln. Zusätzlich muss die genannte Information spezifisch genug sein, um einen Schluss auf die möglichen Auswirkungen dieser Reihe von Umständen oder dieses Ereignisses auf den Kurs von Finanzinstrumenten zuzulassen. Eine „präzise" Information setzt demzufolge eine zweistufige Prüfung voraus.

(i) Merkmal der Präzision einer Information

Die Richtlinien konkretisieren nicht näher, wann eine Information „präzise" ist. Eine Auslegungshilfe hierzu bieten jedoch die Leitlinien des CESR[202]. Bei diesen handelt es sich zwar nicht um Gerichte oder Aufsichtsbehörden bindende Regelungen[203]; dennoch stellen sie für die Praxis eine wichtige Orientierungshilfe dar[204].

Das Merkmal der Präzision wird insbesondere in Ziffer 1.5 dieser Leitlinien behandelt[205]. Demnach ist für die Frage, ob ein Umstand bereits eingetreten und eine Information damit präzise ist, eine objektive Tatsachengrundlage notwendig, mit der sich der Eintritt des Umstands nachprüfen lässt[206]. Hingegen sind bloße Gerüchte nicht ausreichend[207]. Im Hinblick auf künftige Ereignisse kann nur dann mit

202 CESR, Level 3 – second set of CESR guidance and information on the common operation of the Directive to the market, CESR/06-562b, July 2007. CESR ist die Abkürzung für "*Committee of European Securities Regulators*" und bildet einen Ausschuss der Aufsichtsbehörden für das Wertpapierwesen. Gebildet wurde er als Ausschuss auf Stufe 3 des Lamfalussy-Verfahrens zur Gesetzgebung in der Europäischen Gemeinschaft. Ziel war die Entwicklung von Leitlinien zur Verbesserung der Umsetzung der Rahmengesetzgebung (Stufe 1 des Lamfalussy-Verfahrens) und der erlassenen Durchführungsvorschriften (Stufe 2 des Lamfalussy-Verfahrens). Zum 1. Januar 2011 ist der CESR in der Europäischen Wertpapier- und Marktaufsichtsbehörde ESMA („*European Securities and Markets Authorities*" aufgegangen. Zum Lamfalussy-Verfahren im Kapitalmarktrecht vgl. ausführlich Lutter/Bayer/Schmidt, Europäisches Unternehmens- und Kapitalmarktrecht, 5. Aufl. 2012, § 17 Rdn. 44 ff.

203 Vgl. zu den Rechtswirkungen der Empfehlungen des CESR *Hupka*, WM 2009, 1351 ff.

204 Vgl. *Veil*, in: Veil, Europäisches Kapitalmarktrecht, 2. Aufl. 2014, § 13 Rdn. 41., S. 202.

205 CESR, second set of CESR guidance and information on the common operation of the Directive to the market, CESR/06-562b, July 2007, Ziffer 1.5, S. 4.

206 CESR, second set of CESR guidance and information on the common operation of the Directive to the market, CESR/06-562b, July 2007, Ziffer 1.5, S. 4.

207 CESR, second set of CESR guidance and information on the common operation of the Directive to the market, CESR/06-562b, July 2007, Ziffer 1.5, S. 4.

hinreichender Wahrscheinlichkeit davon ausgegangen werden, dass sie in Zukunft existieren werden, wenn aufgrund der zur Verfügung stehenden Informationen vernünftigerweise ex ante damit gerechnet werden kann[208].

(ii) Kursspezifität einer Information

In den Leitlinien des CESR finden sich Ausführungen zur Kursspezifität einer Information, die in den Richtlinien fehlen.

Aus Ziffer 1.8 der Leitlinien wird deutlich, dass die Information spezifisch genug und Grundlage für einen Schluss auf mögliche Kursrelevanz sein kann, wenn ein Anleger in Kenntnis der Information ohne oder nur mit geringem finanziellem Risiko eine Anlageentscheidung treffen kann. Dies ist insbesondere dann der Fall, wenn er die künftigen Auswirkungen der Information auf den Börsenpreis abschätzen kann[209]. Eine Information ist auch dann kursspezifisch, wenn wahrscheinlich ist, dass die Information unmittelbar nach ihrem Bekanntwerden ausgenutzt wird, indem Anleger ihre Anlageentscheidung darauf stützen[210]. Hierbei kommt es anch Ansicht des EuGH auch nicht darauf an, ob unsicher ist, ob der Kurs steigen oder fallen wird. Die Möglichkeit einer Kursveränderung ist bereits ausreichend[211].

(iii) Bedeutung für Zwischenschritte

Hinsichtlich der Behandlung von Zwischenschritten hat die Konkretisierung durch Art. 1 Abs. 1 RL 2003/124/EG in mehrfacher Hinsicht Bedeutung.

Zum einen stellt sich die Frage, ob auch ein Zwischenschritt eine präzise Information darstellen oder ob nur das Endereignis eine präzise Information sein kann[212]. Sollte man zu dem Schluss kommen, dass es sich bei einem Zwischenschritt um kein Ereignis oder keine Reihe von Umständen im Sinne der Richtlinie handelt, so würde eine Ad-hoc-Pflicht stets ausscheiden. Der Zwischenschritt selbst könnte nie eine präzise Information sein.

Zum anderen stellt sich die Frage, ob es sich bei einem Ereignis oder einer Reihe von Umständen, bei denen man mit hinreichender Wahrscheinlichkeit davon ausgehen kann, dass sie in Zukunft existieren werden, auch um einen künftigen Zwischenschritt handeln kann[213]. Es wäre denkbar, dass man lediglich das Endereignis als künftiges Ereignis oder künftige Reihe von Umständen im Sinne des Art. 1 Abs. 1 RL 2003/124/EG betrachtet, einen künftig eintretenden Zwischenschritt hingegen

208 CESR, second set of CESR guidance and information on the common operation of the Directive to the market, CESR/06-562b, July 2007, Ziffer 1.5, S. 4, 5.
209 CESR, second set of CESR guidance and information on the common operation of the Directive to the market, CESR/06-562b, July 2007, Ziffer 1.8, S. 5.
210 CESR, second set of CESR guidance and information on the common operation of the Directive to the market, CESR/06-562b, July 2007, Ziffer 1.8, S. 5.
211 EuGH, Urteil vom 11.03.2015 – *Lafonta* = EuZW 2015, 387.
212 Vgl. hierzu die Ausführungen unter D.I.
213 Diese Frage wird unter D.III.1 behandelt.

nicht. Sofern man jedoch auch Zwischenschritte als von der Richtlinie umfasste künftige Ereignisse erachtet, so könnten auch diese bei hinreichender Eintrittswahrscheinlichkeit als präzise Informationen ad-hoc-veröffentlichungspflichtig sein.

Sofern man eine mögliche Ad-hoc-Pflicht von künftigen Zwischenschritten als von Art. 1 Abs. 1 RL 2003/124/EG gedeckt ansieht, stellt sich die Folgefrage, welche Anforderungen an die erforderliche hinreichende Wahrscheinlichkeit zu stellen sind, dass der zukünftige Zwischenschritt tatsächlich existieren wird[214]. Unabhängig davon stellt sich die Frage aber auch dann, wenn man die erforderliche Eintrittswahrscheinlichkeit für den Eintritt des künftigen Endereignisses ermitteln möchte.

Zudem ist zu klären, ob und inwiefern einem Zwischenschritt selbst Kursspezifität zukommt, da dies Voraussetzung einer „präzisen" Information ist. Es stellt sich daher die Frage, wann ein Zwischenschritt so spezifisch ist, dass man aus ihm einen Schluss auf die Kursrelevanz zulässt[215].

bb) Geeignetheit zur Kursbeeinflussung

Gemäß Art. 1 Abs. 2 RL 2003/124/EG ist eine Insider-Information im Fall ihres öffentlichen Bekanntwerdens geeignet, den Kurs eines Finanzinstruments spürbar zu beeinflussen, wenn ein verständiger Anleger die Information wahrscheinlich als Teil der Grundlage seiner Anlageentscheidungen nutzen würde.

(i) Hinweise in der Richtlinie

Aus Erwägungsgrund 1 der Richtlinie 2003/124/EG ergibt sich, dass verständige Investoren ihre Entscheidung auf alle ex ante verfügbaren Informationen stützen. Ferner wird in diesem Erwägungsgrund festgehalten, dass auch die Auswirkungen der Information berücksichtigt werden müssen[216].

(ii) Auslegungsgrundsätze des CESR

Anhand von diesen Vorgaben hat der CESR Auslegungshinweise veröffentlicht. Die Frage, ob ein verständiger Anleger die Information nutzen würde, ist demnach aus der ex ante-Perspektive zu beantworten[217]. Dies hat auch der EuGH betont, da die Eignung zur erheblichen Kursbeeinflussung in erster Linie anhand des Inhalts der fraglichen Information und des Kontexts, in den sie sich einfügen, zu beurteilen ist[218].

---

214 Siehe hierzu D.III.2.

215 Vgl. hierzu die Ausführungen unter D.II.

216 Dabei sind jedoch auch die Gesamttätigkeit des Emittenten, die Verlässlichkeit der Informationsquelle, sowie sonstige Marktvariablen im Blick zu behalten, vgl. RL 2003/124/EG, Erwägungsgrund 1.

217 CESR, second set of CESR guidance and information on the common operation of the Directive to the market, CESR/06-562b, July 2007, Ziffer 1.12, S. 6.

218 EuGH, Urteil vom 23.12.2009 – *Spector Photo Group und Van Raemdonck*, Rz. 69 = EuZW 2010, 227, 232.

Aus diesem Grund sei die tatsächliche spürbare Kursbeeinflussung des betroffenen Finanzinstruments aus ex-post-Sicht nicht zu prüfen[219]. Bei der Prüfung ex-ante ist der Wahrscheinlichkeitsgrad zu ermitteln, mit welchem eine spürbare Kursbeeinflussung erwartet werden kann[220].

Die Leitlinien des CESR beinhalten eine Konkretisierung des erforderlichen Wahrscheinlichkeitsgrades. Nach Auffassung des CESR ist zwar keine mit an Sicherheit grenzende Wahrscheinlichkeit notwendig, jedoch reicht die bloße Möglichkeit einer Kursauswirkung nicht aus[221]. Mit diesen Hinweisen ist der erforderliche Wahrscheinlichkeitsgrad ebenfalls noch nicht exakt bestimmt, jedoch zumindest eine gewisse Bandbreite zur Orientierung vorgegeben.

Da anerkannt ist, dass sich die Geeignetheit zur Kursbeeinflussung nicht anhand von festen prozentualen Auswirkungen auf den Börsenkurs bestimmen lässt[222], ist stets eine Einzelfallabwägung erforderlich. Als entscheidende Kriterien werden dabei die erwartete Auswirkung auf die Unternehmensaktivitäten, die Relevanz der Information für den Börsenkurs, die Zuverlässigkeit der Informationsquelle sowie weitere Marktvariablen[223] in Bezug auf das Finanzinstrument genannt[224]. Indikatoren für die Beurteilung der Geeignetheit zur Kursbeeinflussung sind dabei die Auswirkungen vergleichbarer Informationen in der Vergangenheit, bestehende Einschätzungen für die Kursrelevanz der Information und das frühere Verhalten des Emittenten in der Vergangenheit[225].

(iii) Bedeutung für Zwischenschritte

Sofern man Zwischenschritte als grundsätzlich ad-hoc-pflichtige Anknüpfungspunkte zulässt[226], ist zu klären, wann ein solcher Zwischenschritt im Fall seines öffentlichen Bekanntwerdens geeignet wäre, den Kurs eines Finanzinstruments spürbar zu beeinflussen. Dabei stellt sich die Frage, ob einem Zwischenschritt selbst Kursrelevanz

---

219 EuGH, Urteil vom 23.12.2009 – *Spector Photo Group und Van Raemdonck*, Rz. 69 = EuZW 2010, 227, 232; vgl. hierzu auch RL 2003/124/EG, Erwägungsgrund 2.

220 CESR, second set of CESR guidance and information on the common operation of the Directive to the market, CESR/06-562b, July 2007, Ziffer 1.12, S. 6: "It is a question of determining the degree of probability with which at that point in time such an effect could reasonably have been expected."

221 CESR, second set of CESR guidance and information on the common operation of the Directive to the market, CESR/06-562b, July 2007, Ziffer 1.12. S. 6.

222 CESR, second set of CESR guidance and information on the common operation of the Directive to the market, CESR/06-562b, July 2007, Ziffer 1.13, S. 6.

223 Dabei handelt es sich beispielsweise um Kurs, Erträge, Volatilität, Liquidität, Menge, Angebot, Nachfrage usw.

224 CESR, second set of CESR guidance and information on the common operation of the Directive to the market, CESR/06-562b, July 2007, Ziffer 1.13, S. 6.

225 CESR, second set of CESR guidance and information on the common operation of the Directive to the market, CESR/06-562b, July 2007, Ziffer 1.14, S. 6.

226 Siehe hierzu D.III.1.

zukommen oder ob sich die Kursrelevanz nur aus dem Endereignis ableiten kann[227]. Sofern sich die Kursrelevanz aus dem Endereignis ergibt, muss weiter geklärt werden, welche Anforderungen an die Eintrittswahrscheinlichkeit des Endereignisses zu stellen sind[228].

cc) Nicht öffentlich bekannte Information

Gemäß Art. 1 Abs. 1 RL 2003/6/EG muss eine Insider-Information eine „nicht öffentlich bekannte" Information sein. Teilweise wird davon ausgegangen wird, dass die Insider-Information nur aus zwei Tatbestandsmerkmalen besteht und die nicht öffentliche Bekanntheit einer Insider-Information Teil der Beurteilung einer „präzisen" Information ist[229]. Hingegen besteht nach Auffassung des EuGH der Begriff der Insider-Information aus vier Merkmalen[230]. Folglich ist es ein eigenständiges und somit auslegungsbedürftiges Merkmal. In den Richtlinien, aber auch in den Leitlinien des CESR, wird nicht näher darauf eingegangen, wann eine Information öffentlich bekannt ist.

Eine nähere Konkretisierung obliegt folglich dem nationalen Recht und den Gerichten[231]. Im Zusammenhang mit Zwischenschritten ist jedoch festzuhalten, dass sich bei der Auslegung dieses Tatbestandsmerkmals keine Besonderheiten ergeben. Eine ausführliche Erörterung ist daher an dieser Stelle nicht geboten.

dd) Betreffen des Emittenten

Weiteres Tatbestandsmerkmal der Insider-Information ist der Umstand, dass die Information direkt oder indirekt einen oder mehrere Emittenten von Finanzinstrumenten oder ein oder mehrere Finanzinstrumente betrifft, Art. 1 Abs. 1 RL 2003/6/EG.

Auch dieser Aspekt wird in den Richtlinien, insbesondere der Durchführungsrichtlinie 2003/124/EG, nicht näher erläutert. Jedoch finden sich in den Leitlinien des CESR umfangreiche Beispielslisten, bei denen eine direkte bzw. indirekte Betroffenheit des Emittenten vorliegt[232].

c) Unmittelbares Betreffen des Emittenten

In Art. 6 Abs. 1 RL 2003/6/EG findet sich eine Einschränkung des Anwendungsbereichs, der jedoch im Hinblick auf Zwischenschritte keine Besonderheiten aufweist.

---

227 Vgl. hierzu die Ausführungen unter E.II.

228 Dies wird unter E.III näher behandelt.

229 Vgl. *Veil*, in: Veil, Europäisches Kapitalmarktrecht, 2. Aufl. 2014, § 13 Rdn. 40, S. 202.

230 EuGH, Urteil vom 28.06.2012 – *Geltl*, Rz. 25 = EuZW 2012, 708, 709.

231 Vgl. ausführlich zu diesem Tatbestandsmerkmal *Schwark/Kruse*, in: Schwark/Zimmer, Kapitalmarktrechts-Kommentar, 4. Aufl. 2010, § 13 WpHG Rdn. 29 ff; *Assmann*, in: Assmann/Schneider, WpHG, 6. Aufl. 2012, § 13 Rdn. 31 ff.

232 Vgl. die Aufzählung bei CESR, second set of CESR guidance and information on the common operation of the Directive to the market, CESR/06-562b, July 2007, Ziffer 1.15 und Ziffer 1.16. S. 7 ff.

Demnach muss es sich im Gegensatz zu Art. 1 Abs. 1 RL 2003/6/EG um eine *unmittelbare* Betroffenheit des Emittenten handeln. Es besteht Einigkeit darüber, dass es sich bei dem vom CESR näher erläuterten Begriff der Indirektheit[233] um eine Umschreibung der Mittelbarkeit handelt, die Begriffspaare Direktheit und Unmittelbarkeit somit synonym zu verstehen sind[234].

Nach dem Wortlaut von Art. 6 Abs. 1 RL 2003/6/EG ist ferner ein Bezug auf den *Emittenten* von Finanzinstrumenten erforderlich, während bei Art. 1 Abs. 1 RL 2003/124/EG ein bloßer Bezug auf das Finanzinstrument selbst ausreichend ist. Allerdings wird auch vereinzelt vertreten, dass auch bei Art. 6 Abs. 1 RL 2003/6/EG ein Bezug auf Finanzinstrumente genügt, da die Vorschrift an den in Art. 1 Abs. 1 RL 2003/124/EG weiter definierten Begriff der Insider-Information anknüpft[235].

2. Umsetzung in nationales Recht

Die Vorgaben an die Ad-hoc-Publizität, die sich aus den europarechtlichen Richtlinien ergeben, wurden im Wesentlichen durch das Anlegerschutzverbesserungsgesetz in nationales Recht umgesetzt. Spätere Anpassungen hatten nur marginale Änderungen mit sich gebracht[236]. Gemäß § 15 Abs. 1 S. 1 WpHG muss ein Inlandsemittent von Finanzinstrumenten Insider-Informationen, die ihn unmittelbar betreffen, unverzüglich veröffentlichen.

a) Anwendungsbereich

Die Ad-hoc-Publizitätspflicht richtet sich gemäß § 15 Abs. 1 S. 1 WpHG an Inlandsemittenten von Finanzinstrumenten. Die Definition von Finanzinstrumenten, in der wiederum unter anderem auf Wertpapiere[237] verwiesen wird, ist in § 2 Abs. 2b WpHG enthalten.

Hinsichtlich des persönlichen Anwendungsbereiches ist primär auf den Begriff des Inlandsemittenten gemäß § 2 Abs. 7 WpHG abzustellen. Demnach sind Inlandsemittenten solche Emittenten[238], für die die Bundesrepublik Deutschland

---

233 Damit ist die in FN. 232 erwähnte Aufzählung gemeint.

234 Vgl. *Mennicke/Jakovou*, in: Fuchs, WpHG, 2009, § 13 Rdn. 104; *Simon*, Der Konzern 2005, 13, 14.

235 Vgl. zum Streitstand im deutschen Recht die Nachweise bei *Zimmer/Kruse*, in: Schwark/Zimmer, Kapitalmarktrechts-Kommentar, 4. Aufl. 2010, § 15 WpHG Rdn. 34.

236 Vgl. hierzu den Abschnitt B.I.

237 Der Begriff der Wertpapiere ist in § 2 Abs. 1 WpHG definiert. Gemäß § 2 Abs. 1 S. 1 Nr. 1 WpHG zählen insbesondere Aktien zu den Wertpapieren und damit zu den Finanzinstrumenten.

238 Der Begriff des Emittenten ist im Wertpapierhandelsgesetz nicht definiert. Zurückgegriffen werden kann jedoch auf § 2 Nr. 9 WpPG. Ein Emittent ist demnach eine Person oder Gesellschaft, die Wertpapiere begibt oder zu begeben beabsichtigt.

Herkunftsstaat[239] ist (§ 2 Abs. 7 Nr. 1 WpHG)[240] oder solche, deren Herkunftsstaat nicht die Bundesrepublik Deutschland, sondern ein anderer Mitgliedstaat der EU oder des EWR ist, die Wertpapiere aber ausschließlich im Inland zum Handel an einem organisierten Markt zugelassen[241] sind (§ 2 Abs. 7 Nr. 2 WpHG).

b) Insider-Information im Sinne des § 13 Abs. 1 WpHG

Gemäß § 15 Abs. 1 S. 1 WpHG hat der Emittent Insider-Informationen zu veröffentlichen. Eine für das gesamte Wertpapierhandelsgesetz gültige Definition der Insider-Information findet sich in § 13 Abs. 1 S. 1 WpHG wieder. Eine Insider-Information ist demnach eine konkrete Information über nicht öffentlich bekannte Umstände, die sich auf einen oder mehrere Emittenten von Insiderpapieren oder auf die Insiderpapiere selbst beziehen und die geeignet sind, im Falle ihres öffentlichen Bekanntwerdens den Börsen- oder Marktpreis der Insiderpapiere erheblich zu beeinflussen.

aa) Konkrete Information über gegenwärtige Umstände

(i) Synonyme Bedeutung der Terminologie des WpHG

§ 13 Abs. 1 S. 1 WpHG fordert eine „konkrete" Information über nicht öffentlich bekannte Umstände. Der nationale Gesetzgeber verwendet folglich gegenüber der Richtlinie eine unterschiedliche Terminologie. Damit sind jedoch keine inhaltlichen Unterschiede verbunden, sondern die Begriffe haben eine synonyme Bedeutung[242]. Eine Information ist somit konkret, wenn sie präzise im Sinne der Richtlinie 2003/6/EG ist[243].

Ferner muss sich die Information auf „Umstände" beziehen, wohingegen, das in der Richtlinie genannte „Ereignis" nicht im Wortlaut des WpHG wiederholt wird[244].

---

239 Der Herkunftsstaat eines Emittenten bestimmt sich nach § 2 Abs. 6 WpHG, wobei maßgeblich auf den Sitz eines Emittenten von Aktien abgestellt wird.

240 Eine Ausnahme gilt nur dann, wenn die Wertpapiere ausschließlich in einem anderen Mitgliedstaat der EU oder des EWR zugelassen sind, sofern die Emittenten in diesem anderen Staat Veröffentlichungs- und Mitteilungspflichten nach Maßgabe der Transparenzrichtlinie unterliegen.

241 § 15 Abs. 1 S. 2 WpHG erweitert den Anwendungsbereich über die Definition des § 2 Abs. 7 WpHG hinaus, indem auch zukünftige Emittenten ab Stellung des Zulassungsantrags an einem organisierten Markt der Ad-hoc-Publizitätspflicht unterfallen.

242 Vgl. *Assmann*, in: Assmann/Schneider, WpHG, 6. Aufl. 2012, § 13 Rdn. 6; *Hilgendorf*, in: Park, Kapitalmarktstrafrecht, 3. Aufl. 2013, § 13 WpHG Rdn. 66; OLG Stuttgart, Beschluss vom 15.02.2007 = NZG 2007, 352, 354.

243 Zur Auslegung der Richtlinie vgl. die Ausführungen unter C.II.1.b)aa).

244 Die Streichung des „Ereignisses" wurde vom Finanzausschuss aufgrund einer Redundanz des Begriffes angeregt, vgl. Bericht des Finanzausschusses zum AnSVG, BT-Drucks. 15/3493, S. 51.

Allerdings hat auch dies keine inhaltlichen Unterschiede zur Folge; die Begriffe sind synonym zu verstehen[245]. § 13 Abs. 1 S. 1 WpHG enthält keine nähere Umschreibung, wann eine Information konkret ist. Um den Begriff der Konkretheit näher auszulegen, muss und kann daher auf die Richtlinie 2003/124/EG zurückgegriffen werden[246].

(ii) Tatsachen als konkrete Umstände

Da sich § 13 Abs. 1 S. 1 WpHG auf alle existierenden oder eingetretenen Umstände bezieht[247], fallen unter diesen Begriff alle Tatsachen betreffenden Informationen[248]. Der Tatsachenbegriff umfasst alle Zustände und Geschehnisse der Vergangenheit, die sinnlich wahrnehmbar in die Wirklichkeit getreten und dem Beweis zugänglich sind[249]. Kurz definiert handelt es sich daher um *„der äußeren Wahrnehmung zugängliche Geschehnisse oder Zustände“*[250]. Neben den äußeren Tatsachen wurden dadurch auch innere menschliche Vorgänge erfasst, sobald sie zu äußeren Erscheinungen in Beziehung treten (innere Tatsachen)[251]. Dies ist der Fall, wenn sie einen Drittbezug aufweisen[252]. Zu diesen inneren Tatsachen gehörten Absichten, Pläne und Vorhaben die somit Insidertatsachen waren, sofern ihnen Kursbeeinflussungspotential zukam[253].

(iii) Erstreckung auf Werturteile und Absichten

Die Definition der Insider-Information geht allerdings seit Inkrafttreten des Anlegerschutzverbesserungsgesetzes[254] über diesen Tatsachenbegriff hinaus, da § 13

---

245 Vgl. *Schwark/Kruse*, in: Schwark/Zimmer, Kapitalmarktrechts-Kommentar, 4. Aufl. 2010, § 13 WpHG Rdn. 8; *Assmann*, in: Assmann/Schneider, WpHG, 6. Aufl. 2012, § 13 Rdn. 11.

246 *Mennicke/Jakovou*, in: Fuchs, WpHG, 2009, § 13 Rdn. 25.

247 RegE AnSVG, BT-Drucks. 15/3174, S. 33.

248 Vgl. *Assmann*, in: Assmann/Schneider, WpHG, 6. Aufl. 2012, § 13 Rdn. 11; *Mennicke/Jakovou*, in: Fuchs, WpHG, 2009, § 13 Rdn. 29; *Schwark/Kruse*, in: Schwark/Zimmer, Kapitalmarktrechts-Kommentar, 4. Aufl. 2010, § 13 WpHG Rdn. 8; Emittentenleitfaden BaFin, Stand 15. Juli 2005, Ziffer III.2.1.1, S. 30.

249 Vgl. die Definitionen bei *Schwark/Kruse*, in: Schwark/Zimmer, Kapitalmarktrechts-Kommentar, 4. Aufl. 2010, § 13 WpHG Rdn. 8 sowie bei *Assmann*, in: Assmann/Schneider, WpHG, 6. Aufl. 2012, § 13 Rdn. 12.

250 *Mennicke/Jakovou*, in: Fuchs, WpHG, 2009, § 13 Rdn. 31.

251 Vgl. *Schwark/Kruse*, in: Schwark/Zimmer, Kapitalmarktrechts-Kommentar, 4. Aufl. 2010, § 13 WpHG Rdn. 8; als Beispiele werden von *Schwark/Kruse* geäußerte Ideen oder eine sich durch Handeln dokumentierende Absicht genannt.

252 BGH, Urteil vom 06.11.2003 = NZG 2004, 91, 92; *Pawlik*, in: Köln Komm WpHG, 1. Aufl. 2007, § 13 Rdn. 13; *Sethe*, ZBB 2006, 243, 247 f.; *Mennicke/Jakovou*, in: Fuchs, WpHG, 2009, § 13 Rdn. 59.

253 Vgl. *Merkner/Sustmann*, NZG 2005, 729, 730; *Mennicke/Jakovou*, in: Fuchs, WpHG, 2009, § 13 Rdn. 57.

254 Zuvor gab es im WpHG keine zentrale Definition der Insider-Information, § 15 Abs. 1 S. 1 WpHG a.F. ordnete stattdessen die Veröffentlichung von „Tatsachen“ an.

Abs. 1 S. 1 WpHG auf eine „Information über Umstände" abstellt[255]. Die Neuregelung stellte klar, dass auch überprüfbare Werturteile und Prognosen grundsätzlich ad-hoc-pflichtige Anknüpfungspunkte sind[256]. Anlass hierfür war, dass nach früherer Meinung des Gesetzgebers Werturteile und andere subjektive Meinungsäußerungen nicht vom traditionellen[257] Tatsachenbegriff umfasst waren[258].

Allerdings wurde der Begriff der Tatsache in Literatur und Rechtsprechung schon vor dem Anlegerschutzverbesserungsgesetz richtlinienkonform ausgelegt[259]. In der Literatur und auch beim BGH setzte sich die Auffassung durch, dass der Gesetzgeber nicht bewusst von der Richtlinie abweichen wollte und der Begriff der Tatsache daher weit auszulegen war[260]. Meinungen, Ansichten und Werturteile wurden schon früher als Insidertatsachen erachtet, wenn sie zumindest einen Tatsachenkern aufwiesen[261]. Mit der Gesetzesänderung hat sich der Gesetzgeber daher dieser weiten Auslegung angeschlossen[262].

(iv) Auswirkungen auf die Einordnung von Zwischenschritten

§ 13 Abs. 1 S. 1 WpHG hat damit auch Auswirkungen auf die ad-hoc-rechtliche Beurteilung von Zwischenschritten. Da jeder eingetretene Zwischenschritt, losgelöst vom Endereignis, bereits einen existierenden Umstand und somit eine Tatsache im Sinne des § 13 Abs. 1 S. 1 WpHG darstellt, kann er potentiell ad-hoc-pflichtig sein. Hierbei ist jedoch zu prüfen, unter welchen Voraussetzungen Zwischenschritte überhaupt konkrete Informationen darstellen.

bb) Konkrete Information über zukünftige Umstände

In § 13 Abs. 1 S. 3 WpHG werden den bereits eingetretenen Umständen solche Umstände gleichgestellt, „bei denen mit hinreichender Wahrscheinlichkeit davon ausgegangen werden kann, dass sie in Zukunft eintreten werden". Damit hat das WpHG die künftigen Umstände in einem eigenen Satz des § 13 Abs. 1 WpHG hervorgehoben[263].

---

255 Vgl. RegE AnsVG, BT-Drucks. 15/3174, S. 33.
256 *Mennicke/Jakovou*, in: Fuchs, WpHG, 2009, § 13 Rdn. 29.
257 Der Tatsachenbegriff wurde ursprünglich von der Rechtsprechung zu den strafrechtlichen Tatbeständen des Betrugs und der Beleidigung konturiert.
258 RegE 2. FFG, BT-Drucks. 12/6679, S. 46.
259 Vgl. *Assmann*, in: Assmann/Schneider, WpHG, 6. Aufl. 2012, § 13 Rdn. 11; Hintergrund hierfür ist, dass die Insiderrichtlinie den Begriff der „Insiderinformation" verwendet und nicht den Begriff der „Tatsache".
260 Vgl. *Pananis*, WM 1997, 460, 462; BGH, Urteil vom 06.11.2003 = NZG 2004, 91, 92; *Hilgendorf*, in: Park, Kapitalmarktstrafrecht, 3. Aufl. 2013, § 13 WpHG Rdn. 50 ff; *Assmann*, in: Assmann/Schneider, WpHG, 6. Aufl. 2012, § 13 Rdn. 10.
261 *Mennicke/Jakovou*, in: Fuchs, WpHG, 2009, § 13 Rdn. 14, 40.
262 *Mennicke/Jakovou*, in: Fuchs, WpHG, 2009, § 13 Rdn. 15.
263 Zur Regelungswirkung des § 13 Abs. 1 S. 3 WpHG vgl. *Gunßer*, NZG 2008, 855, 856 f.

Die Prüfung des Tatbestands der Insider-Information beschränkt sich nicht nur auf die Vorgaben des § 13 Abs. 1 S. 3 WpHG. Diese Norm regelt nicht, ob bzw. wann ein Umstand als „konkret" anzusehen ist, sondern nur, ob überhaupt ein Umstand vorliegt[264]. Die Konkretheit bestimmt sich daher auch für zukünftige Umstände nach § 13 Abs. 1 S. 1 WpHG[265]. Aus § 13 Abs. 1 S. 3 WpHG ergibt sich deshalb ein zusätzliches Prüfungskriterium der „hinreichenden Wahrscheinlichkeit"[266].

Da Zwischenschritten stets ein zukünftiges Element innewohnt[267], handelt es sich bei § 13 Abs. 1 S. 3 WpHG um eine wesentliche Vorschrift für die Beurteilung der Ad-hoc-Pflicht von gestreckten Geschehensverläufen. Das Gesetz lässt jedoch offen, ob ein zukünftiges Ereignis im Sinne des § 13 Abs. 1 S. 3 WpHG auch ein zukünftig eintretender Zwischenschritt ist oder ob nur das Endereignis selbst als künftiges Ereignis angesehen werden kann. Sollte man zu dem Schluss kommen, dass auch ein künftiger Zwischenschritt gemäß § 13 Abs. 1 S. 3 WpHG veröffentlichungspflichtig sein kann, so ist weiter zu erörtern, welches Maß an Wahrscheinlichkeit an den Eintritt des künftigen Zwischenschritts gestellt werden muss.

cc) Merkmal der Kursspezifität

In § 13 WpHG ist im Gegensatz zu Art. 1 Abs. 1 RL 2003/124/EG die Voraussetzung der Kursspezifität nicht ausdrücklich enthalten. Allerdings ist die Zweistufigkeit der Prüfung der Konkretheit einer Information aus der Richtlinie in die Auslegung des nationalen Rechts zu übertragen[268], da ein bewusstes Abweichen des Gesetzgebers nicht erkennbar ist[269]. Damit ist auch bei zukünftigen Umständen im Sinne von § 13 Abs. 1 S. 3 WpHG zu prüfen, ob auf Grund der Information eine Prognose über den künftigen Kursverlauf möglich ist. Dabei ist im Anschluss an das Urteil des EuGH in Sachen „*Lafonta*[270]" nicht erforderlich, dass die Richtung bestimmt werden kann, wie sich der Kurs entwickelt, also ob er steigen oder fallen wird. Es reicht vielmehr aus, dass eine Kursänderung in die eine oder andere Richtung möglich ist[271]. Das Erfordernis der Kursspezifität gilt gleichfalls für gegenwärtige wie zukünftige Ereignisse[272]. Nur wenn diese gegeben ist, handelt es sich auch um eine konkrete Information.

---

264 *Schwark/Kruse*, in: Schwark/Zimmer, Kapitalmarktrechts-Kommentar, 4. Aufl. 2010, § 13 WpHG Rdn. 9.
265 Vgl. *Mennicke/Jakovou*, in: Fuchs, WpHG, 2009, § 13 Rdn. 66.
266 Vgl. *Gunßer*, NZG 2008, 856; *Mennicke/Jakovou*, in: Fuchs, WpHG, 2009, § 13 Rdn. 66.
267 Vgl. C.I.3.b).
268 Vgl. *Mennicke/Jakovou*, in: Fuchs, WpHG, 2009, § 13 Rdn. 25.
269 Vgl. *Schwark/Kruse*, in: Schwark/Zimmer, Kapitalmarktrechts-Kommentar, 4. Aufl. 2010, § 13 WpHG Rdn. 7; für die Übertragbarkeit der Richtlinie auf das nationale Recht auch *Assmann*, in: Assmann/Schneider, WpHG, 6. Aufl. 2012, § 13 Rdn. 7 f.
270 EuGH, Urteil vom 11.03.2015 – *Lafonta* = EuZW 2015, 387.
271 Vgl. *Klöhn*, NZG 2015, 809, 810.
272 Vgl. *Klöhn*, in: Köln Komm WpHG, 2. Aufl. 2014, § 13 Rdn. 76.

dd) Nicht öffentlich bekannt

Wann eine Information nicht öffentlich bekannt ist, ergibt sich nicht ausdrücklich aus dem Gesetzeswortlaut. Anfangs war noch umstritten, ab wann eine unbestimmte Personenzahl von einer Information Kenntnis erlangt hat bzw. auf welche Personen abgestellt werden musste[273]. So wurde vereinzelt vertreten, dass eine Information nur im Fall der Verbreitung über ein Massenmedium der Öffentlichkeit bekannt ist[274] oder dass eine Information erst nach Ablauf einer gewissen Frist im Anschluss an die Veröffentlichung als bekannt gilt[275]. Durchgesetzt hat sich demgegenüber jedoch das Prinzip der Bereichsöffentlichkeit, welches bereits in der Begründung zum 2. FFG niedergelegt worden war[276]. Nach diesem Gedanken ist es ausreichend, wenn eine unbestimmte Anzahl von Personen aus dem Kreis der Marktteilnehmer Kenntnis nehmen kann, wobei die tatsächliche Kenntnisnahme irrelevant ist[277].

ee) Emittenten- oder Insiderpapierbezug

Gemäß § 13 Abs. 1 S. 1 WpHG muss sich der Umstand auf einen Emittenten von Insiderpapieren oder auf ein Insiderpapier selbst beziehen. Zwar lässt der Gesetzeswortlaut offen, ob ein mittelbarer Bezug ausreichend oder ein unmittelbarer Bezug erforderlich ist. Jedoch kann ein Umkehrschluss aus § 15 WpHG, welcher ein ausdrückliches Unmittelbarkeitskriterium enthält, gezogen werden.[278] Somit wird deutlich, dass sich § 13 Abs. 1 S. 1 WpHG, wie auch die Richtlinie[279], sowohl auf unmittelbare als auch mittelbare Informationen bezieht[280].

Im Hinblick auf die Beurteilung von Zwischenschritten wird diesem Tatbestandsmerkmal regelmäßig keine Auslesefunktion zukommen. Sofern ein Zwischenschritt im Sinne des § 13 Abs. 1 WpHG konkret ist, ist wohl kein Fall denkbar, in welchem man der Information einen zumindest mittelbaren Bezug absprechen kann[281]. Dies

---

273 Vgl. *Assmann*, in: Assmann/Schneider, WpHG, 6. Aufl. 2012, § 15 Rdn. 33.

274 Vgl. *Schödermeier/Wallach*, EuZW 1990, 122, 123.

275 Vgl. *Claussen*, ZBB 1992, 267, 276; *Hopt*, ZGR 1991, 30; *Schneider*, NZG 2005, 702, 704.

276 RegE 2. FFG, BT-Drucks. 12/6679, S. 46.

277 Dieses Prinzip befürwortend Emittentenleitfaden BaFin, Stand 15. Juli 2005, Ziffer III.2.1.2, S. 32; *Assmann*, in: Assmann/Schneider, WpHG, 6. Aufl. 2012, § 13 Rdn. 35; *Schwark/Kruse*, in: Schwark/Zimmer, Kapitalmarktrecht-Kommentar, 4. Aufl. 2010, § 13 WpHG Rdn. 31; *Mennicke/Jakovou*, in: Fuchs, WpHG, 2009, § 13 Rdn. 91; *Klöhn*, in: Köln Komm WpHG, 2. Aufl. 2014, § 13 Rdn. 133.

278 Vgl. *Mennicke/Jakovou*, in: Fuchs, WpHG, 2009, § 13 Rdn. 104.

279 Siehe C.II.1.b)dd).

280 Vgl. *Hilgendorf*, in: Park, Kapitalmarktstrafrecht, 3. Aufl. 2013, § 13 WpHG Rdn. 103; *Assmann*, in: Assmann/Schneider, WpHG, 6. Aufl. 2012, § 13 Rdn. 43.

281 Vgl. *Klöhn*, in: Köln Komm WpHG, 2. Aufl. 2014, § 13 Rdn. 121.

lässt vielmehr grundsätzliche Zweifel am eigenständigen Regelungsgehalt dieses Tatbestandsmerkmals aufkommen[282].

ff) Eignung zur erheblichen Kursbeeinflussung

Von ungleich größerer Bedeutung ist die Frage, wann ein Umstand geeignet ist, den Börsen- oder Marktpreis eines Insiderpapiers erheblich zu beeinflussen. Der Maßstab hierfür ist in § 13 Abs. 1 S. 2 WpHG normiert. Demnach ist eine Information geeignet, den Börsenkurs erheblich zu beeinflussen, wenn ein verständiger Anleger die Information bei seiner Anlageentscheidung berücksichtigen würde.

(i) Prognose eines verständigen Anlegers

Aufgrund der europäischen Vorgabe eines subjektiven Ansatzes hat der Gesetzgeber bewusst auf eine Fixierung bestimmter Schwellenwerte zur Festlegung der Kurserheblichkeit verzichtet[283]. Obwohl dies teils kritisch gesehen wird[284], ist dies erforderlich, da sich eine Information je nach Emittent bzw. Finanzinstrument und der Unvorhersehbarkeit von Marktvolatilitäten unterschiedlich auswirken kann[285] und die Vorgabe fester Prozentsätze nur eine Scheingenauigkeit vermitteln würde[286]. Was einen verständigen Anleger ausmacht wurde vom Gesetzgeber allerdings nicht normiert. Die Definition des § 13 Abs. 1 S. 2 WpHG liefert jedoch Erkenntnisse zur Auslegung[287].

Die Verwendung des Begriffs „Eignung" impliziert, dass es unerheblich ist, ob sich der Börsenkurs nach dem Bekanntwerden der Information tatsächlich verändert[288]. Daher lässt sich aus dem Erfordernis der bloßen „Eignung" auch ableiten, dass die Kurserheblichkeit aufgrund einer Prognose ex ante beurteilt werden muss[289]. In diese

---

282 Vgl. zur Diskussion hierzu *Mennicke/Jakovou*, in: Fuchs, WpHG, 2009, § 13 Rdn. 105 ff.

283 RegE AnSVG, BT-Drucks. 15/3174, S. 34.

284 Zur Begründung wird angeführt, dass der Wortlaut des § 13 Abs. 1 S. 2 WpHG in Konflikt mit dem strafrechtlichen Bestimmtheitsgrundsatz geraten könnte, vgl. *Holzborn/Israel*, WM 2004, 1948, 1951; *Bürgers*, BKR 2004, 424, 425.

285 RegE AnSVG, BT-Drucks. 15/3174, S. 34.

286 Vgl. hierzu ausführlich *Mennicke/Jakovou*, in: Fuchs, WpHG, 2009, § 13 Rdn. 154.

287 Durch diese Konkretisierung verstößt der Begriff des verständigen Anlegers auch nicht gegen das Bestimmtheitsgebot des Art. 103 Abs. 2 GG, vgl. *Klöhn*, in: Köln Komm WpHG, 2. Aufl. 2014, § 13 Rdn. 147.

288 Ein späterer Kursausschlag kann jedoch als Indiz für die Geeignetheit der Umstände zur Kursveränderung sein, vgl. *Schwark/Kruse*, in: Schwark/Zimmer, Kapitalmarktrechts-Kommentar, 4. Aufl. 2010, § 13 WpHG Rdn. 44 m.w.N.; *Assmann*, in: Assmann/Schneider, WpHG, 6. Aufl. 2012, § 13 Rdn. 55.

289 Vgl. *Mennicke/Jakovou*, in: Fuchs, WpHG, 2009, § 13 Rdn. 130; Emittentenleitfaden BaFin, Stand 15. Juli 2005, Ziffer III.2.1.4, S. 33 f.

Prognose hat der Anleger nicht nur die Information selbst, sondern auch die gegebenen Marktverhältnisse mit einzubeziehen[290].

(ii) Anforderungen an das Wahrscheinlichkeitsurteil

Bei einer Prognose handelt es sich stets um ein Wahrscheinlichkeitsurteil. Dabei muss der Wahrscheinlichkeitsgrad bestimmt werden, mit dem die Information zur Kursveränderung geeignet ist[291]. Der Gradmesser wurde vom Gesetzgeber nicht vorgegeben, sondern vielmehr der Literatur und Rechtsprechung überlassen. Das Meinungsspektrum in der Literatur ist breit verzweigt. Es reicht von einer „möglichen Kursveränderung" über eine „hinreichende Wahrscheinlichkeit" bis hin zu einer „hohen Wahrscheinlichkeit", ergänzt durch umfangreiche Differenzierungen und Zwischenstufen[292].

Im Rahmen des § 13 Abs. 1 S. 3 WpHG ist deshalb ein doppeltes Wahrscheinlichkeitsurteil erforderlich[293]. In einem ersten Schritt ist die Eintrittswahrscheinlichkeit zu prüfen, damit ein zukünftiges Ereignis bereits hinreichend konkret ist. In einem Folgeschritt muss die Wahrscheinlichkeit bestimmt werden, mit der dieses konkrete zukünftige Ereignis geeignet ist, den Börsenkurs erheblich zu beeinflussen.

(iii) Bedeutung für die Beurteilung von Zwischenschritten

Im Hinblick auf die mögliche Ad-hoc-Publizität von Zwischenschritten ist dieses Tatbestandsmerkmal von erheblicher Bedeutung. Es stellt sich dabei die Frage, ob ein verständiger Anleger einem bloßen Zwischenschritt, ohne Berücksichtigung des Endereignisses, überhaupt ein Kursbeeinflussungspotential zubilligt. Sollte sich das Kursbeeinflussungspotential lediglich aus dem möglicherweise zukünftig eintretenden Endereignis ableiten, so wäre weiter zu prüfen, welche Wahrscheinlichkeit man für den Eintritt des Endereignisses fordert.

c) Unmittelbarer Emittentenbezug

Gemäß § 15 Abs. 1 S. 1 WpHG sind nur solche Insider-Informationen zu veröffentlichen, die den Emittenten unmittelbar betreffen. Dieses Erfordernis unterbricht den Gleichlauf von Ad-hoc-Pflicht und Insiderhandelsverbot[294].

aa) Synonyme Bedeutung der Terminologie

Auffällig ist die unterschiedliche Terminologie von § 15 Abs. 1 S. 1 WpHG im Vergleich zu § 13 Abs. 1 S. 1 WpHG. Dass sich die Insider-Information gemäß § 13 Abs. 1

---

290 *Assmann*, in: Assmann/Schneider, WpHG, 6. Aufl. 2012, § 13 Rdn. 59.

291 *Pawlik*, in: Köln Komm WpHG, 1. Aufl. 2007, § 13 Rdn. 42; *Assmann*, in: Assmann/Schneider, WpHG, 6. Aufl. 2012, § 13 Rdn. 60.

292 Vgl. zu den verschiedenen Ansätzen *Mennicke/Jakovou*, in: Fuchs, WpHG, 2009, § 13 Rdn. 136.

293 Vgl. *Bachmann*, ZHR 172 (2008), 597, 605.

294 *Pfüller*, in: Fuchs, WpHG, 2009, § 15 Rdn. 120.

S. 1 WpHG auf den Emittenten beziehen muss, gemäß § 15 Abs. 1 S. 1 WpHG hingegen den Emittenten unmittelbar betreffen muss, hat jedoch keine Auswirkungen. Die Begriffe „beziehen“ und „betreffen“ sind synonym zu verstehen[295].

bb) Einschränkung des Anwendungsbereichs durch § 15 Abs. 1 S. 1 WpHG

§ 15 Abs. 1 S. 1 WpHG erfasst nach seinem Wortlaut nur eine Teilmenge der gemäß § 13 Abs. 1 S. 1 WpHG möglichen Insider-Informationen. Zum einen sind Informationen mit lediglich mittelbarem Emittentenbezug von der Ad-hoc-Publizitätspflicht nicht umfasst. Zum anderen müssen auch solche Informationen nicht veröffentlicht werden, die sich lediglich auf ein Finanzinstrument beziehen und nicht auf einen Emittenten.

Zwar gehen einzelne Stimmen davon aus, dass § 15 Abs. 1 S. 1 WpHG auch mittelbare Informationen[296] oder Informationen, die sich nur auf ein Finanzinstrument beziehen, umfasst[297]. Die überwiegende Ansicht geht jedoch davon zu Recht davon aus, dass § 15 Abs. 1 S. 1 WpHG den Anwendungsbereich eingrenzt[298].

---

295 Vgl. *Pfüller*, in: Fuchs, WpHG, 2009, § 15 Rdn. 121.
296 Vgl. hierzu bereits C.II.1.c) sowie *Ziemons*, NZG 2004, 537, 541.
297 Vgl. *Simon*, Der Konzern 2005, 13, 15.
298 Eine ausführliche Begründung und weitere Nachweise finden sich bei *Zimmer/Kruse*, in: Schwark/Zimmer, Kapitalmarktrecht-Kommentar, 4. Aufl. 2010, § 15 WpHG Rdn. 34.

D. Konkretheit von Zwischenschritten als Insider-Information

Zentraler Problempunkt der wertpapierhandelsrechtlichen Einordnung von Zwischenschritten ist die Frage, unter welchen Voraussetzungen ein Zwischenschritt konkret im Sinne des § 13 Abs. 1 WpHG ist.

I. Zwischenschritte als Anknüpfungspunkt einer Insider-Information

Damit ein Zwischenschritt selbst per Ad-hoc-Mitteilung veröffentlichungspflichtig sein kann, darf er nicht durch die Veröffentlichung des späteren Endereignisses „gesperrt" sein.

1. Herleitung der Sperrwirkung

In Literatur und Rechtsprechung wurde teilweise angenommen, dass ein Zwischenschritt selbst nicht veröffentlichungspflichtig ist, sondern lediglich das künftige Endereignis zu veröffentlichen ist. Das OLG Stuttgart hat hierzu ausgeführt, dass § 13 Abs. 1 S. 3 WpHG zu entnehmen sei, dass es für das Vorliegen einer Insider-Information bei einem gestreckten Geschehensverlauf auf die hinreichende Eintrittswahrscheinlichkeit des künftigen Endereignisses ankomme[299]. Die Regelung des § 13 Abs. 1 S. 3 WpHG sei eine Spezialregelung für zukunftsbezogene Vorgänge, die bei einer selbständigen Beurteilung von Zwischenschritten leer zu laufen drohe[300]. Die systematische Trennung zwischen § 13 Abs. 1 S. 1 und S. 3 WpHG, die Art. 1 Abs. 1 RL 2003/124/EG nachempfunden sei, zeige den Vorrang des § 13 Abs. 1 S. 3 WpHG als speziellere Vorschrift[301]. Deshalb sei ausschließlich auf dieses Endereignis und nicht die vorgelagerten Schritte abzustellen[302].

2. Ablehnung einer Sperrwirkung durch das Endereignis

Der EuGH hat in seiner Antwort auf die erste Vorlagefrage des BGH im Geltl-Verfahren entschieden, dass auch Zwischenschritte selbst per Ad-hoc-Mitteilung veröffentlichungsfähig sein können. Der Veröffentlichung eines Zwischenschrittes

---

299 OLG Stuttgart, Beschluss vom 22.04.2009, Rz. 76 = NZG 2009, 624, 626 f.

300 *Gunßer*, S. 54.

301 *Schwark/Kruse*, in: Schwark/Zimmer, Kapitalmarktrechts-Kommentar, 4. Aufl. 2010, § 13 WpHG Rdn. 10a.

302 OLG Stuttgart, Beschluss vom 22.04.2009, Rz. 76 = NZG 2009, 624, 626 f.; *Kümpel/Veil*, WpHG, 2. Aufl. 2006, 3. Teil Rz. 25, S. 58; *Assmann*, in: Assmann/Schneider, WpHG, 6. Aufl. 2012, § 13 Rdn. 28.

steht nach Ansicht des EuGH nicht entgegen, dass diese durch die spätere Veröffentlichungspflicht des Endereignisses gesperrt ist. Art. 1 Abs. 1 RL 2003/124/EG und Art. 1 Abs. 1 RL 2003/6/EG seien dahingehend auszulegen, dass bei einem zeitlich gestreckten Vorgang, bei dem ein bestimmter Umstand verwirklicht oder ein bestimmtes Ereignis herbeigeführt werden soll, nicht nur dieser Umstand oder dieses Ereignis präzise Information im Sinne der genannten Bestimmungen sein können, sondern auch die mit der Verwirklichung des Umstands oder Ereignisses verknüpften Zwischenschritte dieses Vorgangs[303]. Dieses Ergebnis wird auch von den rechtswissenschaftlichen Auslegungsmethoden gestützt. Die überwiegende Literatur hat sich ebenfalls dem Standpunkt der eigenständigen ad-hoc-rechtlichen Überprüfung von Zwischenschritten angeschlossen[304], was auch der Handhabung der BaFin in der Praxis entspricht[305].

a) Systematik der gesetzlichen Vorgaben

Zum einen zeigt sich bereits anhand der Gesetzessystematik, dass eine Sperrwirkung abzulehnen ist. Der EuGH verweist zu Recht auf Art. 3 Abs. 1 RL 2003/124/EG[306]. In dieser Vorschrift sind exemplarisch Fallbeispiele aufgeführt, bei denen die Veröffentlichung einer Insider-Information aufgeschoben werden darf. Dazu zählen gemäß Art. 3 Abs. 1 lit. a) RL 2003/124/EG laufende Verhandlungen, insbesondere im Fall von Sanierungsbemühungen eines Unternehmens. Aber auch dann, wenn eine vom Geschäftsführungsorgan eines Emittenten getroffene Entscheidung oder abgeschlossener Vertrag zur Wirksamkeit der Zustimmung eines anderen Organs bedarf, ist der Emittent zur Aufschiebung der Veröffentlichung berechtigt, Art. 3 Abs. 1 lit. b) RL 2003/124/EG.

Den genannten Beispielen ist gemein, dass es sich um Zwischenschritte eines zusammengehörigen Geschehens handelt. Das jeweilige Endereignis liegt erst im Abschluss der Verhandlungen bzw. in der Zustimmung des anderen Organs. Daraus folgt jedoch im Umkehrschluss, dass auch der europäische Gesetzgeber von einer potentiellen Ad-hoc-Publizitätspflicht von Zwischenschritten ausgegangen ist[307].

Die europarechtliche Vorgabe des Art. 3 Abs. 1 RL 2003/124/EG wurde in das nationale Recht in § 6 WpAIV integriert. Damit hat sich auch der nationale Gesetzgeber die Grundvorstellung des europäischen Gesetzgebers von einer Möglichkeit

---

303 EuGH, Urteil vom 28.06.2012 – *Geltl*, Rz. 40 = EuZW 2012, 708, 710.

304 Ausführlich *Mennicke*, NZG 2009, 1059, 1060; vgl. auch *Klöhn*, NZG 2011, 166, 170; *Fleischer*, NZG 2007, 401, 404; *Klöhn*, in: Köln Komm WpHG, 2. Aufl. 2014, § 13 Rdn. 111 ff.; *Pawlik*, in: Köln Komm WpHG, 1. Aufl. 2007, § 13 Rdn. 15 f.; *Fischer zu Cramburg/Roy*é, in: Heidel, Aktienrecht und Kapitalmarktrecht, 4. Aufl. 2014, § 13 WpHG Rdn. 2c; *Mennicke/Jakovou*, in: Fuchs, WpHG, 2009, § 13 Rdn. 74; *Bachmann*, ZHR 172 (2008), 597, 604 f.

305 Emittentenleitfaden BaFin, Stand 15. Juli 2005, Ziffer III.2.1.1.1, S. 31.

306 EuGH, Urteil vom 28.06.2012 – *Geltl*, Rz. 32 = EuZW 2012, 708, 709.

307 Vgl. EuGH, Urteil vom 28.06.2012 – *Geltl*, Rz. 32 = EuZW 2012, 708, 709.

der Ad-hoc-Veröffentlichungspflicht von Zwischenschritten zu Eigen gemacht. Es bestehen daher keine fundamentalen Unterschiede zwischen den europäischen Richtlinien und der mitgliedsstaatlichen Umsetzung, die eine unterschiedliche Betrachtung erfordern würden.

b) Telos des Gesetzes

Aber auch Sinn und Zweck des Gesetzes unterstützen eine Ad-hoc-Publizitätspflicht von Zwischenschritten[308]. Wie bereits herausgearbeitet[309], ist übergeordnetes Ziel der Ad-hoc-Publizität die Sicherstellung der Integrität der Finanzmärkte sowie die Stärkung des Anlegervertrauens in diese Märkte. Schon Erwägungsgrund 24 der Richtlinie 2003/6/EG hebt hervor, dass eine selektive Weitergabe von Informationen diesen Zielen zuwider laufen kann.

Diese Gefahr kommt deutlich zum Vorschein, wenn man sich die Konsequenzen einer Sperrwirkung vor Augen führt[310]. In diesem Fall würde es sich solange um keine Insider-Information handeln, wie nur das Endereignis nicht hinreichend wahrscheinlich ist. Bis zu diesem Zeitpunkt wäre es daher insiderrechtlich nicht untersagt, dass Entscheidungsträger in Kenntnis eines Zwischenschritts (dem sogar schon Kursrelevanz zukommen könnte, auch wenn das Endereignis noch nicht hinreichend wahrscheinlich wäre[311]) mit Aktien des Emittenten handeln[312]. Auch der EuGH erkennt, dass damit das Grundprinzip der informationellen Chancengleichheit ausgehebelt wäre, da bereits eingeweihte Personen zum Nachteil der uninformierten breiten Öffentlichkeit Nutzen aus ihrem Wissen ziehen könnten[313]. Damit würde das Anlegervertrauen massiv beschädigt, da die Anleger sich nicht sicher sein können, dass alle Handelspartner über den gleichen Informationsstand verfügen.

Zudem verweist der EuGH zu Recht auf die Willkürlichkeit der Bildung von Zwischenschritten, indem man ein Ereignis als Zwischenschritt eines anderen, umfassenderen Vorgangs begreift[314]. Durch diese Manipulation könnte die

---

308 Vgl. hierzu auch *Mennicke*, NZG 2009, 1059, 1060.

309 Vgl. B.II.7.

310 Die Gefahr von erheblichen Lücken im Tatbestand des Insiderverbots durch die Anerkennung der Sperrwirkung befürchtet auch *Klöhn*, in: Köln Komm WpHG, 2. Aufl. 2014, § 13 Rdn. 111.

311 Ein Beispiel hierfür wäre die Aufnahme von Vertragsverhandlungen in einem konzentrierten Marktumfeld, was an sich als konkreter Zwischenschritt eine kursrelevante Information wäre. Solange das Ergebnis der Verhandlungen noch unsicher und damit nicht hinreichend wahrscheinlich wäre, müsste aber keine Ad-hoc-Mitteilung abgegeben werden.

312 Auf diesen Aspekt hinweisend auch *Möllers/Seidenschwann*, NJW 2012, 2762, 2763; vgl. auch *Mennicke*, NZG 2009, 1059, 1060.

313 EuGH, Urteil vom 28.06.2012 – *Geltl*, Rz. 33, 35 = EuZW 2012, 708, 709 f.

314 EuGH, Urteil vom 28.06.2012 – *Geltl*, Rz. 37 = EuZW 2012, 708, 709; dies betont auch *Mock*, ZBB 2012, 286. 287.

Veröffentlichungspflicht immer weiter hinausgeschoben werden, wenn man nur das Endereignis veröffentlichen müsste[315].

c) Gesetzeswortlaut

Die Ablehnung einer Sperrwirkung des Endereignisses lässt sich zudem auch schon aus dem Gesetzeswortlaut ableiten. Art. 1 Abs. 1 RL 2003/124/EG stellt nur auf präzise Umstände oder Ereignisse ab. Diese Begriffe sind nicht näher definiert, so dass auf ihre allgemeine Bedeutung abzustellen ist[316]. Nach dem allgemeinen Wortsinn zählen jedoch auch bereits Zwischenschritte zu Umständen oder Ereignissen[317]. Die Verknüpfung von mehreren eigenständig konkreten Umständen zu einer einheitlichen Entscheidung negiere daher den Wortlaut der Vorschrift[318].

3. Stellungnahme

Der Ablehnung einer Sperrwirkung des Endereignisses auf die Veröffentlichungspflicht von Zwischenschritten durch den EuGH ist zuzustimmen. Dafür sprechen insbesondere Systematik und Telos des Gesetzes.

Darüber hinaus verkennt die noch vom OLG Stuttgart vertretene Sperrwirkung[319], dass im Laufe der Entwicklung eines Sachverhalts stets mehrere Endereignisse in Betracht kommen können, deren Eintrittswahrscheinlichkeit zu untersuchen ist[320]. Es könnte daher gar nicht bestimmt werden, auf welches zukünftige Ereignis abzustellen ist. Auf die Hilfserwägung des OLG Stuttgart, dass sich die Kursrelevanz eines Zwischenschritts nur aus einem überwiegend wahrscheinlichen Endereignisses ableitet, wird später zurückzukommen sein[321]. Im Anschluss an das Urteil des EuGH hat sich auch der BGH eindeutig gegen eine Sperrwirkung des Endereignisses ausgesprochen[322].

---

315 Dies hervorhebend *Klöhn*, in: Köln Komm WpHG, 2. Aufl. 2014, § 13 Rdn. 115.

316 Vgl. *Apfelbacher/Polke*, CFL 2012, 275.

317 Vgl. *Schall*, ZIP 2012, 1286, 1887.

318 OLG Frankfurt am Main, Beschluss vom 12.02.2009, Rz. 6 = NJW 2009, 1520, 1521. Vgl. auch zur Ableitung aus dem Wortlaut der nationalen Vorschriften *Mennicke*, NZG 2009, 1059, 1060.

319 Vgl. OLG Stuttgart, Beschluss vom 22.04.2009 = NZG 2012, 624, 626 f.

320 Vgl. *Wilsing/Goslar*, DStR 2012, 1709, 1710; *Klöhn*, in: Köln Komm WpHG, 2. Aufl. 2014, § 13 Rdn. 112.

321 Vgl. hierzu die Ausführungen unter E.III.2.a).

322 BGH, Beschluss vom 23.04.2013, Rz. 15 = NZG 2013, 708, 710.

II. Bestimmung der Konkretheit eines bereits eingetretenen Zwischenschritts

Nachdem nunmehr geklärt ist, dass auch Zwischenschritte grundsätzlich ad-hoc-pflichtig sein können, stellt sich die Frage, wann ein Zwischenschritt ein konkreter Umstand ist.

1. Zweistufigkeit der Prüfung der Konkretheit

Wie bereits dargestellt[323], erfordert die Feststellung der Konkretheit eines Zwischenschritts eine zweistufige Prüfung. Dabei ist in einem ersten Schritt festzustellen, ob es sich um einen bereits eingetretenen gegenwärtigen Umstand handelt oder ob es sich um ein hinreichend wahrscheinliches zukünftiges Ereignis handelt.

Darüber hinaus muss geprüft werden, ob dem bereits eingetretenen Zwischenschritt oder zukünftigem Ereignis Kursspezifität zukommt. Dazu ist erforderlich, dass die Information spezifisch genug ist, um allgemein Grundlage für eine Aussage über den Verlauf des Börsenkurses eines Insiderpapiers zu sein. Damit handelt es sich bei dem Erfordernis der Kursspezifität um ein der Kurserheblichkeit ähnliches, aber dennoch unterschiedliches Merkmal.

2. Ansatzpunkte in der Literatur zur Bestimmung der Konkretheit von bereits eingetretenen Zwischenschritten

Die Ansätze in der Literatur zur Beurteilung der Konkretheit eines Zwischenschritts sind uneinheitlich.

So ist nach einer Auffassung ein Zwischenschritt konkret, wenn er so spezifisch ist, dass er Aussagen auf die Kurserheblichkeit zulässt, wodurch das Merkmal „präzise" in kaum trennbarer Weise mit demjenigen der Kurserheblichkeit verknüpft werde[324]. Der verständige Anleger werde aber unter anderem seine Entscheidung von der Eintrittswahrscheinlichkeit des Endereignisses abhängig machen. Allerdings sieht auch diese Literaturmeinung die Feststellungen des EuGH, wonach das Tatbestandsmerkmal „präzise" selbständig neben der Kurserheblichkeit stehen muss und dass bereits eingetretene Zwischenschritte unabhängig von der Eintrittswahrscheinlichkeit des Endereignisses konkrete Informationen sind[325]. Als Ausweg wird davon ausgegangen, der EuGH sei bei der ersten Vorlagefrage von einer falschen Fragestellung ausgegangen, nämlich ob Zwischenschritte überhaupt Insider-Informationen sein können[326]. Dieser Auffassung nach wählte der EuGH einen Mittelweg, indem er bei Vorlagefrage 1 ein weites Verständnis zeigt und auch zukünftige Zwischenschritte einschließt, bei Vorlagefrage 2 jedoch zeige, dass das Endereignis nicht ganz

323 Siehe die Ausführungen unter D.II.1.
324 *Bachmann*, DB 2012, 2206, 2209.
325 *Bachmann*, DB 2012, 2006, 2209.
326 *Bachmann*, DB 2012, 2206, 2209.

ungewiss sein dürfe[327]. Folglich bestehe eine präzise Information nicht bei offenem Ausgang (des Endereignisses[328]), sondern nur, wenn dessen Eintritt vernünftigerweise erwartet werden könne[329].

In eine ähnliche Richtung gehen auch die Schlussfolgerungen, wonach die Kursrelevanz maßgebliches Kriterium der präzisen Information ist[330]. Folglich scheint die Konkretheit einer Insider-Information mit der Kursrelevanz verknüpft und die Tatbestandsmerkmale nicht getrennt gehalten zu werden[331].

Demgegenüber vertreten andere Autoren die Meinung, dass die Kursspezifität nicht im Sinne einer zwingenden Verknüpfung von Eintrittswahrscheinlichkeit und Kursrelevanz verstanden werden darf, sondern lediglich allgemein eine Einschätzung über den künftigen Kursverlauf zulassen muss[332]. Die Bedeutung der Kursspezifität wird daher vorwiegend bei den Emittenten mittelbar betreffenden Informationen gesehen[333]. Folglich kann erst im Rahmen der Prüfung der Kurserheblichkeit auf die Eintrittswahrscheinlichkeit des Endereignisses zurückgegriffen werden[334].

3. Stellungnahme

Vorab ist festzuhalten, dass sich die Frage der Eintrittswahrscheinlichkeit bei bereits eingetretenen Zwischenschritten nicht stellt. Bei bereits eingetretenen Ereignissen gibt es gerade schon einen gegenwärtigen Anknüpfungspunkt, so dass ein Blick in die Zukunft nicht erforderlich ist. In diesen Konstellationen ist im Rahmen der Konkretheit lediglich zu prüfen, ob dem bereits eingetretenen Zwischenschritt Kursspezifität zukommt. Diese ist nicht zu verwechseln mit der Kursrelevanz. Die Kursspezifität regelt nur, ob die Information allgemein spezifisch genug ist, eine Aussage über mögliche Kursveränderungen eines Wertpapieres zu ermöglichen[335]. Dies stellt lediglich einen Filter da, ob der Information ausreichender Emittentenbezug zukommt, um ein Urteil über die Kurserheblichkeit zu gestatten[336]. Damit

---

327 *Bachmann*, DB 2012, 2206, 2209.

328 Im Zusammenhang mit dem vorher von *Bachmann* dargestellten Mittelweg, nach dem Zwischenschritte zwar umfasst seien, aber gleichzeitig das „Enddatum" nicht ganz ungewiss sein dürfe, kann sich diese Aussage nur auf das Endereignis beziehen.

329 *Bachmann*, DB 2012, 2206, 2210.

330 *Mock*, ZBB 2012, 286, 288.

331 Die Aussage von *Mock* ist insoweit leider nicht ganz eindeutig. Es lässt sich nicht exakt feststellen, ob er die Kursrelevanz als maßgebliches Kriterium der Konkretheit erblickt oder als maßgebliches Kriterium im Tatbestandsaufbau einer Insider-Information insgesamt.

332 *Wilsing/Goslar*, DStR 2012, 1709, 1711.

333 *Wilsing/Goslar*, DStR 2012, 1709, 1711.

334 Vgl. *v. Bonin/Böhmer*, EuZW 2012, 694, 696.

335 Siehe bereits C.II.2.b)cc).

336 Vgl. *Hilgendorf*, in: Park, Kapitalmarkstrafrecht, 3. Aufl. 2013, § 13 WpHG Rdn. 68.

werden letztlich nur ganz unbestimmte, allgemeine und nichtssagende Informationen vom Tatbestand einer Insider-Information ausgenommen[337].

Die Stimmen in der Literatur, die die Konkretheit eines Zwischenschritts über die Kursrelevanz des Endereignisses bestimmen wollen, gehen daher fehl. Wie der EuGH klar herausgestellt hat, müssen die einzelnen Tatbestandsmerkmale voneinander getrennt bleiben[338]. Ansonsten wären die Konkretheit eines Zwischenschritts und die Kursrelevanz jeweils stets einheitlich zu bejahen oder zu verneinen. Die Eigenständigkeit der Prüfung des Tatbestandsmerkmals der Kursrelevanz wäre damit praktisch aufgegeben, da jeder konkrete Zwischenschritt immer kursrelevant wäre.

Alles in allem steht jedoch außer Frage, dass der Kursrelevanz zukünftig insgesamt eine weit größere Bedeutung zukommt. Da bereits eingetretene Zwischenschritte zumeist konkrete Informationen darstellen, verlagert sich die entscheidende Frage der Ad-hoc-Publizität von der Eintrittswahrscheinlichkeit eines Ereignisses hin zur Kursrelevanz des Zwischenschritts[339].

Dem EuGH hingegen vorzuwerfen, er sei von einer falschen Fragestellung ausgegangen und habe dadurch in Kombination mit der zweiten Vorlagefrage einen Mittelweg verfolgt, ist unberechtigt. Die Schlussfolgerung, ein Zwischenschritt sei erst dann konkret, wenn der *„Ausgang nicht vollkommen offen ist, sondern (...) vernünftigerweise erwartet werden kann"* hat zur Konsequenz, dass auf diese Weise die Eigenständigkeit von Zwischenschritten als möglicher Anknüpfungspunkt negiert wird. Kann nämlich der Eintritt des Endereignisses vernünftigerweise erwartet werden, so handelt es sich bei diesem Umstand um eine konkrete ad-hoc-pflichtige Information. Wenn man davon ausginge, dass vor diesem Zeitpunkt eine Information nicht konkret sei, dann gäbe es keine veröffentlichungspflichtigen Zwischenschritte mehr. Dies steht jedoch im Widerspruch zu der Feststellung des EuGH, dass Zwischenschritte grundsätzlich ad-hoc-pflichtig sein können.

III. Erweiterung auf zukünftige Zwischenschritte

Die Frage, wann ein Zwischenschritt konkret ist, stellt sich nicht nur in Bezug auf gegenwärtige Zwischenschritte. Zu prüfen ist vielmehr auch, ob und wann zukünftige Zwischenschritte konkrete Ereignisse bilden und damit potentiell veröffentlichungspflichtig sind.

1. Ad-hoc-Pflicht von zukünftigen Zwischenschritten

Die Diskussion, ob auch zukünftige Zwischenschritte als Ad-hoc-Information veröffentlichungspflichtig sein können, wurde maßgeblich durch den EuGH angeschoben.

337 *Hilgendorf*, in: Park, Kapitalmarkstrafrecht, 3. Aufl. 2013, § 13 WpHG Rdn. 68.
338 Vgl. EuGH, Urteil vom 28.06.2012 – *Geltl*, Rz. 53 = EuZW 2012, 708, 711.
339 *Heider/Hirte*, GWR 2012, 429, 431.

a) Erweiterung auf zukünftige Zwischenschritte durch den EuGH

Der EuGH hat in seinem Urteil vom 28. Juni 2012 im Geltl-Verfahren[340] obiter dictum entschieden, dass sich Art. 1 Abs. 1 RL 2003/124/EG nicht nur auf bereits existierende oder bereits eingetretene Zwischenschritte bezieht, sondern auch solche Zwischenschritte betrifft, bei denen mit hinreichender Wahrscheinlichkeit davon ausgegangen werden kann, dass sie in Zukunft existieren oder eintreten werden[341]. Damit ist der EuGH über die Vorlagefragen des BGH hinausgegangen. Dieser hat nämlich nur die Frage vorgelegt, ob Zwischenschritte, *die bereits existieren oder eingetreten sind*, präzise Informationen sein können[342].

b) Reaktionen in der Literatur

Die Feststellung des Europäischen Gerichthofs, dass auch zukünftige Zwischenschritte ad-hoc-pflichtig sein können, führte zu Irritationen in der Literatur.

---

340 An dieser Stelle sei kurz der wesentliche Sachverhalt des Geltl-Verfahrens zusammengefasst: Herr Prof. Dr. Jürgen Schrempp war bis ins Jahr 2008 zum Vorstandsvorsitzenden der DaimlerChrysler AG bestellt. Im Anschluss an die Hauptversammlung vom 06.04.2005 mehrten sich bei Herrn Schrempp Gedanken zur vorzeitigen Amtsniederlegung. Diese Gedankenspiele erörterte er zuerst in einem Gespräch mit seiner Frau, die zugleich seine Sekretärin war, sowie am 17.05.2005 in einem Gespräch mit dem Aufsichtsratsvorsitzenden, Herrn Hilmar Kopper. Zwischen dem 01.06.2005 und dem 21.07.2005 wurden weitere Vorstands- und Aufsichtsratsmitglieder in die Überlegungen Herrn Schrempps zum Ausscheiden aus dem Unternehmen eingeweiht. Bereits ab dem 10.07.2005 wurde an einer Pressemitteilung, einem externen Statement sowie einem Brief an die Mitarbeiter gearbeitet. Der Präsidialausschuss des Aufsichtsrats und der Aufsichtsrat wurden am 13.07.2005 zur Sitzung am 27.07.2005 bzw. 28.07.2005 eingeladen, ohne auf das mögliche Ausscheiden des Vorstandsvorsitzenden Bezug zu nehmen. In einem Gespräch am 18.07.2005 einigten sich Herr Schrempp und Herr Kopper darauf, dem Aufsichtsrat das Ausscheiden von Herrn Schrempp sowie die Nachfolge durch Herrn Zetsche vorzuschlagen. In der Sitzung vom 27.07.2005 stimmte der Präsidialausschuss diesem Beschlussvorschlag zu und informierte im Laufe des Abends weitere Aufsichtsratsmitglieder. Der entsprechende Beschluss wurde sodann vom Aufsichtsrat am 28.07.2005 gegen 9:50 Uhr gefasst. Nachdem um 10:02 Uhr die BaFin und die Börsengeschäftsführung informiert wurden, wurde um 10:32 Uhr die Ad-hoc-Mitteilung veröffentlicht. Am Morgen des 28.07.2005 wurden um 9:30 Uhr auch die Quartalszahlen der DaimlerChrysler AG der BaFin und der Börsengeschäftsführung mitgeteilt und sodann um 9:59 Uhr ad-hoc veröffentlicht. Nach Mitteilung der Quartalszahlen stieg der Börsenkurs auf EUR 38,70. Nach Vermelden des beabsichtigten Wechsels in der Vorstandsspitze stieg der Kurs sprunghaft auf EUR 40,40 und in der Folgezeit auf EUR 42,95.

341 EuGH, Urteil vom 28.06.2012 – *Geltl*, Rz. 38 = EuZW 2012, 708, 710.

342 Vgl. BGH, Beschluss vom 22.11.2010 = NZG 2011, 109.

Teilweise wird der Aussage des EuGH keine vertiefte Bedeutung zuzumessen, da das obiter dictum nach dieser Literaturmeinung *„relativ zusammenhanglos und ohne jede weitere Begründung abgegeben wurde“*[343]. Über die weitere Feststellung, dass sich die Kursrelevanz eines Zwischenschritts zumeist nur aus einem überwiegend wahrscheinlichen Endereignis ableitet, kommt diese Literaturmeinung zu dem Ergebnis, dass künftiges Ereignis nicht der Zwischenschritt selbst, sondern immer das Endereignis ist[344].

Die Urteilspassage wurde auch dahingehend gedeutet, dass der EuGH dadurch die Zwischenschritte vom Endereignis endgültig entkoppelt habe[345]. Wenn schon der Eintritt eines künftigen Zwischenschritts nur tatsächlich erwartet werden können müsse, dann könne es auf die Eintrittswahrscheinlichkeit des Endereignisses nicht mehr ankommen[346].

c) *Stellungnahme*

Die Ausdehnung der Ad-hoc-Veröffentlichungspflicht auf zukünftige Zwischenschritte ist nur konsequent. Der EuGH hat festgestellt, dass die Anknüpfung an Zwischenschritte nicht durch das spätere Endereignis ausgeschlossen ist, sondern ein Zwischenschritt für sich eine konkrete Information sein kann. Daraus folgt zwangsläufig, dass auch ein zukünftiger Zwischenschritt, sofern dessen Eintritt im Sinne des § 13 Abs. 1 S. 3 WpHG hinreichend wahrscheinlich ist, eine zu veröffentlichende Information sein kann. Dies setzt selbstverständlich voraus, dass die weiteren Tatbestandsmerkmale, insbesondere die Kursrelevanz, ebenfalls gegeben sind.

Daher ist die teilweise geäußerte Kritik am EuGH ungerechtfertigt. Die Urteilspassage zeugt vielmehr von einer logischen Stringenz, indem das Gericht die in dem Urteil aufgestellten Grundsätze sogleich konsequent im Hinblick auf zukünftige Zwischenschritte angewandt hat. Obwohl sich die Vorlagefrage nicht auf zukünftige Zwischenschritte bezog, hat der EuGH die Gelegenheit ergriffen, weitere Rechtssicherheit zu schaffen. Auch der BGH hat in seinem Beschluss vom 23. April 2013 zukünftige Zwischenschritte beiläufig als gewöhnliche zukünftige Ereignisse eingeordnet[347]. Die ablehnende Literaturmeinung negiere diese klaren Aussagen des EuGH. Hierbei werde in unzulässiger Weise die Konkretheit und die Kursrelevanz eines künftigen Zwischenschritts vermengt. Die Frage, ob und unter welchen Voraussetzungen einem zukünftigen Zwischenschritt Kursrelevanz zukommt, kann nicht dazu führen, dass die Ad-hoc-Pflicht von zukünftigen Zwischenschritten generell verneint wird, indem stets eine überwiegende Eintrittswahrscheinlichkeit des Endereignisses gefordert wird.

343 *Kocher/Widder*, BB 2012, 2837, 2839 f.

344 *Kocher/Widder*, BB 2012, 2837, 2840.

345 *Hitzer*, NZG 2012, 860, 861.

346 *Hitzer*, NZG 2012, 860, 861.

347 Der BGH prüft in seinem Beschluss vom 23.04.2013 = NZG 2013, 708 in Rz. 27 ff. einen zukünftigen Zwischenschritt wie ein ganz gewöhnliches zukünftiges (End-)Ereignis, vgl. *Brellochs*, ZIP 2013, 1165, 1172 f.

Zur Beurteilung der Konkretheit eines zukünftigen Zwischenschritts kommt es gerade nicht auf die Eintrittswahrscheinlichkeit des Endereignisses an. Dies ergibt sich schon daraus, dass Zwischenschritte selbständige präzise ad-hoc-veröffentlichungspflichtige Umstände sein können, ihre Konkretheit daher nicht vom Endereignis abhängt. Auf die befürchtete gänzliche Entkoppelung von Zwischenschritten vom Endereignis[348] ist jedoch zu antworten, dass es im Rahmen der Kursrelevanz durchaus auf die Eintrittswahrscheinlichkeit des Endereignisses ankommen kann[349].

2. Bestimmung der erforderlichen Eintrittswahrscheinlichkeit für künftige Ereignisse

Mit der Feststellung, dass zukünftige Ereignisse eine Ad-hoc-Information darstellen können, stellt sich die Frage nach der Bestimmung der von § 13 Abs. 1 S. 3 WpHG geforderten Eintrittswahrscheinlichkeit. Gemäß § 13 Abs. 1 S. 3 WpHG ist erforderlich, dass mit hinreichender Wahrscheinlichkeit davon ausgegangen werden kann, dass die Umstände in Zukunft eintreten werden.

a) Perspektive der Betrachtung

Um beurteilen zu können, ob eine hinreichende Eintrittswahrscheinlichkeit gegeben ist, muss in einem ersten Schritt geklärt werden, auf wessen Perspektive abgestellt werden muss. Der EuGH hat hierfür in seiner *Geltl*-Entscheidung keine Kriterien vorgegeben.

aa) Sicht des verständigen Anlegers

Ein Ansatz besteht darin, dass sich die Eintrittswahrscheinlichkeit aus dem Blickwinkel des verständigen Anlegers bestimmt[350]. Eine Stütze könnte hierfür Art. 1 Abs. 2 RL 2003/124/EG bieten. Nach dieser Vorschrift bestimmt sich die Beurteilung der Kurserheblichkeit einer Information ebenfalls aus der Sicht eines verständigen

---

348 Vgl. *Hitzer*, NZG 2012, 860, 861.

349 Nach *Hitzer*, NZG 2012, 860, 861 ist aufgrund der Entkoppelung des Zwischenschritts vom Endereignis nur noch das Kursbeeinflussungspotential des Zwischenschritts zu prüfen. *Hitzer* geht jedoch nicht darauf ein, dass bei diese Stelle Endereignis und Zwischenschritt wieder verknüpft werden. Siehe hierzu auch die Ausführungen unter E.III.

350 *Hilgendorf*, in: Park, Kapitalmarktstrafrecht, 3. Aufl. 2013, § 13 WpHG Rdn. 72; *Mennicke/Jakovou*, in: Fuchs, WpHG, 2009, § 13 Rdn. 66; *Pawlik*, in: Köln Komm WpHG, 1. Aufl. 2007, § 13 Rdn. 93; *Klöhn*, in: Köln Komm WpHG, 2. Aufl. 2014, § 13 Rdn. 101; *Harbarth*, ZIP 2005, 1898, 1901 f.

Anlegers[351]. Zudem lässt sich eine objektive Quantifizierung der hinreichenden Eintrittswahrscheinlichkeit kaum durchführen[352].

Aber auch systematische Erwägungen untermauern diesen Blickwinkel. Die hinreichende Wahrscheinlichkeit ist Merkmal der Konkretheit einer Insider-Information, wodurch zukünftige Umstände mit gegenwärtigen Umständen im Sinne des § 13 Abs. 1 S. 1 WpHG gleichstellt werden. In § 13 Abs. 1 S. 1 WpHG ist der Tatbestand einer gegenwärtigen Insider-Information definiert. Diese Definition steht unter dem Eindruck des § 13 Abs. 1 S. 2 WpHG, welcher (als Umsetzung von Art. 1 Abs. 2 RL 2003/124/EG) die Perspektive eines verständigen Anlegers vorgibt[353]. Bei der Bestimmung der Wahrscheinlichkeit ist daher zu fragen, ob der vernünftige und somit verständige Anleger die Information als Anreiz ansehen würde[354].

bb) Sicht des durchschnittlichen Anlegers

Es wäre hingegen aber auch denkbar, dass nicht auf einen verständigen Anleger, sondern auf einen lediglich durchschnittlich erfahrenen Anleger abgestellt wird[355]. Begründet werden könnte dies mit der Formulierung des EuGH in dessen *Geltl*-Urteil, wonach Art. 1 Abs. 1 RL 2003/124/EG auf *„Regeln der allgemeinen Erfahrung"* basiere[356]. Eine nur allgemeine Erfahrung würde damit gerade nicht bedeuten, dass ein verständiger, börsenkundiger Anleger vorausgesetzt wird, sondern dies würde für einen durchschnittlichen Anleger sprechen[357].

cc) Objektive Sicht

Es wird schließlich auch vertreten, dass sich durch die Folgerung, dass der EuGH eine überwiegende Wahrscheinlichkeit für erforderlich, aber auch ausreichend hält, die Frage nach der Perspektive der Beurteilung erübrigt[358]. Eine überwiegende Wahrscheinlichkeit setzt demnach stets voraus, dass der Eintritt des Ereignisses

---

351 Vgl. hierzu auch *Klöhn*, in: Köln Komm WpHG, 2. Aufl. 2014, § 13 Rdn. 101, wonach die Prüfung der hinreichenden Eintrittswahrscheinlichkeit nichts anderes als ein Ausschnitt der Kursrelevanzprüfung ist, weshalb die Perspektive des verständigen Anlegers entscheidend ist. Diese Vermischung ist jedoch nur dann zulässig, wenn man die Probability/Magnitude-Formel bei der Bestimmung der Konkretheit heranzieht, da andernfalls die Tatbestandsmerkmale in der Prüfung voneinander getrennt sind.

352 *Hilgendorf*, in: Park, Kapitalmarktstrafrecht, 3. Aufl. 2013, § 13 WpHG Rdn. 72.

353 Vgl. zu diesem Argument ausführlich *Pawlik*, in: Köln Komm WpHG, 1. Aufl. 2007, § 13 Rdn. 93.

354 Vgl. *Pawlik*, in: Köln Komm WpHG, 1. Aufl. 2007, § 13 Rdn. 93.

355 Diese Verständnismöglichkeit deutet *Klöhn* in ZIP 2012, 1885, 1889 an.

356 Vgl. EuGH, Urteil vom 28.06.2012 – *Geltl*, Rz. 44 = EuZW 2012, 708, 710.

357 Vgl. *Klöhn* in ZIP 2012, 1885, 1889.

358 *Klöhn*, ZIP 2012, 1885, 1889.

objektiv wahrscheinlicher ist, als sein Ausbleiben[359]. Folglich bedürfe es keiner Bestimmung einer Perspektive der Betrachtung mehr.

dd) Stellungnahme

Darauf abzustellen, dass aufgrund des Erfordernisses einer überwiegenden Wahrscheinlichkeit[360] eine objektive Betrachtungsweise anzulegen ist, vermag nicht zu überzeugen. Eine objektive Betrachtung im Sinne von „realitätsgerecht" wäre nur auf der Basis vollständiger Informationen und somit aus einer ex-post-Perspektive möglich[361].

Bei der Beurteilung der hinreichenden Wahrscheinlichkeit handelt es sich jedoch um eine Prognose. Eine Prognose ist nie objektiv, sondern kann nur aus der Sicht eines Beteiligten getroffen werden. Zudem handelt es sich um eine ex-ante-Einschätzung, mit der eine objektive „realitätsgerechte" Sicht auf die Dinge nicht vereinbar wäre. Zudem fordert der EuGH, dass der Eintritt eines künftigen Umstands *„tatsächlich erwartet werden kann"*. Dabei verweist er auch auf andere Sprachfassungen, nach denen der Eintritt „vernünftigerweise angenommen werden kann". Die Beurteilung der Vernunft einer Erwartung stellt sich jedoch wiederum nur aus dem Blickwinkel des Betroffenen. Bei einer rein objektiven Betrachtung gäbe es nur ein „ja" oder „nein", aber keine „vernünftige" Einschätzung.

Zutreffender Ansatzpunkt der geforderten objektiven Sichtweise ist jedoch, dass es nicht entscheidend auf die individuelle subjektive Sicht des Handelnden ankommen kann, sondern ein objektivierter Maßstab der Betrachtung anzulegen ist[362]. Der Handelnde kann sich daher nicht auf seine persönliche Einschätzung berufen.

Vorzugswürdig ist daher, auf die Prognose eines verständigen Anlegers abzustellen und nicht nur auf einen „durchschnittlichen" Anleger. Dieser Ansatzpunkt wird vom Gesetzestext gestützt. Zudem wird auch im Rahmen des § 13 Abs. 1 S. 2 WpHG nicht der durchschnittliche Anleger (oftmals als „durchschnittlich verständiger Anleger" bezeichnet[363]) herangezogen, da faktische Adressaten der Insiderhandelsverbote zu einem erheblichen Teil kapitalmarktkundige Marktteilnehmer sind[364]. Es sind keine Anzeichen dafür erkennbar, dass im Rahmen von § 13 Abs. 1 S. 3 WpHG von diesem Wahrscheinlichkeitsmaßstab abgewichen werden sollte.

---

359 *Klöhn*, ZIP 2012, 1885, 1889 f.

360 Siehe dazu sogleich unter D.III.2.b).

361 Vgl. beispielsweise zum Parallelfall der Beurteilung der Gefahrenlage im Rahmen des Notstands gemäß § 34 StGB *Neumann*, in: Kindhäuser/Neumann/Paeffgen, Strafgesetzbuch, 4. Aufl. 2013, § 34 Rdn. 42.

362 Relevant wäre dies beispielsweise, wenn der Handelnde subjektiv nach seinen Informationen von dem Fehlen einer hinreichenden Wahrscheinlichkeit ausgehen durfte, ein verständiger Anleger aber eine hinreichende Wahrscheinlichkeit bejaht hätte.

363 Vgl. *Assmann*, in: Assmann/Schneider, WpHG, 6. Aufl. 2012, § 13 Rdn. 57.

364 *Mennicke/Jakovou*, in: Fuchs, WpHG, 2009, § 13 Rdn. 141.

b) *Erforderlicher Wahrscheinlichkeitsgrad*

Nach Klärung der Frage, aus wessen Blickwinkel die hinreichende Eintrittswahrscheinlichkeit beurteilt werden muss, sind die Anforderungen an die Höhe des erforderlichen Wahrscheinlichkeitsgrades zu bestimmen. Die Bandbreite an hierzu vertretenen Meinungen ist beachtlich. Dies hat auch zu entsprechender Unsicherheit in der Rechtsprechung geführt, weshalb der BGH in Ansehung der in der Entscheidung *Spector Photo Group und Van Raemdonck* des EuGH[365] betonten informationellen Chancengleichheit an der richtigen Bestimmung des Merkmals der hinreichenden Wahrscheinlichkeit zweifelte[366].

aa) *Überwiegende Wahrscheinlichkeit*

Der EuGH hat nunmehr teilweise zur Klärung beigetragen. Der EuGH hat „nach unten" abgegrenzt, indem er klargestellt hat, dass Emittenten nicht zur Bekanntgabe unkonkreter Informationen verpflichtet sein sollen. Aus Gründen der Rechtssicherheit sind daher Ereignisse, deren Eintritt nicht wahrscheinlich ist, nicht zu veröffentlichen[367]. Er beschränkte sich in seiner *Geltl*-Entscheidung jedoch auf die Aussage, dass *„tatsächlich erwartet werden kann, dass sie (*die zukünftigen Umstände, Anm. des Verfassers) *in Zukunft existieren oder eintreten werden*"[368]. Der EuGH hebt dabei die Unterschiede zwischen den verschiedenen Sprachfassungen der Richtlinie hervor. In anderen Sprachen erfordert die Richtlinie eine mit dem Adverb „vernünftigerweise" verknüpfte Erwartung an den Eintritt des künftigen Ereignisses[369]. Diese Divergenz schließt der EuGH mit einer an Systematik und Zweck der Regelung orientierten Auslegung. Das Adverb „vernünftigerweise" verbindet das Gericht mit dem Erfordernis einer umfassenden Würdigung der bereits verfügbaren Anhaltspunkte im Einzelfall[370]. Daraus leitet der EuGH ab, dass eine hohe Eintrittswahrscheinlichkeit

---

365 Vgl. EuGH, Urteil vom 23.12.2009 – *Spector Photo Group und Van Raemdonck*, Rz. 48 = EuZW 2010, 227, 231.

366 BGH, Beschluss vom 22.11.2010, Rz. 20 = NZG 2011, 109, 112; vgl. insoweit die zweite Vorlagefrage des BGH: „Verlangt hinreichende Wahrscheinlichkeit im Sinn von Artikel 1 Abs. 1 der Richtlinie 2003/124/EG eine Wahrscheinlichkeitsbeurteilung mit überwiegender oder hoher Wahrscheinlichkeit, oder ist unter Umständen, bei denen mit hinreichender Wahrscheinlichkeit von ihrer zukünftigen Existenz, oder Ereignissen, die mit hinreichender Wahrscheinlichkeit in Zukunft eintreten werden, zu verstehen, dass das Maß der Wahrscheinlichkeit vom Ausmaß der Auswirkungen auf den Emittenten abhängt und es bei hoher Eignung zur Kursbeeinflussung genügt, wenn der Eintritt des künftigen Umstands oder Ereignisses offen, aber nicht unwahrscheinlich ist?"

367 EuGH, Urteil vom 28.06.2012 – *Geltl*, Rz. 42 = EuZW 2012, 708, 711.

368 EuGH, Urteil vom 28.06.2012 – *Geltl*, Rz. 49, 56 = EuZW 2012, 708, 711.

369 Vgl. die englische Sprachfassung, die von *„reasonably may be expected*" spricht oder die französische Sprachfassung, bei der es *„raisonnablement penser*" heißt.

370 EuGH, Urteil vom 28.06.2012 – *Geltl*, Rz. 44 = EuZW 2012, 708, 710.

nicht erforderlich ist, da eine solche Schwelle das Ziel der Integrität der Finanzmärkte und der Stärkung des Vertrauens der Anleger beeinträchtigen würde[371]. Damit hat der EuGH eine Obergrenze aufgestellt.

Die Feststellung, dass der Eintritt des künftigen Umstands „tatsächlich erwartet" werden können muss, ist ihrerseits auslegungsbedürftig[372]. Ein Großteil der Literatur deutet den EuGH so, dass lediglich bei einer mindestens überwiegenden Wahrscheinlichkeit der Eintritt des künftigen Ereignisses tatsächlich erwartet werden kann[373]. Überwiegend sei eine Wahrscheinlichkeit nur dann, wenn der Eintritt wahrscheinlicher ist als das Ausbleiben, weshalb eine Mindestwahrscheinlichkeit von „50% + x" gefordert wird[374]. Dafür spreche auch die Erwägung, dass nur wenn es wahrscheinlich und nicht bloß möglich ist, man vernünftigerweise davon ausgehen dürfe, dass das Ereignis eintritt[375]. Jedenfalls steht fest, dass zumindest reine Wunschgedanken nicht zu einer konkreten Information führen[376].

bb) Wahrscheinlichkeit von 50% ausreichend

Demgegenüber wird jedoch aus der Unklarheit des Urteils des EuGH teilweise abgeleitet, dass auch offene Sachverhalte mit einer Wahrscheinlichkeit von 50% hinreichend wahrscheinlich sein können[377]. Der EuGH habe ausdrücklich lediglich „nicht wahrscheinliche" Ereignisse ausgeklammert[378]. Hingegen hat er im Gegenzug nicht explizit bestätigt, dass eine überwiegende Wahrscheinlichkeit erforderlich ist[379].

cc) Probability/Magnitude-Ansatz

Nach dem Probability/Magnitude-Ansatz hängen die Anforderungen an die Wahrscheinlichkeit des Eintritts eines künftigen Umstandes davon ab, in welchem Umfang Auswirkungen auf den Kurs eines Finanzinstruments erwartet werden können. Die hinreichende Wahrscheinlichkeit ist nach dieser Theorie eine variable, bewegliche Größe.

---

371 EuGH, Urteil vom 28.06.2012 – *Geltl*, Rz. 47 = EuZW 2012, 708, 710 f.

372 So auch *Klöhn*, in: Köln Komm WpHG, 2. Aufl. 2014, § 13 Rdn. 96.

373 Vgl. *Bachmann*, DB 2012, 2206, 2209; *Hitzer*, NZG 2012, 860, 862; *Kocher/Widder*, BB 2012, 2837, 2838; *Heider/Hirte*, GWR 2012, 429, 430; *v. Bonin/Böhmer*, EuZW 2012, 694, 696; *Wilsing/Goslar*, DStR 2012, 1709, 1712; *Rehahn*, GPR 2012, 319, 321; *Bingel*, AG 2012, 685, 688; *Schall*, ZIP 2012, 1285, 1288; *Klöhn*, ZIP 2012, 1885, 1889 f.

374 *Klöhn*, ZIP 2012, 1885, 1889 f.; a.A. *Hellgardt*, CMLR 2013, 861, 872 f., wonach dieser Formulierung kein Verweis auf die Notwendigkeit einer Wahrscheinlichkeitsbeurteilung entnommen werden kann.

375 *Schall*, ZIP 2012, 1286, 1288.

376 *Hellgardt*, CMLR 2013, 861, 873 (*"event (...) is thus not pure fantasy"*).

377 Diese Konsequenz ziehend, aber gleichzeitig Kritik übend *Löffler* in NZWiSt 2012, 306, 309. Davon schon vor dem Urteil des EuGH ausgehend *Weber*, NJW 2009, 33, 36.

378 *Löffler*, NZWiSt 2012, 306, 308.

379 *Apfelbacher/Polke*, CFL 2012, 275.

(i) Herleitung der Probability/Magnitude-Formel

Die Probability/Magnitude-Formel hat sich durch eine Leitentscheidung des Supreme Court der Vereinigten Staaten von Amerika durchgesetzt[380] und ist in der dortigen weiteren Rechtsprechung übernommen worden[381]. Entwickelt wurde diese Theorie jedoch schon zuvor vom „*United States Court of Appeals for the Second Circuit*“ zur Auslegung von Rule 10b-5[382]. Diese Vorschrift[383] verbietet es, dass eine Person im Zusammenhang mit dem Erwerb oder der Veräußerung von Wertpapieren direkt oder indirekt eine unrichtige Mitteilung über eine wesentliche Tatsache macht, oder eine solche Mitteilung zur Richtigstellung einer Tatsache, damit es zu keiner Irreführung kommt, unterlässt[384]. Anknüpfungspunkt ist daher, anders als im deutschen Recht, nicht unmittelbar die Frage der Ad-hoc-Publizität, sondern es handelt sich primär um ein Problem der Marktmanipulation[385]. Dennoch gebietet die Vorschrift in bestimmten Fällen die Veröffentlichung kursrelevanter Information im Zusammenhang mit Veröffentlichungen, damit es zu keinen Markttäuschungen kommt[386]. Die Veröffentlichung von Informationen hat aber auch Auswirkungen auf

---

380 *Basic, Inc. v Levinson*, 485 U.S. 224, 233 (1988).

381 Eine Weiterführung dieses Grundsatzes ist beispielsweise zu finden bei *United States v Mylett*, F.3d 663 (2d Cir. 1996); vor der Entscheidung des Supreme Courts auch bereits bei *SEC v Geon Industries, Inc*, 531 F.2d 39 (2d Cir. 1976).

382 *SEC v Texas Gulf Sulphur Co*, 401 F.2d 833 (2d Cir. 1968). Das Gericht führte in seiner Entscheidung wie folgt aus: “In each case, then, whether facts are material within Rule 10b-5 when the facts relate to a particular event and are undisclosed by those persons who are knowledgeable thereof will depend at any given time upon a balancing of both the indicated probability that the event will occur and the anticipated magnitude of the event in light of the totality of the company activity”.

383 Daneben gibt es auch Publizitätsanforderungen der einzelnen Börsen, vgl. hierzu *Gruson/Wiegmann*, AG 1995, 173, 175 f.

384 Rule 10b-5 lautet wie folgt: “It shall be unlawful for any person, directly or indirectly, by the use of any means or instrumentality of interstate commerce, or the mails or of any facility of any national securities exchange, (...) (b) To make any untrue statement of a material fact or to omit to state a material fact necessary in order to make the statements made, in the light of the circumstances under which they were made, not misleading, or (...) in connection with the purchase or sale of any security”.

385 Die Ad-hoc-Publizität ist in den USA verschiedentlich verankert. Zum einen gibt es Publizitätsanforderungen der jeweiligen Börsen. Ferner gibt § 13 (a) (1) Securities Exchange Act 1934 vor, dass bestimmte von der SEC vorgegebene Sachverhalte zu veröffentlichen sind. Die zu veröffentlichenden Sachverhalten sind in dem Formblatt 8-K enumerativ aufgezählt. Daneben lässt sich die Veröffentlichungspflicht aus Rule 10b-5 ableiten.

386 Im Fall *Basic v Levinson* hat die Basic Inc. öffentlich mitgeteilt, dass sie in keinen Verhandlungen über eine Übernahme durch die Gesellschaft Combustion Engineering stand. Basic Inc. argumentierte, dass es sich zu diesem Zeitpunkt nicht

den Insiderhandel. Insiderhandel ist im amerikanischen Recht zwar nicht durch eine eigene Vorschrift ausdrücklich verboten. Es wird jedoch als Ausweg überwiegend auf Rule 10b-5 zurückgegriffen[387].

Das Prinzip des Probability/Magnitude-Testes wurde vom U.S. Supreme Court übernommen, während das Gegenmodell des „Agreement-in-principle"-Testes[388] ausdrücklich abgelehnt wurde[389]. Unter den zu veröffentlichenden *„material information"* sind wesentliche und damit kursrelevante Informationen zu verstehen[390]. Der Probability/Magnitude-Test dient somit der Klärung der Frage, ob und wann eine auf die Zukunft gerichtete Information wesentlich und somit kursrelevant ist[391]. Damit wird der Zusammenhang zwischen Eintrittswahrscheinlichkeit und dem Ausmaß der Auswirkungen in Anbetracht der sonstigen Aktivitäten des Unternehmens hergestellt[392]. Dieser Zusammenhang kann auf folgende Formel reduziert werden:

> *"The greater the magnitude and the greater the probability of the event, the more likely it is that it will be material. Thus, for example, relatively uncertain contingencies that would have a great impact on the company may be material. Conversely, a virtually certain event with substantially less significance may also be material. However, too much uncertainty will result in a finding of immateriality[393]."*

Die Offenlegungspflicht bezieht sich daher auch auf Entwicklungen, deren Eintritt noch nicht sicher ist, sofern diese bereits kursrelevant sind.

(ii) Unterstützung in der Literatur

Die US-amerikanischen Überlegungen zum Kalkül bei Anlegerentscheidungen und zur Kursrelevanz von Informationen könnten sich auf das deutsche System der Regelung von Insider-Informationen übertragen lassen[394]. In der deutschen Literatur

---

um mitteilungsbedürftige kursrelevante Informationen handelte, sondern erst mit Erzielung der Einigkeit über die Übernahme. Vgl. zur Prozessgeschichte auch *Klöhn*, NZG 2011, 166, 167.

387 *Hazen*, The law of securities regulation, 6th ed. 2009, § 12.17[1], S. 493; *Gruson/Wiegmann*, AG 1995, 173, 178.

388 Der Agreement-in-principle-Test besagt, dass eine Information über Vertragsverhandlungen nur dann wesentlich (= material) ist, wenn sich die Parteien bereits über den Preis und die Struktur der geplanten Unternehmensübernahme geeinigt haben.

389 *Basic, Inc. v Levinson*, 485 U.S. 224, 233, 236 (1988).

390 Vgl. *Klöhn*, NZG 2011, 166, 167.

391 *Fleischer*, NZG 2007, 401, 406; ausführlich auch *Klöhn*, in: Köln Komm WpHG, 2. Aufl. 2014, § 13 Rdn. 201 ff.

392 *Klöhn*, Kapitalmarkt, Spekulation und Behavioral Finance, S. 218.

393 *Hazen*, The law of securities regulation, 6th ed. 2009, § 12.9[5], S. 465.

394 Vgl. zur Übertragbarkeit *Fleischer*, NZG 2007, 401, 406.

wurde deshalb für eine Bestimmung der Eintrittswahrscheinlichkeit als bewegliche Größe eingetreten, um Raum für fallspezifische Besonderheiten zu lassen[395].

Argumentiert wurde insbesondere damit, dass die von § 13 Abs. 1 S. 3 WpHG geforderte hinreichende Wahrscheinlichkeit nicht näher spezifiziert und in anderen Sprachfassungen das Wort „Wahrscheinlichkeit" gar nicht verwendet wird[396]. Aus der vom EuGH in der *Spector Photo Group und Van Raemdonck*-Entscheidung geforderten institutionellen Chancengleichheit wird zudem gefolgert, dass das Erfordernis einer Mindestwahrscheinlichkeit Raum für die Nutzung von Informationsvorsprüngen lässt, wodurch eine Benachteiligung Dritter befürchtet wird[397]. Die Anwendung der Probability/Magnitude-Formel wurde daher für geradezu geboten erachtet[398].

Die Vertreter dieser Theorie sehen sich auch in den Grundlagen der modernen Finanzierungstheorie bestätigt. Diese besagt, dass rationale Anleger die Kursrelevanz eines künftigen Ereignisses durch eine Multiplikation der Eintrittswahrscheinlichkeit und den erwarteten Auswirkungen berechnen und sodann auf den Bewertungsstichtag abzinsen[399]. Damit wird der Erwartungswert des künftigen Ereignisses errechnet und sodann diskontiert[400]. Die Abzinsung trägt der bis zum Eintritt des Ereignisses zu berücksichtigenden Inflation Rechnung, gleicht damit den Wertunterschied des gegenwärtigen und künftigen Geldwertes aus[401].

(iii) Ablehnung durch den EuGH

Mit klaren Worten hat sich hingegen der EuGH gegen die Theorie der Probability/Magnitude-Formel gewandt. Zum einen hat der EuGH in den verschiedenen

---

395 Vgl. dafür streitend und ins deutsche Rechtssystem einordnend *Fleischer*, NZG 2007, 401, 405; diesem Ansatz folgend *Klöhn*, NZG 2011, 166, 168 ff; *Bachmann*, ZHR 172 (2008), 597, 605; vormals auch *Veil*, in: Veil, Europäisches Kapitalmarktrecht, 1. Aufl. 2011, § 9 Rz. 35, S. 156 f.; mit den Wertungen sympathisierend, aber dennoch eine überwiegende Wahrscheinlichkeit fordernd *Mennicke/Jakovou*, in: Fuchs, WpHG, 2009, § 13 Rdn. 68.

396 Vgl. *Fleischer*, NZG 2007, 401, 405; *Klöhn*, in: Köln Komm WpHG, 2. Aufl. 2014, § 13 Rdn. 93.

397 Vgl. *Klöhn*, NZG 2011, 166, 169; *ders.*, in: Köln Komm WpHG, 2. Aufl. 2014, § 13 Rdn. 92; dem Erfordernis zumindest einer gewissen, nicht näher definierten, Mindestwahrscheinlichkeit zur Aussortierung spekulativen Handelns jedoch offen gegenüberstehend *Fleischer*, NZG 2007, 401, 405. *Klöhn* selbst würde eine solche Grenze lediglich bei einer Wahrscheinlichkeit von nur 1% ansetzen, vgl. *Klöhn*, NZG 2011, 166, 169.

398 *Weber*, in: FS Schwark, S. 653, 668.

399 Vgl. *Fleischer*, NZG 2007, 401, 405; *Klöhn*, NZG 2011, 166, 168; *ders.*, ZIP 2012, 1885, 1887.

400 Vgl. *Klöhn*, ZIP 2012, 1885, 1887, Fn. 12.

401 Zu den Hintergründen und der Berechnung der Abzinsung vgl. auch *Brealey/Myers/Allen*, Principles of corporate finance, 9th ed. 2008, S. 14 f.

Sprachfassungen der Richtlinien keine Anhaltspunkte für eine derartige Auslegung gefunden[402]. Zudem anderen hätte dieser Ansatz zur Folge, dass die Tatbestandsmerkmale des Art. 1 Abs. 1 und Abs. 2 RL 2003/124/EG miteinander vermischt werden[403]. Da aber sämtliche Tatbestandsmerkmale Mindestvoraussetzungen enthalten, müssen sie alle erfüllt sein und können daher nicht voneinander abhängen[404]. Zudem gebietet das Gebot der Rechtssicherheit, dass Ereignisse, deren Eintritt „nicht wahrscheinlich ist", nicht als präzise Ereignisse angesehen werden können[405]. Der Probability/Magnitude-Ansatz hat jedoch letztlich die Konsequenz, dass bei stark kursrelevanten Ereignissen bereits eine geringe Eintrittswahrscheinlichkeit eine Ad-hoc-Pflicht auslösen kann.

Damit weicht der EuGH von den Schlussanträgen des Generalanwalts ab. Dieser kam zu der Empfehlung, dass es bei einem hohen Kursbeeinflussungspotential einer Information bereits ausreicht, dass der Eintritt des künftigen Ereignisses zumindest offen ist[406]. Begründet wurde dies vom Generalanwalt damit, dass dadurch die Nichtveröffentlichung von solchen Informationen vermieden werden kann, die bereits künftige kursrelevante Entwicklungen erkennen lassen und damit hoch spekulative Insidergeschäfte fördern würden[407]. Die Gefahr eines „information overload" müsse zurückstehen, da die Anleger stets in eigener Verantwortung ihre Anlageentscheidungen treffen müssen, wenn auch mit dem Risiko einer Fehleinschätzung. Die Vergrößerung der Informationsbasis verdiene dennoch den Vorzug gegenüber einer Verkleinerung der Informationsgrundlage[408].

dd) Theorie der praktischen Konkordanz bzw. hohe Wahrscheinlichkeit

Zur Bestimmung der hinreichenden Eintrittswahrscheinlichkeit wurde auch die Theorie der praktischen Konkordanz entwickelt. Dieser Ansatz orientiert sich an den Regelungszwecken der Ad-hoc-Publizität, die in der Verhinderung von Fehlallokationen sowie der Verhinderung von Insiderhandel gesehen werden[409]. Die praktische Konkordanz bildet die Schnittmenge der beiden Regelungsziele, bei der sich der größte gemeinsame Nenner befindet[410]. Um Fehlallokationen zu vermeiden wäre eine möglichst späte Veröffentlichung vorteilhaft, während eine frühzeitige Veröffentlichungspflicht einem möglichen Insiderhandel effektiv den Boden entzieht[411].

---

402 EuGH, Urteil vom 28.06.2012 – *Geltl*, Rz. 51 = EuZW 2012, 708, 711.
403 Vgl. EuGH, Urteil vom 28.06.2012 – *Geltl*, Rz. 53 = EuZW 2012, 708, 711.
404 EuGH, Urteil vom 28.06.2012 – *Geltl*, Rz. 52 = EuZW 2012, 708, 711.
405 EuGH, Urteil vom 28.06.2012 – *Geltl*, Rz. 48 = EuZW 2012, 708, 711.
406 Schlussantrag des GA Mengozzi vom 21.03.2012, Az. C-19/11 – *Geltl*, Rz. 95.
407 Schlussantrag des GA Mengozzi vom 21.03.2012, Az. C-19/11 – *Geltl*, Rz. 92.
408 Schlussantrag des GA Mengozzi vom 21.03.2012, Az. C-19/11 – *Geltl*, Rz. 93 f.
409 *Gunßer*, S. 37 ff.
410 *Gunßer*, S. 62.
411 *Gunßer*, NZG 2008, 855, 858; *ders.*, S. 63 f.

Im Sinne der praktischen Konkordanz ist die Wahrscheinlichkeit in dem Moment hinreichend, in welchem die Gefahr des Insiderhandels überproportional zunimmt und gleichzeitig das Risiko von Fehlallokationen überproportional abnimmt[412]. Danach erteile ein Insider einen Wertpapierhandelsauftrag nur dann, wenn er solche Informationen besitzt, aufgrund derer ein verständiger Anleger eine Kauf- oder Verkaufsentscheidung treffen würde[413]. Dabei berücksichtige der verständige Anleger eine zukunftsbezogene Information bei seiner Anlageentscheidung erst dann, wenn es schon sehr wahrscheinlich ist, dass das Ereignis eintritt und die wesentlichen Eckpunkte des Ereignisses bekannt sind[414]. Vor diesem Zeitpunkt sollen Transaktionen lediglich nicht verwerflicher spekulativer Handel sein[415].

Im Ergebnis erfordert dieser Ansatz eine hohe Wahrscheinlichkeit, *„ob"* ein zukünftiges Ereignis eintritt sowie gleichzeitig die Kenntnis um die wesentliche Ausgestaltung des künftigen Ereignisses, somit das *„Wie"*[416]. Der Ansatz ähnelt daher der von anderen in der Literatur[417] pauschal geforderten „hohen" Eintrittswahrscheinlichkeit, der sich auch das OLG Stuttgart in seinem ersten Beschluss im Geltl-Verfahren angeschlossen hatte[418].

Der EuGH hat jedoch in seiner *Geltl*-Entscheidung aus dem Erfordernis, dass der Eintritt des künftigen Ereignisses „tatsächlich" erwartet werden kann, abgeleitet, dass eine hohe Eintrittswahrscheinlichkeit nicht erforderlich ist. Eine solche Schwelle würde das Ziel der Integrität der Finanzmärkte und der Stärkung des Vertrauens der Anleger beeinträchtigen[419].

ee) Bestimmung nach Aspekten der Vertraulichkeit und Tatsachenverdichtung

Ein anderer Ansatz besteht in der Bestimmung der Eintrittswahrscheinlichkeit zukünftiger Ereignisse nach Aspekten der Vertraulichkeit und Tatsachenverdichtung. Die Vertreter dieser Auffassung kritisieren in einem ersten Schritt die Ableitung eines Erfordernisses von „50% + x", da dies zum einen eine mathematische Scheingenauigkeit suggeriere und daher irreführend sei[420]. Zum anderen habe der EuGH nur eine Ober- und Untergrenze definiert und damit weiteren Spielraum zur Bestimmung gelassen[421].

---

412 *Gunßer*, NZG 2008, 855, 858; *ders.*, S. 64 f.
413 *Gunßer*, S. 65.
414 *Gunßer*, S. 66.
415 *Gunßer*, S. 66; *ders.*, NZG 2008, 855, 858.
416 *Gunßer*, S. 67.
417 Vgl. *Assmann*, in: Assmann/Schneider, WpHG, 6. Aufl. 2012, § 13 Rdn. 28.
418 OLG Stuttgart, Beschluss vom 15.02.2007, Rz. 133 = NZG 2007, 352, 358; offen gelassen noch von BGH, Beschluss vom 25.02.2008, Rz. 25 = NZG 2008, 300, 303.
419 EuGH, Urteil vom 28.06.2012 – *Geltl*, Rz. 47 = EuZW 2012, 708, 710 f.
420 *Möllers/Seidenschwann*, NJW 2012, 2762, 2763.
421 *Möllers/Seidenschwann*, NJW 2012, 2762, 2763.

Anstelle einer prozentualen Bestimmung der Wahrscheinlichkeit wurden einzelne Beurteilungskriterien entwickelt. Als relevanter Gesichtspunkt wird dabei die Gefährdung der Vertraulichkeit hervorgehoben. Indem mehr und mehr Personen Kenntnis von einem künftigen Ereignis erlangen, kann die Vertraulichkeit einer Information nicht mehr gewahrt und das Ziel der Prävention des Insiderhandels nicht mehr erreicht werden[422].

Ferner ist nach dieser Meinung zu berücksichtigen, ob es bereits weitere Ansatzpunkte gibt, die auf einen Eintritt des künftigen Ereignisses hindeuten. Genannt werden im Hinblick auf das Beispiel des Ausscheidens von Herrn Schrempp bei der DaimlerChrysler AG die Arbeit an einer entsprechenden Presseerklärung sowie die Einberufung des Aufsichtsrats[423]. In einer Gesamtbetrachtung habe sich deshalb ergeben, dass ein „Zurück" nicht mehr möglich gewesen sei und daher das Ausscheiden von Herrn Schrempp tatsächlich zu erwarten gewesen sei[424].

ff) Konkretisierung durch den BGH

In seinem Beschluss vom 23. April 2013 hat der BGH Stellung bezogen. Seiner Auffassung nach kommt es nicht ausschließlich auf eine reine Wahrscheinlichkeitsbeurteilung an, sondern die hinreichende Wahrscheinlichkeit im Sinne des § 13 Abs. 1 S. 3 WpHG ziele auf künftige Ereignisse ab, bei denen eine umfassende Würdigung der bereits verfügbaren Anhaltspunkte ergibt, dass ein Eintritt tatsächlich erwartet werden kann[425]. Daher könne nur auf Regeln der allgemeinen Erfahrung abgestellt werden und nicht ausschließlich auf eine Wahrscheinlichkeitsbeurteilung[426]. Allerdings müsse eher mit dem Eintreten des künftigen Ereignisses als mit seinem Ausbleiben zu rechnen sein[427].

gg) Stellungnahme

(i) Ablehnung der Probability/Magnitude-Formel

Von den vertretenen Theorien zur Bestimmung der erforderlichen Eintrittswahrscheinlichkeit lässt sich eine Aufrechterhaltung des Probability/Magnitude-Ansatzes nicht mehr vertreten. Dieser Lösungsweg würde zu einer unzulässigen Vermischung der Tatbestandsmerkmale führen. Die Vorgaben des EuGH sind dementsprechend eindeutig[428]. Folglich hat sich nunmehr auch der BGH dem EuGH angeschlossen

---

422 *Möllers/Seidenschwann*, NJW 2012, 2762, 2764.
423 *Möllers/Seidenschwann*, NJW 2012, 2762, 2764.
424 *Möllers/Seidenschwann*, NJW 2012, 2762, 2764.
425 BGH, Beschluss vom 23.04.2013, Rz. 29 = NZG 2013, 708, 712.
426 BGH, Beschluss vom 23.04.2013, Az. II ZB 7/09, Rz. 29 = NZG 2013, 708, 712.
427 BGH, Beschluss vom 23.04.2013, Az. II ZB 7/09, Rz. 29 = NZG 2013, 708, 712.
428 EuGH, Urteil vom 28.06.2012 – *Geltl*, Rz. 50 ff. = EuZW 2012, 708, 711.

und in seinem Rückverweisungsbeschluss an das OLG Stuttgart eine Bestimmung nach der Probability/Magnitude-Formel abgelehnt[429].

(ii) Keine Heranziehung anderer Aspekte

Abzulehnen ist es ferner, nach anderen Kriterien zu suchen, um die hinreichende Wahrscheinlichkeit eines künftigen Ereignisses zu beurteilen. Der Aspekt der Vertraulichkeit erlangt vielmehr erst im Rahmen der Möglichkeit der Selbstbefreiung Bedeutung. Gemäß § 15 Abs. 3 S. 1 WpHG kann ein Emittent die Veröffentlichungspflicht aufschieben, sofern die Vertraulichkeit der Information gewahrt ist. Es wäre daher verfehlt, diesen Aspekt bereits bei der Frage nach der Entstehung einer Insider-Information anzuführen. Das weitere Kriterium der Tatsachenverdichtung ist lediglich eine Umschreibung für das Ansteigen der Eintrittswahrscheinlichkeit. Es ist eindeutig, dass sich die Beurteilung der Eintrittswahrscheinlichkeit immer nach den Umständen des Einzelfalls richtet und auf Erfahrungswerten aufbaut. Die Tatsachenverdichtung ist daher im Grunde genommen nur eine plastischere Darstellung des Ansteigens der Eintrittswahrscheinlichkeit. Ein tatsächlicher Vorteil für die Praxis ist dadurch nicht gewonnen.

(iii) Ablehnung des Erfordernisses einer hohen Wahrscheinlichkeit

Auch das Konzept der praktischen Konkordanz bzw. das Erfordernis einer hohen Wahrscheinlichkeit sind nicht mit den Aussagen des EuGH zu vereinen. Nach dem Prinzip der praktischen Konkordanz ist, wie gezeigt, die hinreichende Wahrscheinlichkeit in dem Schnittpunkt erreicht, in dem die Gefahr von Insiderhandel überproportional ansteigt und das Fehlverteilungsrisiko überproportional abnimmt. Diesen Schnittpunkt führt zu einer hohen Wahrscheinlichkeit des Eintritts. Der EuGH hat jedoch klargestellt, dass eine hohe Eintrittswahrscheinlichkeit gerade nicht erforderlich ist, da ansonsten die Ziele der Integrität der Finanzmärkte und der Stärkung des Anlegervertrauens beeinträchtigt würden[430].

(iv) Keine eindeutigen Vorgaben der Rechtsprechung

Der EuGH hat mit seiner Vorgabe, dass der Eintritt des künftigen Umstands *„tatsächlich erwartet werden können muss“*, allerdings keine eindeutige Stellung bezogen. Mit der Verneinung einer hohen Wahrscheinlichkeit und der gleichzeitigen Ablehnung des frühzeitig ansetzenden Probability/Magnitude-Ansatzes hat der EuGH nur eine Ober- und Untergrenze festgelegt[431]. Ob der Zusatz der *„tatsächlichen“* Erwartung eine eigenständige Bedeutung hat[432], lässt sich bezweifeln. Der EuGH wollte damit

429 Vgl. BGH, Beschluss vom 23.04.2013 = NZG 2013, 708.

430 EuGH, Urteil vom 28.06.2012 – *Geltl*, Rz. 47 = EuZW 2012, 708, 710 f.

431 Vgl. *Möllers/Seidenschwann*, NJW 2012, 2762, 2763.

432 Dies verneint *Klöhn* in ZIP 2012, 1885, 1889, da ein Mensch nichts erwarten könne, was er nicht zugleich tatsächlich erwarte.

wohl lediglich zum Ausdruck bringen, dass keine unrealistischen Erwartungen angesetzt werden dürfen, sondern zumindest auf gewisse Erfahrungswerte zurückgegriffen werden muss. Dem entspricht auch, wie vom EuGH betont, dass in anderen Sprachfassungen der Richtlinien von einer *„vernünftigerweisen"* Erwartung gesprochen wird.

(v) Deutung als überwiegende Wahrscheinlichkeit

Vernünftigerweise und damit tatsächlich erwarten lässt sich der Eintritt eines Ereignisses aber nur dann, wenn die bestehenden Erfahrungswerte zur Einschätzung gelangen lassen, dass der Eintritt wahrscheinlicher als der Nichteintritt ist. Damit gelangt man zu einer Mindestwahrscheinlichkeit von „50% + x". Zuzustimmen ist dabei der Kritik, dass die Bestimmung von Prozentzahlen eine mathematische Scheingenauigkeit suggeriert, die sich nicht seriös bestimmen lässt[433]. Ex-ante lässt sich nicht vorhersagen, ob die Eintrittswahrscheinlichkeit eines künftigen Ereignisses 51%, bereits 60% oder doch nur 48% beträgt. Die Formel von „50% + x" ist daher keine wirkliche Voraussetzung, sondern eine Konsequenz der Bestimmung der Eintrittswahrscheinlichkeit, die sich maßgeblich nach Erfahrungswerten richtet.

Auch die Ausführungen des BGH in seinem Beschluss vom 23. April 2013 können als Unterstützung einer Mindestwahrscheinlichkeit von „50% + x" gewertet werden, da nur bei dieser Wahrscheinlichkeit eher mit dem Eintreten als mit dem Nichteintritt zu rechnen ist. Zwar fordert der BGH die Berücksichtigung von Regeln der allgemeinen Erfahrung. Es ist jedoch nicht ersichtlich, inwiefern dies ein zusätzliches Kriterium darstellen soll[434]. Es handelt sich dabei wohl nur um eine Anpassung an die Wortwahl des EuGH[435] und konkretisiert lediglich die Grundlage der Wahrscheinlichkeitsbetrachtung[436]. Dies entspricht aber ohnehin den bereits gewonnenen Erkenntnissen zur Betrachtungsperspektive[437].

Die Ansetzung einer Wahrscheinlichkeit von „50% + x" überzeugt auch vor dem Hintergrund der strafrechtlichen Implikationen. Die Ad-hoc-Publizitätspflicht ist nach derzeit geltendem Recht eng mit dem Insiderhandelsverbot verknüpft. Letzteres ist mit einer strafrechtlichen Sanktionierung in § 38 WpHG bewehrt. Grundvoraussetzung einer strafrechtlichen Verurteilung ist jedoch der aus Art. 103 Abs. 2 Grundgesetz abzuleitende Bestimmtheitsgrundsatz[438]. Diese Vorschrift besagt, dass nur diejenige Tat bestraft werden kann, deren Strafbarkeit vor der Begehung gesetzlich

---

433 Vgl. *Mock*, ZBB 2012, 286, 289 f.; *Kocher/Widder*, BB 2012, 2837, 2838 f.

434 Kritisch hierzu ebenfalls *Widder*, BB 2013, 1483, 1489; *Mennicke*, ZBB 2013, 244, 250; *Wilsing/Goslar*, DStR 2013, 1610, 1612; *Brellochs*, ZIP 2013, 1165, 1172; *Ihrig/Kranz*, AG 2013, 515, 517.

435 So *Ihrig/Kranz*, AG 2013, 515, 517.

436 So *Mennicke*, ZBB 2013, 244, 250.

437 Vgl. hierzu die Ausführungen unter D.III.2.a).

438 *Schmidt-Aßmann*, in: Maunz/Dürig, Grundgesetz-Kommentar, 70. Ergänzungslieferung 2013, Art. 103 Abs. 2 GG, Rdn. 163.

bestimmt war. Besondere Ausprägung ist das Erfordernis der Tatbestandsbestimmtheit („*nullum crimen sine lege*")[439]. Dazu muss der Betroffene sein strafbares Handeln erkennen können und verstehen können, was als Tat eines vorwerfbaren Verhaltens zu verstehen ist, damit er sein Handeln danach ausrichten kann[440]. Vom Rechtsanwender kann nicht erwartet werden, bei nach seiner Ansicht nicht wahrscheinlichen künftigen Ereignissen erkennen zu können, dass diese dennoch bereits eine konkrete Insider-Information darstellen und er im Falle einer Wertpapiertransaktion gegen das Insiderhandelsverbot verstoßen könnte. Demgegenüber ist es vertretbar, von einem Anleger zu erwarten, dass er bestimmt, ob der künftige Eintritt eines Ereignisses wahrscheinlicher ist als der Nichteintritt. Damit wird den Anforderungen, die an eine Bestimmbarkeit der strafrechtlichen Verantwortlichkeit gestellt werden, ausreichend Rechnung getragen. Durch eine Mindestwahrscheinlichkeit von „50% + x" lässt sich daher eine Divergenz zwischen zivil- und strafrechtlicher Definition einer Insider-Information vermeiden[441].

(vi) Wahrscheinlichkeit in Höhe von 50% nicht ausreichend

Aus diesem Grund reicht auch nicht eine Wahrscheinlichkeit von 50%, also ein vollkommen offener Sachverhalt, aus. Sofern der Rechtsanwender gleichermaßen von einem Ausbleiben bzw. einem Eintritt eines künftigen Ereignisses ausgehen darf, kann von ihm nicht verlangt werden, ein solches ungewisses Ereignis zu veröffentlichen. Die Berücksichtigung noch offener Sachverhalte im Rahmen der von § 13 Abs. 1 S. 3 WpHG geforderten Eintrittswahrscheinlichkeit würde dazu führen, dass Anleger mit Ereignissen konfrontiert würden, die noch in der Schwebe sind. Dies liegt viel näher am Rand der Spekulation, als dass darin ein verständiges Anlegerhandeln zu erblicken ist[442]. Ein Emittent soll zudem nicht zur Veröffentlichung eines Umstands gezwungen werden, von der er selbst nicht davon ausgeht, dass sie mit überwiegender Wahrscheinlichkeit eintreten wird und damit nicht konkret ist.

(vii) Vereinbarkeit mit den Zielen der Ad-hoc-Publizität

Die Deutung einer Eintrittsmindestwahrscheinlichkeit von „50% + x" steht auch nicht den Zielen der Ad-hoc-Publizität entgegen. Wie bereits dargestellt[443], ist vorrangiges Ziel die Verhinderung des Insiderhandels. Dieser Zweck wird durch das Erfordernis einer überwiegenden Wahrscheinlichkeit nicht gefährdet. Es steht nicht zu befürchten,

---

439 *Schmidt-Aßmann*, in: Maunz/Dürig, Grundgesetz-Kommentar, 70. Ergänzungslieferung 2013, Art. 103 Abs. 2 GG, Rdn. 178.

440 *Schulze-Fielietz*, in: Dreier, Grundgesetz Kommentar, 2. Aufl. 2008, Art. 103 Abs. 2 GG, Rdn. 23 und 38.

441 Dies verneint jedoch *Szesny* in GWR 2012, 292, da das Erfordernis der hinreichenden Wahrscheinlichkeit im Strafrecht eine Auslegung gegen die Wortlautgrenze sei.

442 Vgl. *Löffler*, NZWiSt 2012, 306, 309.

443 Vgl. hierzu den Abschnitt B.II.

dass Emittenten ihre Veröffentlichungspflicht mit dem Argument umgehen können, die Eintrittswahrscheinlichkeit sei noch zu gering. Gerade bei der Beurteilung der Konkretheit bereits eingetretener Zwischenschritte kommt es auf die Eintrittswahrscheinlichkeit des Endereignisses oder eines zukünftigen Zwischenschritts gar nicht an. Die Eintrittswahrscheinlichkeit des Endereignisses erlangt lediglich in der Beurteilung der Kursrelevanz des Zwischenschritts Bedeutung. Dort wiederum sind andere Maßstäbe an das Maß der Eintrittswahrscheinlichkeit anzulegen[444].

3. Zusammenfassung

Es ist folglich festzuhalten, dass auch zukünftige Zwischenschritte Gegenstand einer Ad-hoc-Mitteilung sein können. Die von § 13 Abs. 1 S. 3 WpHG geforderte hinreichende Eintrittswahrscheinlichkeit eines künftigen Ereignisses erfordert eine Mindestwahrscheinlichkeit von „50% + x". Zu bestimmen ist diese Wahrscheinlichkeit aus der Perspektive eines verständigen Anlegers.

444 Vgl. den Lösungsansatz unter E.III.5.

E. Ermittlung der Kursrelevanz von Zwischenschritten

Die vorangegangenen Ausführungen haben gezeigt, dass zukünftig der Schwerpunkt der ad-hoc-rechtlichen Beurteilung eines Ereignisses auf dem Tatbestandsmerkmal der Kursrelevanz liegen wird. Hierbei ist im Hinblick auf Zwischenschritte zu unterscheiden, ob sich die Kursrelevanz aus dem Zwischenschritt selbst ergibt oder ob sie aus dem eventuell zukünftig eintretenden Endereignis abzuleiten ist.

I. Beurteilungsperspektive

Zunächst ist zu klären, aus welchem Betrachtungswinkel heraus die Kursrelevanz beurteilt werden muss. Der BGH hat sich dabei in seiner jüngsten Entscheidung vom 23. April 2013 klar positioniert und dabei seine bereits früher vertretene Auffassung bestätigt. Nach Meinung des BGH ist das Kursbeeinflussungspotential aufgrund einer objektiv-nachträglichen ex-ante-Prognose zu ermitteln[445]. Dem hat sich auch die Literatur angeschlossen[446]. Dies hat zur Folge, dass für die Prognose alle Umstände des konkreten Einzelfalls berücksichtigt werden müssen[447].

II. Autonomes Kursbeeinflussungspotential von Zwischenschritten

Nachdem geklärt ist, dass Zwischenschritte selbst konkrete Informationen darstellen können, stellt sich die Anschlussfrage, wann einem Zwischenschritt Kursbeeinflussungspotential zukommt. Zunächst ist zu ermitteln, wann ein Zwischenschritt selbst dazu geeignet ist, den Kurs eines Finanzinstruments erheblich zu beeinflussen.

1. Trennung von gegenwärtigem und zukünftigem Element

Ein Zwischenschritt besteht stets aus einem gegenwärtigen und einem zukünftigen Element[448]. Will man das einem Zwischenschritt autonom innewohnende Kursbeeinflussungspotential ergründen, so darf man lediglich das gegenwärtige Moment

---

445 BGH, Beschluss vom 23.04.2013, Rz. 22 = NZG 2013, 708, 711 mit Verweis auf BGH, Urteil vom 13.12.2011, Rz. 41 = NZG 2012, 263, 267.

446 Vgl. *Brellochs*, ZIP 2013, 1165, 1171; *Mennicke*, ZBB 2013, 244, 247; *Herfs*, DB 2013, 1650, 1653.

447 Vgl. *Mennicke*, ZBB 2013, 244, 247.

448 Vgl. die Ausführungen unter C.I.3.

in die Betrachtung einschließen. Da das zukünftige Element auf das Endereignis hinweist, muss dieses außen vor bleiben[449].

Es ist daher zu fragen, ob beispielsweise die Durchführung einer Due Diligence Kursrelevanz hat, ohne dass man auf die Wahrscheinlichkeit des Abschlusses der Transaktion abstellt oder auf deren Vor- und Nachteile. Im Beispiel mit dem Ausscheiden von Herrn Schrempp als Vorstandsvorsitzender der DaimlerChrysler AG muss danach gefragt werden, ob der Umstand, dass er Rücktrittsgedanken äußerte (sei es gegenüber seiner Frau oder gegenüber dem Aufsichtsratsvorsitzenden), Kursrelevanz hat, unabhängig davon, ob es letztlich auch zum Ausscheiden kommen würde.

2. Verneinung des Kursbeeinflussungspotentials in der Literatur

In der Literatur wird teils pauschal behauptet, dass einem Zwischenschritt kein autonomes Kursbeeinflussungspotential zukommen, sondern dieses sich lediglich aus dem Eintritt des Endereignisses ableiten könne. So wird davon ausgegangen, dass ein verständiger Anleger gerade nicht den Zwischenschritt vom Endereignis gedanklich trennen könne, sondern nur zusammen betrachte[450]. Als Konsequenz könne daher ein Zwischenschritt nicht isoliert kursrelevant sein[451].

Folglich stelle eine Information erst dann einen Anreiz zum Handeln dar, wenn der geplante Abschluss eines Prozesses (somit das Endereignis) überwiegend wahrscheinlich sei[452]. Daraus lässt sich folgern, dass ein Zwischenschritt bei Außerachtlassen des Endereignisses nicht kursrelevant ist. Dementsprechend wird die Eintrittswahrscheinlichkeit des Endergebnisses bei der Prüfung der Prognose der hypothetischen Auswirkung der Information auf den Börsenkurs relevant[453].

Dem hat sich auch das OLG Stuttgart in seinem Beschluss vom 22. April 2009 mit Verweis auf die bestehende Literaturmeinung angeschlossen[454].

---

449 Vgl. hierzu auch *Gunßer*, S. 53 f.

450 *Gunßer*, S. 54; vgl. auch *Herfs*, DB 2013, 1650, 1654.

451 *Gunßer*, S. 54.

452 *Pawlik*, in: Köln Komm WpHG, 1. Aufl. 2007, § 13 Rdn. 85; *Klöhn*, ZIP 2012, 1885, 1892. Vgl. auch *Kocher/Widder*, BB 2012, 1817, 1821 sowie *dies.* BB 2012, 2837, 2840; auf die Frage, ob und welche Ausnahmen es zu dieser „typischerweise(n)" Ableitung der Kursrelevanz aus dem Endereignis gibt, gehen die Autoren hingegen nicht ein.

453 *V. Bonin/Böhmer*, EuZW 2012, 694, 696.

454 Vgl. OLG Stuttgart, Beschluss vom 22.04.2009 = NZG 2009, 624, 627 mit Verweis auf *Fleischer*, NZG 2007, 401, 402; *Cahn*, Der Konzern 2005, 5, 6; *Leuering*, DStR 2008, 1287, 1290, *Frowein*, in: Habersack/Mülbert/Schlitt, Handbuch der Kapitalmarktinformation, 1. Aufl. 2008, § 10 Rz. 15.

3. Teilweise Anerkennung der möglichen Kursrelevanz

Demgegenüber finden sich auch Stimmen, nach denen einem Zwischenschritt im Ausnahmefall selbst Kursrelevanz zukommen kann. Demnach könne ein Zwischenschritt für sich aufgrund des gegenwartsbezogenen Elements der Information Bewertungsrelevanz haben[455]. Ferner wird darauf hingewiesen, dass die Kenntnis über einen Zwischenschritt die Spekulation auf dessen Fortentwicklung unabhängig davon ermögliche, ob ein Endereignis hinreichend wahrscheinlich ist[456]. Folglich führe die Verneinung einer hinreichenden Eintrittswahrscheinlichkeit des Endereignisses dieser Meinung zufolge nicht automatisch zur Verneinung der Kursrelevanz eines bereits eingetretenen Zwischenschritts[457].

Diese Meinung erfährt nunmehr auch Unterstützung in der Rechtsprechung. In seinem Beschluss vom 23. April 2013 hat sich der BGH in der Reaktion auf das durchgeführte Vorabentscheidungsverfahren zur Frage der Kursrelevanz von Zwischenschritten geäußert. Der BGH hat deutlich gemacht, dass bei der Beurteilung der Kursrelevanz *„nicht allein darauf abgestellt werden* (kann; Anm. des Verf.)*, wie wahrscheinlich die beabsichtigte einvernehmliche Beendigung der Bestellung* (von Herrn Schrempp; Anm. des Verf.) *war*“[458]. Die Information müsse sich nicht im Hinweis auf ein künftiges Ereignis beschränken, sondern könne vielmehr *„auch aus anderen Gründen von einem Anleger als Teil der Grundlage seiner Anlageentscheidungen benutzt werden*“[459]. Daraus kann geschlossen werden, dass sich die Kursrelevanz eines Zwischenschritts auch isoliert begründen lässt, was nunmehr auch von der Literatur hervorgehoben wird[460]. Der BGH nennt keine näheren Vorgaben für solche Konstellationen, führt aber beispielsweise den Fall auf, dass die Absicht einer personellen

---

455 Allerdings spricht *Bingel* in AG 2012, 685, 690 in einem solchen Fall eines ausschließlich gegenwartsbezogenen Elements der Information die Eigenschaft als Zwischenschritt ab, da ein solcher stets ein zukunftsbezogenes Element innehat. *Bingel* lässt es insoweit scheinbar nicht zu, das zukunftsbezogene Element bei der Beurteilung der Kursrelevanz auszublenden, ohne damit die Einstufung als Zwischenschritt aufzugeben. Letztlich dürfte dies aber nicht entscheidend sein. Wichtiger ist vielmehr, dass *Bingel* einer derartigen Information Kursrelevanz zubilligt, wobei es nicht entscheidend ist, ob er die Information dann noch als Zwischenschritt ansieht oder nicht mehr. An dem Inhalt der Information ändert sich dadurch nichts.

456 *Wilsing/Goslar*, DStR 2012, 1709, 2711.

457 *Wilsing/Goslar*, DStR 2012, 1709, 2711.

458 BGH, Beschluss vom 23.04.2013, Rz. 24 = NZG 2013, 708, 711 f. Die selbständige Kursrelevanz eines Zwischenschritts betont der BGH bereits in Rz. 16.

459 BGH, Beschluss vom 23.04.2013, Rz. 24 = NZG 2013, 708, 711 f.

460 Vgl. *Ihrig/Kranz*, AG 2013, 515, 516; dem BGH ebenfalls folgend *Seibt*, EWiR 2013, 433, 434; *Mennicke*, ZBB 2013, 244, 249; *Wilsing/Goslar*, DStR 2013, 1610, 1611; *Brellochs*, ZIP 2013, 1165, 1171; a.A. aufrechterhaltend *Herfs*, DB 2013, 1650, 1654 mit dem Argument, dass nur im Hinblick auf das Endergebnis gekauft oder verkauft wird.

Veränderung in der Geschäftsleitung ein Abrücken von der Geschäftspolitik bedeuten kann[461].

4. Stellungnahme

Dem gegenwärtigen Element eines Zwischenschritts kann nicht pauschal die Kursrelevanz abgesprochen werden. Es ist durchaus denkbar, dass ein Zwischenschritt selbst in gewissen Konstellationen Kursbeeinflussungspotential hat, auch wenn man den möglichen Eintritt oder Nichteintritt des Endereignisses außer Betracht lässt. Dies entspricht auch den Andeutungen des BGH. Würde man ferner die Kursrelevanz eines Zwischenschritts stets mit der Eintrittswahrscheinlichkeit des Endereignisses verknüpfen, so würde die vom EuGH geforderte Selbständigkeit der Beurteilung der Veröffentlichungspflicht von Zwischenschritten weitgehend aufgegeben.

Zugegebenermaßen sind Konstellationen, bei denen der Zwischenschritt autonom kursrelevant ist, selten und hängen maßgeblich von den Umständen des Einzelfalls ab. Eine allgemeine Definition für solche Fallvarianten lässt sich daher nicht finden. Im Folgenden werden daher Konstellationen aufgezeigt, die für eine Kursrelevanz von Zwischenschritten sprechen können.

a) Beispiele elementarer Kurswechsel eines Unternehmens

Ein verständiger Anleger wird seine Anlageentscheidungen zumeist überdenken, wenn das Unternehmen von seiner bisher verfolgten Kursrichtung maßgeblich abrückt.

Beispielsweise könnte dies der Fall sein, wenn ein Unternehmen angekündigt hat, zukünftig keine anderen Unternehmen zu erwerben oder keine Unternehmensteile zu veräußern. Die bloße Durchführung einer Due Diligence würde verdeutlichen, dass das Unternehmen seine bisherige Strategie aufgegeben hat und nunmehr doch Zu- bzw. Verkäufe in Betracht zieht. In einem konzentrierten Markt[462] beispielsweise wird ein verständiger Anleger durchaus bei seiner Anlageentscheidung berücksichtigen, ob das Unternehmen entgegen früherer Aussagen Erwerbs- oder Veräußerungsbemühungen ergreift. Ob die Transaktion letztlich durchgeführt wird, ist insofern irrelevant[463].

---

461 BGH, Beschluss vom 23.04.2013, Rz. 24 = NZG 2013, 708, 711 f.

462 Zu nennen ist beispielsweise die Telekommunikationsbranche oder die Mineralölwirtschaft.

463 Es zeigt sich durch die Transaktionsbemühungen beispielsweise, dass „Bewegung“ im Markt ist. Zwar wäre es möglich, dass Anleger dadurch Phantasien zu möglichen Endereignissen entwickeln (unabhängig von dem Erfolg der konkreten Transaktion), z.B. die mögliche *künftige* Veränderung von Marktanteilen. Allerdings kann daraus nicht geschlossen werden, dass die Kursrelevanz aus solch einer Phantasie (und damit durch ein mögliches Endereignis) und gerade nicht autonom durch den Zwischenschritt) abgeleitet wird, da es an einem irgendwie gearteten Anknüpfungspunkt für eine solche Phantasie im Sinne einer unmittelbaren, den Emittenten betreffenden Information fehlt. Dieser Fall ist vergleichbar

Dies gilt auch dann, wenn mit einer Transaktion eine Änderung des verfolgten Geschäftsmodells verbunden ist[464].

Ein elementarer Kurswechsel kann auch bei Personalentscheidungen vorliegen[465]. Im Beispiel der DaimlerChrysler AG stand Herr Schrempp für die Schaffung des „Weltkonzerns" durch die Fusion der Daimler AG mit Chrysler[466]. Dass sich ausgerechnet Herr Schrempp mit Rücktrittsgedanken auseinandersetzte, hat bereits Kursbeeinflussungspotential, da mit ihm die langjährige Unternehmensstrategie verknüpft war. Allein das Wissen, dass Herr Schrempp nicht mehr mit voller Konzentration auf das Unternehmen fixiert ist (und somit quasi eine „*lame duck*[467]" ist), wird ein verständiger Anleger dazu nutzen, seine Anlageentscheidung zu überdenken.

Wandelt man den Geltl-Sachverhalt ein wenig ab und unterstellt Streitigkeiten zwischen zwei Vorstandsmitgliedern um die Ausrichtung der künftigen Strategie, so würde das Wissen, dass ein Vorstandsmitglied sich mit Rücktrittsgedanken beschäftigt, implizieren, dass sich das andere Vorstandsmitglied und somit dessen Strategie durchsetzt. Auch dies ist für den verständiger Anleger von Bedeutung, unabhängig davon, ob das im Machtkampf unterlegene Vorstandsmitglied letztlich das Unternehmen verlässt oder nicht.

b) Gemeinsamkeiten der dargestellten Fallbeispiele

Obgleich die Kursrelevanz eines Zwischenschritts stets einzelfallabhängig ist, lassen sich aus den genannten Beispielsfällen Gemeinsamkeiten extrahieren. Den kursrelevanten elementaren Kurswechseln ist gemeinsam, dass der Zwischenschritt einem bisher bestehenden Zustand widerspricht. Allein dies ist jedoch nicht ausreichend. Vielmehr muss es sich um Geschehnisse handeln, die von außerordentlicher Bedeutung für das Unternehmen sind. Dabei handelt es sich insbesondere um Strategieentscheidungen[468]. Die Strategie eines Unternehmens ist für einen verständigen

---

mit der Spekulation auf künftige gute Geschäfte eines Unternehmens (mit damit verbundenen Kurssteigerungen der Aktien) durch die Analyse guter allgemeiner Konjunkturdaten. Auch hier mangelt es an einem konkreten Anknüpfungspunkt in Bezug auf den jeweiligen Emittenten.

464 Zu nennen ist beispielsweise ein Softwareproduzent, der möglicherweise einen Hardware-Produzenten erwerben möchte, vgl. zu diesem Beispiel *Ihrig*, VGR-Jahrestagung 2012, 113, 124.

465 Dies hat der BGH in seinem Beschluss vom 23.04.2013 = NZG 2013, 708, 711 f. in Rz. 24 angedeutet.

466 Vgl. *Möllers/Seidenschwann*, NJW 2012, 2762.

467 Dabei handelt es sich um ein Vorstandsmitglied, das faktisch noch im Amt ist, jedoch kurz vor Ablauf seiner Amtszeit steht und damit praktische keine Macht mehr hat. Zu beobachten ist dieses Phänomen oftmals auch bei Politikern.

468 Zur Kursrelevanz bei Strategieentscheidungen vgl. auch *Wilsing/Goslar*, DStR 2013, 1610, 1611; *Ihrig*, VGR-Jahrestagung 2012, 113, 124; vgl. auch *Klöhn*, ZIP 2012, 1885, 1890 mit weiteren Beispielen im Hinblick auf die verschiedenen Deutungsmöglichkeiten eines Zwischenschritts.

Anleger stets Grundlage seiner Anlageentscheidung[469]. Der Zwischenschritt ist daher quasi ein „Statement" für sich und bildet eine einschneidende Zäsur im Ablauf des Unternehmens.

c) *Keine Unterschiede zwischen eingetretenen und zukünftigen Zwischenschritten*

An dieser Stelle sei auch kurz darauf hingewiesen, dass im Rahmen der Beurteilung der Kursrelevanz keine Unterscheidung danach geboten ist, ob der zu überprüfende Zwischenschritt schon eingetreten ist oder ob es sich um einen (hinreichend konkreten) zukünftigen Zwischenschritt handelt. In beiden Fällen wird der Zwischenschritt selbst als Prüfungsobjekt herangezogen. Dieser ist in beiden Varianten ein konkretes Ereignis. Folglich stellt sich die Frage, ob zur Beurteilung der Kursrelevanz auf ein kursrelevantes, aber noch unkonkretes zukünftiges Ereignis zurückgegriffen werden kann[470], gerade nicht.

III. Vom Endereignis abgeleitetes Kursbeeinflussungspotential

Da einem Zwischenschritt selbst zwar durchaus Kursbeeinflussungspotential zukommen kann, diese Konstellationen aber relativ selten sind, ist zu überprüfen, unter welchen Voraussetzungen sich die Kursrelevanz eines Zwischenschritts vom Endereignis ableiten lässt.

1. Möglichkeit der Ableitung des Kursrelevanz aus dem Endereignis

Einleitend stellt sich die Frage, ob es überhaupt zulässig ist, bei der Beurteilung der Ad-hoc-Pflicht eines Zwischenschritts zur Bestimmung der Kursrelevanz auf das Endereignis zurückzugreifen ist. Man könnte beispielsweise den Standpunkt vertreten, dass die Prüfung eines Zwischenschritts stets unabhängig vom Endereignis durchgeführt werden muss, ein Rückgriff sich daher verbietet. In diese Richtung könnte es deuten, wenn der BGH hervorhebt, dass der bereits eingetretene Umstand „selbständig" im Hinblick auf seine Eignung als Insider-Information zu betrachten ist[471].

Würde man jedoch diesen Ansatzpunkt konsequent vertreten, so wäre die Adhoc-Publizitätspflicht von Zwischenschritten faktisch aufgehoben. Wie soeben dargestellt[472], besitzt ein Zwischenschritt nur in Ausnahmefällen ein autonomes Kursbeeinflussungspotential. Folgerichtig führt auch der BGH weiter aus, dass es „nicht ausschließlich" darauf ankommt, ob der Umstand auf ein künftiges Ereignis

469 *Brandi/Süßmann*, AG 2004, 642, 657.
470 Vgl. dazu die nachfolgenden Ausführungen unter E.III.
471 BGH, Beschluss vom 23.04.2013, Rz. 16 = NZG 2013, 708, 710.
472 Vgl. Abschnitt E.II.

gerichtet ist und mit welcher Wahrscheinlichkeit dieses künftige Ereignis gegebenenfalls eintritt[473]. Daher vertritt auch die überwiegende Literaturmeinung, dass sich die Kursrelevanz eines Zwischenschritts von der Eintrittswahrscheinlichkeit eines Endereignisses ableiten kann[474]. Auch der EuGH hat sich dafür ausgesprochen, dass Emittenten den Grad der Eintrittswahrscheinlichkeit in Betracht ziehen werden, um die Kursrelevanz einer Information einzuordnen[475]. Trotz der unklaren Entscheidung des EuGH in Sachen *Lafonta* ist allerdings erforderlich, dass sich entweder eine positive oder negative Kursauswirkung erwarten lässt. Die bloße mögliche Kursveränderung ist insoweit nicht ausreichend[476].

2. Unterschiedliche Anforderungen an die erforderliche Eintrittswahrscheinlichkeit des Endereignisses in der Literatur

Nachdem nunmehr klar ist, dass sich in der Mehrzahl der Fälle die Kursrelevanz eines Zwischenschritts aus dem Endereignis herleitet, stellt sich die Frage, mit welcher Wahrscheinlichkeit mit dem Eintritt dieses Endereignisses zu rechnen sein muss. Hierzu gibt es unterschiedliche Sichtweisen in der Literatur.

a) Erfordernis einer überwiegenden Eintrittswahrscheinlichkeit des Endereignisses

Nach einer Meinung hat ein Zwischenschritt nur dann Kursbeeinflussungspotential, wenn der Eintritt des Endereignisses überwiegend wahrscheinlich ist[477]. Nur in einem solchen Fall wird die Information einen Anreiz für den verständigen Anleger bieten, eine Anlageentscheidung danach auszurichten. Zur Begründung dieser Auffassung werden mehrere Argumente vorgebracht.

aa) Vermeidung einer Publizitätspflicht bei sehr unwahrscheinlichen, aber äußerst kursrelevanten Ereignissen

Die Auffassung, dass die Kursrelevanz von Zwischenschritten die überwiegende Eintrittswahrscheinlichkeit des Endereignisses erfordert, hat zur Folge, dass die

473 BGH, Beschluss vom 23.04.2013, Rz. 16 = NZG 2013, 708, 710.

474 Vgl. die Nachweise unter E.II.2.

475 EuGH, Urteil vom 28.06.2012 – *Geltl*, Rz. 55 = EuZW 2012, 708, 711; dabei bleibt jedoch die Höhe der Wahrscheinlichkeit offen, genauso wie die Frage, ob bei der Beurteilung der Kursrelevanz eines bereits eingetretenen Zwischenschritts die Eintrittswahrscheinlichkeit des noch unkonkreten künftigen Endereignisses herangezogen werden kann.

476 Vgl. ausführlich und mit Nachweisen zum Streitstand *Klöhn*, NZG 2015, 809, 814 f.

477 *Widder/Kocher*, BB 2012, 2837, 2839; dem sich anschließend *Heider/Hirte*, GWR 2012, 429, 431; diese Ansicht auch nach dem jüngsten Beschluss des BGH vom 23.04.2013 aufrecht erhaltend *Brellochs*, ZIP 2013, 1165, 1171 ff.

Veröffentlichung von sehr unwahrscheinlichen, aber äußerst kursrelevanten Ereignissen vermieden wird[478].

bb) Faktische Abschaffung des Merkmals der hinreichenden Eintrittswahrscheinlichkeit

Würde man nicht überwiegend wahrscheinliche Endereignisse bei der Bestimmung der Kursrelevanz von Zwischenschritten berücksichtigen, so ist die faktische Abschaffung des Tatbestandsmerkmals der hinreichenden Eintrittswahrscheinlichkeit zu befürchten[479]. Da ein mehrstufiger Entscheidungsprozess immer in eine Vielzahl beliebiger Zwischenschritte zerlegt werden könne, von denen stets einer schon eingetreten sein wird, wäre das Merkmal der hinreichenden Eintrittswahrscheinlichkeit künftiger Ereignisse bedeutungslos[480]. Publiziert werden müsse dann nämlich stets der bereits eingetretene Zwischenschritt, auch wenn das Endereignis, welches die Kursrelevanz begründen würde, noch nicht hinreichend wahrscheinlich ist. Es könne aber nicht durch die Kursrelevanz eines künftigen Ereignisses das Tatbestandsmerkmal der konkreten Information umgangen werden[481].

Es sei daher unzulässig, einen konkreten, aber nicht kursrelevanten Umstand mit der Kursrelevanz eines noch nicht konkreten zukünftigen Ergebnisses zu kombinieren und dadurch eine Insider-Information entstehen zu lassen[482]. Daraus könne geschlossen werden, dass die Kursrelevanz neben den vorhandenen Umständen des Einzelfalls nur aus einem überwiegend wahrscheinlichen zukünftigen Ereignis abgeleitet werden kann[483].

cc) Schaffung von Rechtsunsicherheit

Ferner wird darauf hingewiesen, dass das alleinige Abstellen auf die Kursrelevanz eines Zwischenschritts zu einer nicht hinnehmbaren Rechtsunsicherheit führen würde[484]. Es sei gerade nicht einfach zu bestimmen, wie ein verständiger Anleger die Eintrittswahrscheinlichkeit berücksichtigen würde. Einerseits könnte es ihm wirklich auf den Eintritt des Endereignisses ankommen, so dass er erst bei überwiegender Eintrittswahrscheinlichkeit handeln würde. Andererseits stelle es aber auch

---

478 Vgl. *Bachmann*, DB 2012, 2206, 2209, demzufolge ansonsten bei „Knallern“ eine minimale Eintrittswahrscheinlichkeit genügen könnte.

479 Vgl. *Kocher/Widder*, BB 2012, 2837, 2839; *Widder*, BB 2013, 1483, 1489.

480 Vgl. *Kocher/Widder*, BB 2012, 2837, 2839.

481 *Brellochs*, ZIP 2013, 1165, 1173.

482 *Brellochs*, ZIP 2013, 1165, 1173.

483 Vgl. *Brellochs* ZIP 2013, 1165, 1173: „(...) wobei nur Wahrscheinlichkeiten oberhalb von 50% in Betracht kommen“.

484 *Kocher/Widder*, BB 2012, 2837, 2840; auf die Rechtsunsicherheit der Kursrelevanz von Zwischenschritten verweisend auch *Heider/Hirte*, GWR 2012, 429, 431; *Widder*, BB 2013, 1483, 1489.

aufgrund allgemeiner Erfahrungssätze ein rationales Anlegerhandeln dar, die auch im Falle von Gerüchten zu erwartenden Kurssteigerungen auszunutzen[485].

b) Berücksichtigung des Probability/Magnitude-Ansatzes

Demgegenüber vertritt jedoch eine Literaturströmung die Auffassung, dass ein verständiger Anleger seine Anlageentscheidung nach den möglichen Auswirkungen auf den Börsenkurs unter Berücksichtigung deren Eintrittswahrscheinlichkeit ausrichtet[486]. Damit wird der im Rahmen der Prüfung der Konkretheit eines Zwischenschritts abgelehnte Probability/Magnitude-Ansatz auf Ebene der Kursrelevanz wieder aufgegriffen.

aa) Vermeidung der faktischen Aufgabe der Ad-hoc-Pflicht von Zwischenschritten

Ein bedeutsames teleologisches Argument für die Anerkennung des Probability/Magnitude-Ansatzes liegt in der Betrachtung der Rechtsfolgen bei der Forderung der Gegenansicht nach einer zusätzlichen überwiegenden Eintrittswahrscheinlichkeit des Endereignisses. Es käme zu einer „Sperrwirkung durch die Hintertür“[487]. Der EuGH hat im Rahmen der Prüfung der Konkretheit eines Zwischenschritts eindeutig klargestellt, dass das Endereignis gegenüber der Anknüpfung an Zwischenschritte keine Sperrwirkung entfaltet[488]. Diese Vorgabe würde auf Ebene der Kursrelevanz konterkariert werden. Würde man die Kursrelevanz eines Zwischenschritts stets von der überwiegenden Eintrittswahrscheinlichkeit des Endereignisses abhängig machen, so wäre eine Veröffentlichung des Zwischenschritts überflüssig. Da das Endereignis stets überwiegend wahrscheinlich wäre, würde bereits dieses eine veröffentlichungspflichtige konkrete Information darstellen, da ihm zweifelsohne Kursrelevanz zukommt. Es gäbe daher keine Veranlassung mehr, zusätzlich einen bereits eingetretenen Zwischenschritt zu veröffentlichen. Die Ad-hoc-Publizitätspflicht von Zwischenschritten wäre damit faktisch aufgehoben.

bb) Ablehnung des Probability/Magnitude-Tests nur im Rahmen der „Konkretheit“ einer Information

Hingewiesen wird im Anschluss auf die dargelegten Erwägungen des EuGH, dass dieser die Anwendbarkeit des Probability-Magnitude-Ansatzes lediglich im Hinblick

---

485 Vgl. zu diesen Handlungsmöglichkeiten *Kocher/Widder*, BB 2012, 2837, 2840.

486 *Hitzer*, NZG 2012, 860, 862; *Klöhn*, ZIP 2012, 1885, 1891; *Schall*, ZIP 2012, 1285, 1288; vgl. auch *Bingel*, AG 2012, 685, 690, der zwar grundsätzlich von einem Erfordernis einer überwiegenden Eintrittswahrscheinlichkeit des Endereignisses ausgeht, davon aber Ausnahmen anerkennt, wenn das Ereignis „herausragende Bedeutung“ hat oder ein stark gegenwärtiges Element aufweist.

487 Diesen Begriff prägt *Klöhn* in ZIP 2012, 1885, 1891; daran anschließend *Herfs*, DB 2013, 1650, 1654.

488 EuGH, Urteil vom 28.06.2012 – *Geltl*, Rz. 40 = EuZW 2012, 708, 710.

auf die Prüfung der „Konkretheit“ einer Information abgelehnt hat[489]. Dies schließe es jedoch nicht aus, im Rahmen der Kursrelevanz darauf zurückzugreifen.

cc) Existenz mehrerer möglicher Endereignisse

Zu berücksichtigen ist ferner, dass ein Zwischenschritt nicht immer nur auf ein bestimmtes Endereignis hindeutet. Zwar wird regelmäßig klar sein, wie sich der weitere Sachverhalt entwickelt[490]. Allerdings verbleibt stets die Möglichkeit, dass der Geschehensablauf eine Wendung nimmt oder dass es verschiedene Endereignisse geben kann, deren Eintrittswahrscheinlichkeit zu überprüfen ist[491].

3. Leitlinien der Rechtsprechung

a) Andeutungen in der Rechtsprechung des EuGH

Im Rahmen seiner *Geltl*-Entscheidung hat der EuGH die Anwendbarkeit des Probability-Magnitude-Ansatzes im Rahmen der Kursrelevanz auch angedeutet. Laut EuGH stützt der verständige Anleger seine Anlageentscheidung auf alle verfügbaren ex-ante-Informationen und zieht dabei nicht nur die möglichen Auswirkungen eines Ereignisses in Betracht, sondern auch den Grad der Wahrscheinlichkeit des Eintritts dieses Ereignisses[492]. Anhand dieser Erwägungen lasse sich ermitteln, ob eine Information zur Kursbeeinflussung geeignet ist[493]. Diese Aussagen des EuGH werden in der Literatur als Anerkennung des Probability/Magnitude-Ansatzes zur Beurteilung der Kursrelevanz gedeutet[494].

b) Umsetzung durch den BGH

Der BGH hat sich in seinem Beschluss vom 23. April 2013 mit den Vorgaben des EuGH im Rahmen des durchgeführten Vorabentscheidungsverfahrens auseinander gesetzt. Der BGH hebt hervor, dass der EuGH zwar nur für künftige, mit hinreichender Wahrscheinlichkeit eintretende Ereignisse ausdrücklich entschieden hat, dass es für die Kursrelevanz auf die Eintrittswahrscheinlichkeit des Endereignisses

489 Vgl. *Schall*, ZIP 2012, 1286, 1288.

490 Vgl. *Herfs*, DB 2013, 1650, 1654.

491 *Wilsing/Goslar*, DStR 2013, 1610, 1612; *dies.* auch in DStR 2012, 1709, 2712 „...mögliche alternative Entwicklungen berücksichtigt werden müssen“; *Klöhn*, NZG 2011, 166, 170;

492 EuGH, Urteil vom 28.06.2012 – *Geltl*, Rz. 55 = EuZW 2012, 708, 711.

493 EuGH, Urteil vom 28.06.2012 – *Geltl*, Rz. 55 = EuZW 2012, 708, 711.

494 Vgl. *Schall*, ZIP 2012, 1286, 1288; *Klöhn*, in: Köln Komm WpHG, 2. Aufl. 2014, § 13 Rdn. 205; *Klöhn*, ZIP 2012, 1885, 1891; in bestimmten Fallkonstellationen auch *Bingel*, AG 2012, 685, 690; diese Schlussfolgerung ziehend auch *Hitzer*, NZG 2012, 860, 862.

ankommt[495]. Dennoch kommt der BGH zu dem Schluss, dass bei der Kursrelevanz „*generell*" davon auszugehen sei, dass ein Anleger den Grad der Eintrittswahrscheinlichkeit des Endereignisses in Betracht ziehe[496]. Nach Ansicht des BGH folgt daraus, dass dieser Grundsatz auch bei der Einschätzung des künftigen Kursverlaufs eines bereits eingetretenen Ereignisses gelten müsse, welches auf ein künftiges Ereignis hinweist[497].

c) Reaktionen in der Literatur

In der Literatur ist umstritten, ob aus diesen Worten des BGH die Probability/Magnitude-Formel abgeleitet werden kann.

aa) Unklare Positionierung der Rechtsprechung

Teilweise wird argumentiert, dass sich der BGH, wie auch der EuGH, zur kritischen Frage, ob ein unwahrscheinliches, aber kursrelevantes zukünftiges Ereignis die Kursrelevanz eines konkreten Zwischenschritts begründen kann, nicht geäußert habe[498]. Auch sonst habe der BGH in seinem Urteil Wahrscheinlichkeit und Auswirkungen nicht ausdrücklich zueinander ins Verhältnis gesetzt[499]. Da der BGH vielmehr eine Gesamtschau aller Umstände des Einzelfalls angeordnet habe, seien gerade nicht nur die Auswirkungen und Eintrittswahrscheinlichkeit des Endereignisses zu berücksichtigen[500]. Zwar handele ein verständiger Anleger umso eher, je weiter der Sachverhalt fortgeschritten ist; umgekehrt bedeute dies aber nicht, dass schon dann gehandelt wird, wenn das Endereignis möglicherweise große Auswirkungen hat[501]. Argumentiert wird auch mit der Widersprüchlichkeit, die Probability/Magnitude-Formel bei der Konkretheit abzulehnen, bei der Frage der Kursrelevanz hingegen wieder heranzuziehen[502].

bb) Ablehnung des Probability/Magnitude-Tests im Rahmen der Kursrelevanz

Folglich wird von einigen Autoren die Anwendung des Probability/Magnitude-Testes gänzlich abgelehnt[503]. Begründet wird dies auch mit der Rechtsfigur des verständigen

495 Vgl. BGH, Beschluss vom 23.04.2013, Rz. 17, 25 = NZG 2013, 708, 711 f.
496 BGH, Beschluss vom 23.04.2013, Rz. 25 = NZG 2013, 708, 712.
497 BGH, Beschluss vom 23.04.2013, Rz. 25 = NZG 2013, 708, 712.
498 Diese Interpretation findet sich bei *Wilsing/Goslar*, DStR 2013, 1610, 1611 sowie bei *Brellochs*, ZIP 2013, 1165, 1172; vgl. auch *Herfs*, DB 2013, 1650, 1654.
499 Vgl. *Brellochs*, ZIP 2013, 1165, 1172; *Mennicke*, ZBB 2013, 244, 248.
500 *Mennicke*, ZBB 2013, 244, 248; vgl. auch *Seibt*, EWiR 2013, 433, 434.
501 *Brellochs*, ZIP 2013, 1165, 1172.
502 Vgl. *Herfs*, DB 2013, 1650, 1654. *Herfs* sieht dabei aber gleichzeitig auch das Problem der „Sperrwirkung durch die Hintertür", legt sich aber nach Aufwerfen des Problems nicht fest.
503 Vgl. *Brellochs*, ZIP 2013, 1165, 1173; *Mennicke*, ZBB 2013, 244, 251; *Seibt*, EWiR 2013, 433, 434.

Anlegers, welcher auch die zu erwartenden begrenzt rationalen Reaktionen anderer Marktteilnehmer berücksichtige und daher nicht nur rein rational handle[504]. Bei der Anwendung einer Probability/Magnitude-Formel hingegen agiere ein verständiger Anleger rein rational und stelle somit die „Personifizierung eines effizienten Marktes" dar, was jedoch der Realität nicht entspreche[505]. Dies lasse nämlich unberücksichtigt, dass der Aktienkurs auch anderen Schwankungsgründen unterliege und mögliche unvernünftige Reaktionen anderer Teilnehmer nicht vorkämen[506]. Daran ändere sich auch bei der Ermittlung der Kursrelevanz zukünftiger Ereignisse nichts, da keine Gründe für eine andere Beurteilung ersichtlich seien[507]. Zudem erfordere ein zukünftiges Ereignis ohnehin eine Eintrittswahrscheinlichkeit von mehr als 50%, da es sonst kein hinreichend konkretes Ereignis sei[508]. Die Ausführungen des BGH zur Kurserheblichkeit eines zukünftigen Ereignisses stünden unter der Voraussetzung, dass es sich um ein konkretes, somit hinreichend wahrscheinliches, zukünftiges Ereignis handelt[509].

cc) Unterscheidung zwischen gegenwärtigen und zukünftigen Ereignissen

Teilweise findet sich eine Unterscheidung zwischen bereits eingetretenen und zukünftigen Ereignissen. Bei bereits eingetretenen Ereignissen seien im Anschluss an den BGH auch andere Umstände zu berücksichtigen, so dass eine hohe Kursrelevanz eines nur möglichen Endereignisses – entgegen der Probability/Magnitude-Formel – gerade nicht ausreiche[510]. Hingegen deuten diese Autoren den BGH bei zukünftigen Ereignissen so, dass die Probability/Magnitude-Formel grundsätzlich anwendbar sei. Das Problem werde aber dadurch entschärft, indem zukünftige Ereignisse ohnehin eine überwiegende Eintrittswahrscheinlichkeit erfordern[511].

dd) Vereinbarkeit der Probability/Magnitude-Formel mit der Rechtsprechung

Nach wiederum anderer Auffassung hingegen stehen die Vorgaben der Rechtsprechung der Anwendung der Probability/Magnitude-Formel nicht entgegen[512]. Verwiesen wird dabei insbesondere auf die Argumente, die schon vor der Entscheidung

504 *Mennicke*, ZBB 2013, 244, 249.
505 Vgl. hierzu *Mennicke*, ZBB 2013, 244, 249.
506 *Mennicke*, ZBB 2013, 244, 249.
507 *Mennicke*, ZBB 2013, 244, 250.
508 *Mennicke*, ZBB 2013, 244, 250.
509 Vgl. *Brellochs*, ZIP 2013, 1165, 1173.
510 *Ihrig/Kranz*, AG 2013, 515, 516.
511 Vgl. *Ihrig/Kranz*, AG 2013, 515, 517. Dies führt zu einem Widerspruch, da eine überwiegende Eintrittswahrscheinlichkeit des Endereignisses die Probability/Magnitude-Formel überflüssig macht.
512 Vgl. hierzu auch *Veil*, in: Veil, Europäisches Kapitalmarktrecht, 2. Aufl. 2014, § 13 Rdn. 54, S. 207 f. m.w.N.

des BGH zur Bejahung der Probability/Magnitude-Formel vertreten wurden[513]. Anzeichen dafür, dass der BGH dieser Auffassung zuneigt, werden in dem Verweis auf diesbezügliche Stellungnahmen in der Literatur gesehen[514]. Eine Überdehnung des Begriffs des „verständigen Anlegers" wird damit nicht befürchtet, da weder auf das Merkmal der Konkretheit, noch auf das der Kursrelevanz verzichtet werde[515].

4. Stellungnahme

a) Keine überwiegende Eintrittswahrscheinlichkeit erforderlich

Will man die Ad-hoc-Pflicht von Zwischenschritten nicht auf Ebene der Kursrelevanz faktisch aufheben, so kann eine überwiegende Eintrittswahrscheinlichkeit des Endereignisses nicht gefordert werden. Eine Veröffentlichung des Zwischenschritts wäre überflüssig, da bei einer überwiegenden Eintrittswahrscheinlichkeit des Endereignisses bereits dieser Umstand ein konkretes zukünftiges Ereignis darstellt. Sodann wäre immer das Endereignis veröffentlichungspflichtig. Eine gegebenenfalls zusätzliche Veröffentlichung des Eintritts eines Zwischenschritts würde für die Marktteilnehmer dann aber keinen zusätzlichen Nutzen darstellen.

Der Probability/Magnitude-Ansatz hingegen wird den Vorgaben des EuGH gerecht, nach welchem ein verständiger Anleger die Auswirkungen eines Ereignisses und deren Eintrittswahrscheinlichkeit in Betracht ziehen wird[516]. Die vom EuGH im Zusammenhang mit der Ablehnung des Probability/Magnitude-Testes im Rahmen der Beurteilung der Konkretheit eines Zwischenschritts ausgeführten Gegenargumente[517] sind dabei auf die Frage der Kursrelevanz nicht übertragbar. Es kommt zu keiner Vermischung der Tatbestandsmerkmale, sondern die Kursrelevanz eines Zwischenschritts wird lediglich mit der Kursrelevanz des Endereignisses (abgeleitet aus dessen Eintrittswahrscheinlichkeit) begründet[518]. Ferner wird mehr Rechtssicherheit geschaffen. Die Frage nach der Eintrittswahrscheinlichkeit des Endereignisses ist ohnehin laufend vom Emittenten zu prüfen[519].

---

513 Vgl. insoweit ausführlich *Wilsing/Goslar*, DStR 2013, 1610, 1611 f.

514 Vgl. *Wilsing/Goslar*, DStR 2013, 1610, 1611; der BGH verweist in seinem Beschluss vom 23.04.2013 = NZG 2013, 708, 712 in Rz. 25 auf die Stellungnahmen von *Schall* in ZIP 2012, 1286, 1288 sowie von *Klöhn* in ZIP 2012, 1885, 1891, welche beide die Anwendung eines Probability/Magnitude-Testes auf Ebene der Kursrelevanz befürworten. Für diese Auslegung auch *Sethe*, in: Assmann/Schütze, Handbuch des Kapitalanlagerechts, 4. Aufl. 2015, § 8 Rdn. 70.

515 *Wilsing/Goslar*, DStR 2013, 1610, 1612.

516 Zu den Vorgaben des EuGH vgl. E.III.3.a).

517 Siehe hierzu D.III.2.b)cc)(iii).

518 Es handelt sich damit um keine Vermischung der Tatbestandsmerkmale, sondern der verschiedenen Ebenen. Dies ist zulässig, da die Ebenen „Zwischenschritt" und „Endereignis" ohnehin durch ein Gesamtgeschehen verbunden sind.

519 Der Emittent muss schon in einem ersten Schritt, also noch vor Beurteilung der Kursrelevanz, prüfen, welche Information er veröffentlichen muss. Dabei muss

Für den Probability/Magnitude-Ansatz spricht aber auch das Prinzip der informationellen Chancengleichheit. Dieses stellt eine der grundlegenden Funktionen der Ad-hoc-Publizitätspflicht dar[520]. Das Erfordernis einer überwiegenden Mindesteintrittswahrscheinlichkeit des Endereignisses würde die Veröffentlichung insiderrechtlich relevanter Informationen weiter hinauszögern[521]. Die potentiellen Anleger sind damit möglicherweise nicht auf dem identischen Informationslevel. Dadurch steigt die Gefahr von Insidergeschäften während der Zeit bis zur Veröffentlichung weiter an. Dem soll die Ad-hoc-Publizität jedoch ebenfalls entgegenwirken[522].

b) Notwendige Einschränkung der Probability/Magnitude-Formel

Andererseits ist jedoch zu erwägen, dass ein bereits eingetretener Zwischenschritt sich stets finden lassen wird. Sollte dieser Zwischenschritt auf ein Endereignis hinweisen, welches in besonders hohem Ausmaß den Börsenkurs beeinflusst, wäre er stets zu veröffentlichen. Dies wäre unabhängig davon, ob dieses Endereignis möglicherweise noch höchst unwahrscheinlich ist. Es würde demnach keinen Unterschied machen, ob der Eintritt des Endereignisses zu 40% oder nur zu 5% oder gar nur zu 1% wahrscheinlich ist. Praktisch jeder mehrstufige Entscheidungsvorgang müsste folglich frühzeitig veröffentlicht werden[523]. Dies würde zu einer erheblichen Vorverlagerung der Ad-hoc-Publizitätspflicht führen, die das Informationsinteresse des Marktes übersteigen würde.

Ein reiner Probability/Magnitude-Ansatz stünde auch im Konflikt mit dem autonomen Kursbeeinflussungspotential, welches Zwischenschritten zukommen kann[524]. Wie bereits dargestellt kann ein Zwischenschritt aus sich heraus kursrelevant sein, beispielsweise bei einer fundamentalen Strategieänderung. Darauf käme es aber nicht mehr an, wenn sich die Kursrelevanz ohnehin aus dem, wenn eventuell auch höchst unwahrscheinlichen, Endereignis ableiten würde.

c) Keine Gefahr des „information overload“

Mit der Absenkung der erforderlichen Mindestwahrscheinlichkeit stellt sich allerdings die Frage, ob die Anleger nicht mit zu vielen Information überflutet werden und daraufhin die relevanten nicht mehr von den unwichtigen Informationen unterscheiden

---

er prüfen, ob nicht nur der Zwischenschritt konkret ist, sondern auch schon das Endereignis.

520 Vgl. hierzu die Ausführungen unter B.II.4.

521 Vgl. *Klöhn*, NZG 2011, 166, 168 f.

522 Vgl. die Ausführungen unter B.II.2.

523 Dies ist der berechtigte Kritikpunkt an der Probability/Magnitude-Formel. Allerdings kann sich daran nicht die Forderung nach einer Eintrittswahrscheinlichkeit von mehr als 50% anschließen, sondern es bedarf eines anderen Lösungswegs.

524 Vgl. hierzu die Ausführungen unter E.II.

können. Dies kann zum einen aufgrund des Umfangs der Informationsmenge, aber auch aufgrund derer Komplexität der Fall sein[525].

aa) Merkmale des „information overload"

Es wird befürchtet, dass die vielen Informationen zu Doppelungen führen, die die Anleger nicht zwingend erkennen und zutreffend bewerten können[526]. Zudem bestehe die Gefahr, dass der Markt mit unzähligen Informationen über künftige Ereignisse, die jedoch nie eintreten, überschwemmt wird[527]. Befürchtet wird, dass dies zu einer Verschlechterung der Transparenz auf den Märkten führen könnte[528], da wirklich wichtige Informationen im Übermaß der ungefilterten Informationen verloren gehen könnten[529]. Dieses Phänomen wird als „information overload" bezeichnet[530].

bb) Keine Gefahr der Verwirrung

Bei näherer Betrachtung lässt sich hingegen feststellen, dass ein verständiger Anleger durch eine frühzeitige Veröffentlichung von Zwischenschritten nicht übermäßig verwirrt sein wird.

Dies ergibt sich schon aus dem Inhalt der zu veröffentlichenden Ad-hoc-Mitteilung. Gemäß § 4 Abs. 1 S. 1 Nr. 7 WpAIV hat die Veröffentlichung eine Erklärung zu beinhalten, aus welchen Gründen die Information zur erheblichen Beeinflussung des Börsenkurses geeignet ist. Um das Kursbeeinflussungspotential bei einem Zwischenschritt jedoch zu erläutern, sind zwangsläufig Angaben zu dem Endergebnis, aus dem sich die Kursrelevanz ableitet, erforderlich[531]. Da sich die Kursrelevanz aus dem Endereignis ergibt, bedarf die Ad-hoc-Mitteilung des Zwischenschritts folglich einen Hinweis darauf, mit welchem Wahrscheinlichkeitsgrad das Endereignis eintreten wird. Im Zusammenspiel mit diesen Angaben ist daher gewährleistet, dass die Anleger durch die Veröffentlichung des Zwischenschritts nicht in die Irre geführt werden, sondern eine umfassende Informationsgrundlage für eine verständige Anlageentscheidung erhalten. Die befürchtete selektive Wahrnehmung[532] wird daher bei einem verständigen Anleger nicht eintreten.

---

525 Vgl. *Möllers/Kernchen*, ZGR 2011, 1, 9.
526 *Hitzer*, NZG 2012, 860, 862.
527 Vgl. *Klöhn*, NZG 2011, 166, 168.
528 *Liese/Kraft*, CCZ 2013, 222, 223.
529 *Parmentier*, WM 2013, 970, 975.
530 Der Begriff "information overload" ist nicht ausschließlich auf das Gebiet der Ad-hoc-Publizität beschränkt. Vielmehr ist diese Problematik in größerem Ausmaß im Hinblick auf die gegenüber den Anlegern zu beachtenden Informationspflichten im Bereich von Wertpapierprospekten und Anlageberatung ausgeprägt; vgl. zu letzterem insbesondere *Mülbert*, ZHR 177 (2013), 160, 187.
531 *Klöhn*, in: Köln Komm WpHG, 2. Aufl. 2014, § 15 Anh. - § 4 WpAIV Rdn. 17.
532 Vgl. zu den Merkmalen der selektiven Wahrnehmung *Möllers/Kernchen*, ZGR 2011, 1, 10 f.

Ferner wird durch Art. 2 Abs. 3 RL 2003/124/EG bei Veränderungen der Information eine Ad-hoc-Aktualisierung gefordert, die sich wiederum nach § 15 Abs. 1 S. 1 WpHG richtet. In diesem Fall hat die Aktualisierung der Ad-hoc-Mitteilung gemäß § 4 Abs. 2 WpAIV besondere Hinweise auf die Veränderung der ursprünglich bekannt gemachten Information zu erhalten. Daher wird auch hierdurch eine Verwirrung der Anleger verhindert.

d) Berücksichtigung von Verhaltensanomalien

Teilweise wird der frühzeitigen Information entgegengehalten, dass diese die erhöhte Gefahr von Fehlallokationen mit sich führt. Die Gefahr von Fehlinformationen steige umso höher, je früher das künftige noch unsichere Ereignis mitgeteilt werde[533]. Dies solle selbst dann der Fall sein, wenn in der Veröffentlichung auf die Unsicherheit hingewiesen werde[534]. Die Kapitalmarktteilnehmer neigten nämlich zu einer Überbewertung von veröffentlichten Tatsachen und damit zu möglicherweise allokativ unverständigen Marktreaktionen[535]. Diese Fehlsteuerungen könnten dann zur Folge haben, dass das Vertrauen in die Funktionsfähigkeit und Transparenz der Kapitalmärkte schwinden würde[536].

Allerdings greift auch dieser Einwand zu kurz. Es ist nicht Aufgabe der Ad-hoc-Mitteilungspflicht, die Anleger vor ihrer möglicherweise voreiligen und unüberlegten Anlageentscheidung zu schützen[537]. Die Ad-hoc-Publizität soll sämtlichen Anlegern ein einheitliches Informationslevel bieten und damit die Chancengleichheit erhöhen[538]. Mit dem in der Ad-hoc-Mitteilung notwendigen Hinweis auf die (evtl. noch geringe) Eintrittswahrscheinlichkeit eines Endereignisses ist der verständige Anleger ausreichend geschützt. Dieser kann auf Basis dieser Informationsgrundlage selbständig entscheiden, ob und inwiefern er eine Anlageentscheidung trifft. Es bedarf daher keiner Veranlassung, den Anleger möglicherweise vor Enttäuschungen in das Vertrauen auf die Fortentwicklung von Geschehensverläufen zu schützen. Vielmehr hat jeder Anleger in eigener Verantwortung auf Grundlage einer möglichst umfassenden Informationsbasis seine Entscheidung zu treffen.

Somit wäre es zu weitgehend, sich fortentwickelnde Geschehensverläufe aus dem Anwendungsbereich der Ad-hoc-Publizität vollständig herauszunehmen. Die umfassende Darstellung des Zwischenschritts und der Wahrscheinlichkeit des Eintritts

---

533 *Gunßer*, NZG 2008, 855, 857.
534 *Gunßer*, NZG 2008, 855, 857.
535 *Gunßer*, NZG 2008, 855, 857.
536 *Hitzer*, NZG 2012, 860, 862.
537 Dies hat auch der US Supreme Court in seiner Entscheidung *Basic, Inc. v Levinson*, 485 U.S. 224, 233 (1988) deutlich hervorheben; vgl. hierzu auch Klöhn, NZG 2011, 166, 169.
538 Vgl. hierzu die Ausführungen unter B.II.4.

des Endereignisses stellen gegenüber der vollständigen Verweigerung der Insider-Information ein milderes Mittel dar[539].

5. Eigener Lösungsansatz

a) *Erfordernis einer abgesenkten Mindestwahrscheinlichkeit*

Um die gegensätzlichen Positionen zur Bestimmung der Kursrelevanz miteinander vereinen zu können, bedarf es einer Modifikation der Probability/Magnitude-Formel. Dies lässt sich über das Erfordernis einer Mindestwahrscheinlichkeit erreichen. Eine solche Anforderung wurde in der Literatur auch von Vertretern der Probability/Magnitude-Formel angedacht, da Anleger typischerweise Wahrscheinlichkeiten im bloßen Bereich der Möglichkeit tendenziell übergewichten[540]. Die zur Höhe der Mindestwahrscheinlichkeit vertretenen Ansichten in der Literatur ergeben jedoch kein einheitliches Bild. Teilweise wird das Problem nur andiskutiert, jedoch kein Schwellenwert genannt. Teils werden ganz pauschal nur besonders unwahrscheinliche Endereignisse von der Bestimmung der Kursrelevanz von Zwischenschritten ausgeschlossen[541]. Aus alldem wird jedoch ersichtlich, dass eine Mindestwahrscheinlichkeit diskutabel ist. Nicht zielführend ist dabei, eine Mindestwahrscheinlichkeit von mehr als 50% zu fordern[542], da dann bereits das Endereignis selbst zu veröffentlichen ist.

Plakativ werden teilweise aber auch nur Ereignisse mit einer Eintrittswahrscheinlichkeit von weniger als 1% ausgenommen[543]. Dies soll aber nur verdeutlichen, dass eine Mindestwahrscheinlichkeit generell abgelehnt wird[544].

b) *Abgrenzung des verständigen Anlegers zum Spekulanten*

Das Erfordernis einer Mindestwahrscheinlichkeit hat auch einen weiteren Effekt. Die Kursrelevanz eines Ereignisses bestimmt sich danach, ob ein verständiger Anleger auf Grundlage der Information eine Anlageentscheidung trifft. Dabei ist der verständige Anleger von einem Spekulanten abzugrenzen.

---

539 Vgl. *Staake*, BB 2007, 1573, 1576.

540 *Fleischer*, NZG 2007, 401, 405; *Klöhn*, Kapitalmarkt, Spekulation und Behavioral Finance, S. 99.

541 *Bingel*, AG 2012, 685, 691.

542 Vgl. *Mennicke/Jakovou*, in: Fuchs, WpHG, 2009, § 13 Rdn. 137, wonach eine erhebliche Kursveränderung im Fall des Bekanntwerdens "eher eintreten als nicht eintreten wird".

543 *Klöhn*, NZG 2011, 166, 169; *ders.*, Kapitalmarkt, Spekulation und Behavioral Finance, S. 235 f.

544 Vgl. zu diesen Erwägungen die Ausführungen sogleich unter E.III.5.b).

aa) Eigenschaften eines Spekulanten

Ein Spekulant trifft seine Anlageentscheidung in der Hoffnung auf Gewinn auch dann, wenn der Eintritt eines künftigen Ereignisses möglicherweise auch sehr unwahrscheinlich ist[545]. Ein Spekulant berücksichtigt das Gewinnstreben und damit die Hoffnung auf einen hohen Gewinn stärker als das Anlagerisiko[546]. Er trifft gerade keine „vernünftige" Entscheidung, sondern betreibt eher eine Art „Glücksspiel"[547]. Vereinfacht gesagt ist Spekulation deshalb also die bloße Hoffnung auf ungewöhnliche Kursgewinne[548].

bb) Eigenschaften eines verständigen Anlegers

Der verständige Anleger handelt hingegen rational und somit auf Grundlage verlässlicher Informationen[549]. Im Regelfall wird deshalb ein Anleger risikoavers sein und damit unnötige Risiken vermeiden wollen[550]. Erst anhand des Wissens, dass der Eintritt des Endereignisses eine gewisse Mindestwahrscheinlichkeit erreicht hat, wird ein verständiger Anleger seine Investitionsentscheidung treffen. Bei unwahrscheinlicheren Ereignissen wird sich ein verständiger Anleger dies jedoch nicht zutrauen. In einem solchen Stadium wird nur ein Spekulant handeln in der Hoffnung, dass die Eintrittswahrscheinlichkeit und der Börsenkurs steigen werden. Somit trägt das Erfordernis einer Mindestwahrscheinlichkeit zur Konkretisierung des Begriffs des verständigen Anlegers bei.

cc) Erfordernis einer Mindestwahrscheinlichkeit kein spekulatives Handeln

Dies wird teilweise aber auch bestritten. So wird behauptet, dass im Gegenteil gerade derjenige Anleger spekulativ und nicht verständig handle, welcher kursrelevante Ereignisse unter einer gewissen Mindestwahrscheinlichkeit außer Acht lässt[551]. Als Beispiel wird der Fall angeführt, dass der Börsenkurs entweder um EUR 10,00 steigen wird oder gleichbleibt. Die Eintrittswahrscheinlichkeit der Steigerung betrage 25% und rechtfertige daher eine höhere Bewertung der Aktie, da Anleger statistisch gesehen in 25 von 100 Fällen einen Kursgewinn realisieren[552]. Umgekehrt wird der Fall thematisiert, dass ein Zwischenschritt zu vier unterschiedlichen Endereignissen

---

545 *Langford*, in: Birk/Bruse/Saenger, Forum Unternehmenskauf 2013, 1. Aufl. 2013, S. 164.

546 Vgl. *Langford*, in: Birk/Bruse/Saenger, Forum Unternehmenskauf 2013, 1. Aufl. 2013, S. 161.

547 *Langford*, in: Birk/Bruse/Saenger, Forum Unternehmenskauf 2013, 1. Aufl. 2013, S. 162.

548 *Bingel*, AG 2012, 685, 692.

549 OLG Stuttgart, Beschluss vom 22.04.2009 = NZG 2009, 624, 628.

550 *Klöhn*, Kapitalmarkt, Spekulation und Behavioral Finance, S. 94 f.

551 Vgl. *Klöhn*, in: Köln Komm WpHG, 2. Aufl. 2014, § 13 Rdn. 94 und 206.

552 *Klöhn*, ZIP 2012, 1885, 1887.

führen könne, wobei nur eines eintreten könne[553]. Jedes mögliche Endereignis habe eine Eintrittswahrscheinlichkeit von 25%, wobei drei der vier möglichen Endereignisse eine Kurssteigerung um 100% zu Folge haben würde. Es sei daher unlogisch, dass eine Veröffentlichung nicht erforderlich sei und ein Insider mit einer Wahrscheinlichkeit von 75% sein Kapital verdoppeln könne, ohne dabei strafbaren Insiderhandel befürchten zu müssen[554].

Die genannten Beispiele überzeugen jedoch nicht. In dem ersten Fallbeispiel ist zum einen zu berücksichtigen, dass ein Gleichbleiben des Aktienkurses bei Nichteintritt des Endereignisses nur theoretisch ist. Der Kapitalmarkt unterliegt stetigen Schwankungen, denen sich ein verständiger Anleger nicht deshalb aussetzen will, nur weil er mit einer Chance von 25% auf Kursgewinne spekuliert. Zudem wird ein verständiger Anleger im Sinne einer bestmöglichen Allokation seines Kapitals dort investieren, wo er Gewinne mit höchst möglicher Wahrscheinlichkeit vermutet. In dem gebildeten Fallbeispiel wird er mit einer Wahrscheinlichkeit von 75% keinen Gewinn machen. Er wird sich daher tendenziell ein anderes Investment suchen. Wenn man in dem Beispiel den Verkäufer betrachtet[555], ändert sich ebenfalls nichts. Natürlich kann man dem Verkäufer nicht abraten, die Kursgewinnmöglichkeit einzupreisen Dies hat jedoch nichts mit Spekulation des Verkäufers zu tun. Die Frage ist nämlich nur, ob sich ein Käufer findet, der diesen erhöhten Preis zahlen möchte.

Im zweiten Fallbeispiel ist zu berücksichtigen, dass sich die Kursrelevanz nicht aus einem Endereignis ableitet, sondern aus der Summe der Endereignisse. Mit dem Zwischenschritt steht fest, dass der Börsenkurs sich mit einer Wahrscheinlichkeit von 75% verdoppeln wird. Dann ist bereits dieser Umstand zu veröffentlichen, so dass der Insiderhandel auf diese Weise verhindert wird. Die Fallbeispiele stehen daher der Forderung nach einer Mindestwahrscheinlichkeit nicht entgegen.

c) Kategorisierung durch eine quantitative Wahrscheinlichkeitsskala

Nachdem deutlich geworden ist, dass der Probability/Magnitude-Ansatz durch das Bedürfnis einer Mindestwahrscheinlichkeit eingeschränkt werden muss, stellt sich das Problem, diese Schwelle zu bestimmen. Der Rückgriff auf bestimmte Prozentzahlen suggeriert dabei jedoch nur eine Scheingenauigkeit. Es würde sich lediglich um Zahlenspielerei handeln, die Mindestwahrscheinlichkeit auf einen bestimmten Wert festzusetzen. Es ist vielmehr eine wertende Betrachtung erforderlich, die anhand der tatsächlichen Umstände des Einzelfalls eine Abstufung der Einschätzung der Eintrittswahrscheinlichkeit in Kategorien darstellt.

---

553 Diesen Fall bildet *Klöhn*, in: Köln Komm WpHG, 2. Aufl. 2014, § 13 Rdn. 118.

554 Vgl. *Klöhn*, in: Köln Komm WpHG, 2. Aufl. 2014, § 13 Rdn. 118.

555 *Klöhn*, ZIP 2012, 1885, 1887 kommt dabei zu dem Ergebnis, dass ein verständiger Anleger als Verkäufer nicht darauf verzichten würde, die 25%-ige Chance auf Kursgewinne im Börsenkurs einzupreisen bei der Veräußerung der Aktien.

aa) Wahrscheinlichkeitsskala des UN-Weltklimarats

Einen Versuch, bestimmte Wahrscheinlichkeitsabschätzungen in Kategorien zu ordnen, unternehmen quantitative Wahrscheinlichkeitsskalen. Dabei wird einer bestimmten Eintrittswahrscheinlichkeit, die in Prozentzahlen bemessen wird, eine Wertungskategorie zugeordnet. Nachfolgende Tabelle zeigt die Kategorien einer solchen quantitativen Wahrscheinlichkeitsskala, die vom UN-Weltklimarat (IPCC[556]) herangezogen worden ist[557]:

Eintrittswahrscheinlichkeit	**Kategorie**
Wahrscheinlichkeit > 99%	Praktisch sicher
Wahrscheinlichkeit > 95%	Höchst wahrscheinlich
Wahrscheinlichkeit > 90%	Sehr wahrscheinlich
Wahrscheinlichkeit > 66%	Wahrscheinlich
Wahrscheinlichkeit > 50%	Wahrscheinlicher als nicht
33% < Wahrscheinlichkeit < 66%	Etwa so wahrscheinlich wie nicht
Wahrscheinlichkeit < 33%	Unwahrscheinlich
Wahrscheinlichkeit < 10%	Sehr unwahrscheinlich
Wahrscheinlichkeit < 5%	Höchst unwahrscheinlich
Wahrscheinlichkeit < 1%	Außergewöhnlich unwahrscheinlich

Mittels eines solchen Modells lässt sich in der Praxis ein Gefühl dafür entwickeln, wie die Eintrittswahrscheinlichkeit des Endereignisses eingestuft werden kann. Die Festlegung der Prozentzahlen ist hierbei jedoch nicht zwingend. So kann ein Ereignis auch bei einer Eintrittswahrscheinlichkeit von 15% für „sehr unwahrscheinlich" gehalten werden[558]. Entscheidend ist vielmehr die Kategorisierung der Eintrittswahrscheinlichkeit. Emittenten werden in der Praxis den exakten Prozentwert der Wahrscheinlichkeit nicht exakt einschätzen können. Stattdessen können sie anhand ihrer langjährigen Erfahrungswerte leichter ein Gefühl dafür entwickeln, ob der Eintritt eines künftigen Ereignisses „sehr wahrscheinlich", „unwahrscheinlich" oder „sehr unwahrscheinlich" ist.

556 IPCC ist die Abkürzung für das „Intergovernmental Panel on Climate Change", in Deutschland besser bekannt als Weltklimarat.

557 IPCC, Vierter Sachstandsbericht, 2007, Synthesebericht S. 31.

558 Hierbei kann wieder kritisiert werden, dass die Prozentzahlen eine Scheingenauigkeit suggerieren, die gar nicht überprüft werden kann.

bb) *Übertragung auf Bestimmung der Eintrittswahrscheinlichkeit im Rahmen der Ad-hoc-Publizität*

Ist ein Eintritt eines Ereignisses eher wahrscheinlich als nicht (somit überwiegend wahrscheinlich im Sinne einer Wahrscheinlichkeit von mehr als 50%[559]), dann stellt sich wie bereits dargestellt das Problem der Kursrelevanz von Zwischenschritten nicht mehr. In einem solchen Fall ist bereits das Endereignis als hinreichend wahrscheinlicher zukünftiger Umstand zu veröffentlichen[560].

Wenn die Eintrittswahrscheinlichkeit geringer ist und noch der Kategorie „etwa so wahrscheinlich wie nicht" unterfällt (entsprechend der Tabelle des Weltklimarats wäre die Wahrscheinlichkeit zwischen 33% und 66%), wird ein verständiger Anleger ebenfalls eine Anlageentscheidung treffen. Es handelt sich dabei im Wesentlichen um offene Sachverhalte[561], die bei entsprechender Bedeutung eines Ereignisses Kursrelevanz erzeugen. Der verständige Anleger wird sich in einem solchen Fall auf die Möglichkeit der späteren Veränderung einstellen und überprüfen, ob er auf Basis dieser Information Wertpapiere kaufen oder verkaufen möchte.

Ist der Eintritt des künftigen Ereignisses, aus dem sich die Kursrelevanz ableitet, nicht mehr offen, sondern unwahrscheinlich[562], stellt sich die Frage, ob ein verständiger Anleger noch seine Anlageentscheidung danach ausrichten wird. Grundsätzlich wird ein Anleger in diesem Fall nicht handeln, da er selbst nicht mit dem Eintritt des Ereignisses rechnet. Folglich geht er auch nicht davon aus, dass es später zur kursbeeinflussenden Veränderung kommen wird. Hiervon ist jedoch eine Ausnahme zu machen. Handelt es sich um ein Ereignis, das von hervorgehobener Bedeutung für das Unternehmen ist, so wird ein verständiger Anleger seine Anlageentscheidung auch bei einem unwahrscheinlichen Eintritt des Endereignisses überprüfen. Schließlich ist zum einen zu berücksichtigen, dass immerhin bereits ein Zwischenschritt auf dem Weg zum Endereignis eingetreten ist bzw. mit hinreichender Wahrscheinlichkeit zukünftig eintreten wird. Der Emittent wird bei dieser Kategorie zum Schluss kommen, dass der erfolgreiche Abschluss des Prozesses zwar eher unwahrscheinlich ist, aber es durchaus dazu kommen könnte[563]. Zum anderen handelt es sich um sehr kursrelevante potentielle Vorgänge, bei denen erhebliche Kursauswirkungen zweifelsfrei zu

559 Die Kategorie „eher wahrscheinlich als nicht" wird im Folgenden im Sinne einer „überwiegenden Wahrscheinlichkeit" verstanden, da dieser Begriff bereits im Rahmen der Beurteilung der Konkretheit zukünftiger Umstände herangezogen wurde.

560 Siehe hierzu D.III.2.

561 Die Bezeichnung dieser Kategorie als „offene" Sachverhalte bietet sich daher an, da „etwa so wahrscheinlich wie nicht" dieselbe Bedeutung hat, aber etwas hölzern klingt.

562 Ob die Grenze bei 33% wie beim Weltklimarat gezogen wird oder nicht, ist irrelevant. Entscheidend ist die Einstufung in die Kategorie anhand der Erfahrungswerte.

563 Hingegen ist der Eintritt nach Einschätzung des Emittenten nicht sehr unwahrscheinlich, so dass trotz des eingetretenen Zwischenschritts die Zweifel am Eintritt des Endereignisses erheblich überwiegen und nur geringe „Außenseiterchancen" bestehen.

erwarten wären. Das schon fortgeschrittene In-Gang-Setzen des Prozesses hin zum sehr kursrelevanten Endereignis rechtfertigt es daher, selbst das unwahrscheinliche Ereignis der Ad-hoc-Publizitätspflicht zu unterwerfen. Diese Ausnahme ist jedoch auf wenige Fälle zu begrenzen. Das Endereignis muss wesentliche Bedeutung für den Emittenten aufweisen, so dass bereits bei der ex-ante-Prognose klar wird, dass es zu erheblichen Auswirkungen auf den Börsenkurs kommen wird. Es muss sich eindeutig um eine Insider-Information handeln und nicht um einen Zweifelsfall.

Ist die Wahrscheinlichkeit, dass das Endereignis eintreten wird, hingegen nicht bereits unwahrscheinlich sondern noch sehr unwahrscheinlich[564], so wird ein verständiger Anleger auch bei einem überaus bedeutsamen Ereignis keine Anlageentscheidung auf diese Information hin treffen. Die Aussicht, dass sich der Kurs infolge des Endereignisses verändern wird, ist so vage, dass lediglich ein Spekulant in der Hoffnung auf Kursgewinne handeln wird[565]. Eine rationale Entscheidung lässt sich bei einer solchen Wahrscheinlichkeitseinschätzung von einem verständigen und somit rational handelnden Anleger nicht mehr treffen.

cc) Modifizierte Wahrscheinlichkeitsskala

Die vom Weltklimarat herangezogene quantitative Wahrscheinlichkeitsskala lässt sich daher wie folgt modifizieren[566]:

Eintrittswahrscheinlichkeit	**Kategorie**
Wahrscheinlichkeit > 50%	Überwiegend wahrscheinlich
33% ≤ Wahrscheinlichkeit ≤ 50%	Offene Sachverhalte
Wahrscheinlichkeit < 33%	Unwahrscheinlich
Wahrscheinlichkeit < 10%	Sehr unwahrscheinlich

d) Merkmale der Kategorisierung

Folglich stellt sich die Frage, anhand welcher Merkmale der Rechtsanwender die Kategorie der Wahrscheinlichkeit des Eintritts des zukünftigen Umstands einschätzen soll. Aufbauen lässt sich insoweit auf die Einschätzung der hinreichenden Wahrscheinlichkeit im Rahmen der Konkretheit eines Zwischenschritts. Auch dort ist ein

564 Ob die Grenze der Wahrscheinlichkeit zwischen diesen beiden Kategorien bei 10% zu ziehen ist (wie der Weltklimarat vorschlägt) oder bei 20% oder bei einem anderen Wert kann dahinstehen. Die Prozentzahlen sind nicht entscheidend, sondern die wertende Einstufung des Sachverhalts in eine Kategorie.

565 Zur Abgrenzung zum verständigen Anleger vgl. bereits E.III.5.b).

566 Die Tabelle enthält nur die wesentlichen Kategorien, die zur Abgrenzung bei der Kursrelevanz von Bedeutung sind.

Wahrscheinlichkeitsurteil erforderlich, welches sich an den Regeln der allgemeinen Erfahrung und tatsächlichen Erwartungswerten ausrichtet[567]. Dies lässt sich auf die Wahrscheinlichkeitsbeurteilung des Eintritts des Endereignisses im Rahmen der Kursrelevanz übertragen. Der BGH hat eine objektiv-nachträgliche ex-ante-Betrachtung für maßgeblich erachtet, bei der alle Umstände des Einzelfalls zu berücksichtigen sind[568]. Zurückgegriffen werden kann zusätzlich auch auf die Kriterien, die generell zur Bestimmung der Kursrelevanz herangezogen werden. Dabei handelt es sich insbesondere um die Auswirkungen auf die Unternehmensaktivität, die Erfahrungswerte früherer vergleichbarer Informationen sowie das eigene Verhalten des Emittenten in der Vergangenheit[569].

Die Wahrscheinlichkeitsprognose des Unternehmens wird daher maßgeblich von dessen Erfahrungswerten gesteuert. Ist beispielsweise eine Transaktion in einem ersten Anlauf gescheitert, so wird bei einem erneuten Vorstoß der Erfolg der Transaktion solange sehr unwahrscheinlich bleiben wie der „Deal Breaker" nicht gelöst wird. Bei anderen Transaktionen lässt sich aus dem Verlauf der Verhandlungsergebnisse ableiten, ob ein Vertragsschluss offen ist oder evtl. bei bestehenden wesentlichen ungelösten Problemen als unwahrscheinlich einzuordnen ist.

e) Quantitative Wahrscheinlichkeitsbetrachtungen in der Praxis

Der Ansatz, für die Einstufung der Kursrelevanz eine quantitative Wahrscheinlichkeitsbetrachtung heranzuziehen, ist schließlich nicht bloß eine theoretische Überlegung, die in der Praxis keine Entsprechung finden würde. Bereits genannt wurde hierbei die Wahrscheinlichkeitsüberlegungen des Weltklimarats zu Klimaveränderungen[570]. Ferner zeigt sich die praktische Relevanz beispielsweise am Zwischenbericht der Deutsche Bank AG zum 30. Juni 2013[571]. Bei der Beurteilung der gegenwärtigen Konzernlage musste die Deutsche Bank AG die Erfolgsaussichten in den von ihr geführten Rechtsstreitigkeiten einschätzen, da die Deutsche Bank AG Rückstellungen für mögliche Zahlungsverpflichtungen aus diesen Rechtsstreitigkeiten zu bilden hatte. In ihrem Zwischenbericht erläuterte die Deutsche Bank AG diese Rückstellungen hinsichtlich der von ihr erwarteten Wahrscheinlichkeit der Inanspruchnahme. Die Deutsche Bank AG kam zu dem Ergebnis, dass die Inanspruchnahme *„größer als unwahrscheinlich, aber kleiner als wahrscheinlich"* ist[572]. Daran zeigt sich zum einen, dass quantitative Wahrscheinlichkeitsbetrachtungen auch in der Praxis Anwendung finden. Zum anderen wird deutlich, dass nicht nur

567 Vgl. D.III.2.b)gg).
568 Vgl. hierzu die Ausführungen unter E.I.
569 Vgl. die bereits unter C.II.1.b)bb)(ii) vom CESR für maßgeblich erachteten Kriterien.
570 Vgl. E.III.5.c).
571 Deutsche Bank, Zwischenbericht zum 30. Juni 2013 in der Fassung des zweiten Nachtrags vom 1. August 2013, S. 100.
572 Deutsche Bank, Zwischenbericht zum 30. Juni 2013 in der Fassung des zweiten Nachtrags vom 1. August 2013, S. 100.

pauschal zwischen „wahrscheinlich“ und „unwahrscheinlich“ unterschieden werden kann, sondern dass es Abstufungen gibt, die einer eigenständigen Betrachtung unterworfen sind.

f) Zwischenergebnis

Zumeist ist bei der Beurteilung der Kursrelevanz eines Zwischenschritts auf die Eintrittswahrscheinlichkeit des Endereignisses zurückzugreifen. Allerdings kann nicht ein jedes hoch kursrelevantes Endereignis, sei es noch so unkonkret, die Kursrelevanz eines Zwischenschritts begründen. Die Ad-hoc-Publizität würde dadurch quasi stets am Beginn eines Prozesses einsetzen. Es ist vielmehr eine Mindestwahrscheinlichkeit zu fordern. Für Ereignisse, deren Eintritt offen ist, ist von einer Kursrelevanz des Zwischenschritts auszugehen, da ein verständiger Anleger dies zur Grundlage seiner Anlageentscheidung machen wird. Bei unwahrscheinlichen, aber nicht sehr unwahrscheinlichen Endereignissen wird ein verständiger Anleger nur dann handeln, wenn es sich um eindeutige Insider-Informationen in Bezug auf das Endereignis handelt, somit um Ereignisse herausragender Bedeutung. Ist dies nicht der Fall, dann wird ein verständiger Anleger auf den Zwischenschritt hin angesichts dessen Unwahrscheinlichkeit nicht handeln, zumal ja auch die mögliche Kursrelevanz geringer ist, wenn es sich nicht um ein Ereignis von herausragender Bedeutung handelt. Bei sehr unwahrscheinlichen Endereignissen wird nur ein Spekulant auf einen Zwischenschritt hin eine Anlageentscheidung treffen. Solche Zwischenschritte sind daher nicht zu veröffentlichen.

F. Auswirkungen der Anknüpfung an Zwischenschritte

Nachdem nunmehr die ad-hoc-rechtliche Bedeutung und Einstufung von Zwischenschritten deutlich geworden ist, sind die Auswirkungen insbesondere auf Emittenten zu erörtern.

I. Weitere Existenz der kapitalmarktrechtlichen Kategorie gestreckter Geschehensverläufe und des Begriffs der Zwischenschritte

Aus einem dogmatischen Blickwinkel stellt sich die Frage, ob die bisher in der Literatur und Rechtsprechung etablierte Kategorie des „gestreckten Geschehensverlaufs" bzw. des Begriffs „Zwischenschritt" nicht durch deren Ad-hoc-Veröffentlichungspflicht obsolet geworden ist.

1. Bedeutungsverlust von Zwischenschritten

Nach einer Ansicht in der Literatur führt die Ad-hoc-Veröffentlichungspflicht von Zwischenschritten dazu, dass der Begriff des „Zwischenschritts" an Bedeutung verliert. Argumentiert wird damit, dass künftig bei zeitlich gestreckten Vorgängen alle Ereignisse und Umstände als Insider-Informationen in Betracht kämen, es mithin nicht mehr auf eine Einstufung als Zwischenschritt ankäme[573]. Folglich existierten gestreckte Geschehensverläufe als kapitalmarktrechtliche Kategorie nicht mehr[574]. Es komme nicht mehr darauf an, einen Gesamtverfahrensablauf festzulegen und dann die Relevanz der Zwischenschritte zu untersuchen, sondern es müsse grundsätzlich jedes Ereignis gesondert überprüft werden, unabhängig davon, ob es sich in ein Gesamtgeschehen einreiht oder nicht[575].

2. Weiterbestehen als kapitalmarktrechtliche Kategorie

Hingegen findet sich aber auch die Meinung wieder, dass der Begriff des gestreckten Geschehensverlaufs seine kapitalmarktrechtliche Relevanz behalte[576]. Der Begriff umschreibe einen wichtigen Fall, bei dem der Emittent gemäß § 15 Abs. 3 WpHG i.V.m. § 6 Satz 1 Nr. 1 und 2 WpAIV von der Ad-hoc-Publizitätspflicht befreit sein kann[577].

---

573 Vgl. *Heider/Hirte*, GWR 2012, 429; *Hitzer*, NZG 2012, 860, 861.
574 *Ihrig*, VGR-Jahrestagung 2012, 113, 126; *Mock*, ZBB 2012, 286, 289.
575 *Mock*, ZBB 2012, 286, 289; *Ihrig*, VGR-Jahrestagung 2012, 113, 126.
576 Vgl. *Klöhn*, ZIP 2012, 1885, 1893.
577 *Klöhn*, ZIP 2012, 1885, 1893.

3. Stellungnahme

Die Frage, ob die kapitalmarktrechtliche Kategorie des „gestreckten Geschehensverlaufs“ weiterbesteht, ist ein rein akademischer Streit. Es ist zwar richtig, dass jedes Ereignis auf seine Ad-hoc-Veröffentlichungspflicht hin zu untersuchen ist, wobei es auf die Bezeichnung als „Zwischenschritt“ nicht ankommt. Allerdings ist das Gesamtgeschehen weiterhin im Auge zu behalten. Dies gilt insbesondere bei der Prüfung der Kursrelevanz aufgrund der dort bestehenden Verbindung zwischen dem Endereignis und dem Zwischenschritt[578]. Insoweit ist die Beibehaltung des Begriffs „Zwischenschritt“ hilfreich, um eine gedankliche Einordnung zu ermöglichen.

II. Folgen für Emittenten von Insiderpapieren

Drängender ist hingegen die Frage, wie sich die Ad-hoc-Veröffentlichungspflicht von Zwischenschritten konkret auf Emittenten von Insiderpapieren auswirkt.

1. Zunahme von Ad-hoc-Mitteilungen und Selbstbefreiungen

Für die Unternehmen maßgeblich von Bedeutung ist die mögliche Zunahme der Anzahl zu veröffentlichender Ad-hoc-Mitteilungen. Ob es zu einem solchen Phänomen kommen wird, ist umstritten.

a) Erhöhung der Anzahl von Ad-hoc-Mitteilungen und Selbstbefreiungen

Nach einer Ansicht führt die Anknüpfung an Zwischenschritte dazu, dass Insider-Informationen früher entstehen und folglich die Zahl der Veröffentlichungen zunimmt. Begründet wird dies unter anderem mit der Entkoppelung eines Zwischenschritts von der Eintrittswahrscheinlichkeit des Endereignisses[579]. Dies erscheine auf den ersten Blick für den Anleger vorteilhaft, es bestehe aber gleichzeitig die Gefahr eines „information overload“ sowie unnötiger Doppelungen[580]. Andere Stimmen in der Literatur gehen hingegen von einer deutlichen Zunahme der Selbstbefreiungen aus[581]. Gleichzeitig wird aber auch eine frühere Veröffentlichung erwartet, indem Emittenten die Wahrscheinlichkeitsbeurteilung im Zweifel dem Kapitalmarkt überlassen[582].

578 Vgl. hierzu auch *Mock* in ZBB 2012, 286, 289, der die Verschiebung des Schwerpunkts der Betrachtung auf die Frage der Kursrelevanz hervorhebt.

579 *Hitzer*, NZG 2012, 860, 862.

580 *Hitzer*, NZG 2012, 860, 862.

581 *Wilsing/Goslar*, DStR 2012, 1709, 1713; *Bachmann*, EWiR 2012, 467, 468.

582 Vgl. *Löffler*, NZWiSt 2012, 306, 310.

b) *Keine Auswirkungen auf die Praxis*

Demgegenüber vertritt eine andere Meinung die Auffassung, dass es zu keinen größeren Änderungen in der Praxis kommen wird, insbesondere dass die Anzahl der Ad-hoc-Meldungen nicht zunehmen wird.

Zur Begründung wird vorgebracht, dass Emittenten schon vor der Entscheidung des EuGH zu einer frühzeitigen Bekanntmachung angehalten gewesen seien[583]. Verwiesen wird ferner auf die Möglichkeit der Selbstbefreiung, durch die die Abgabe einer Ad-hoc-Mitteilung hinausgeschoben werden könne[584].

Zudem wird dargelegt, dass das Kursbeeinflussungspotential eines Endereignisses zumeist in dem Moment entfalle, in dem ein vorgelagerter Zwischenschritt publiziert wurde[585]. Als Konsequenz sei das Endereignisses nicht mehr durch eine Ad-hoc-Mitteilung zu veröffentlichen.

c) *Stellungnahme*

Die potentielle Ad-hoc-Pflicht von Zwischenschritten führt dazu, dass Insider-Informationen tendenziell zu einem früheren Zeitpunkt entstehen. Zwar sind Emittenten schon bisher aus Vorsichtsgründen eher frühzeitig vom Entstehen einer Insider-Information ausgegangen. Dies wird aber, wie der Fall Geltl zeigt, nicht zwingend beachtet[586]. Durch die neuere Entwicklung in der Rechtsprechung ist die Problematik allerdings wieder stärker in den Fokus gerückt.

Dennoch kann durchaus festgestellt werden, dass zumindest die Anzahl an Selbstbefreiungen zunehmen wird[587]. Da schon zu einem früheren Zeitpunkt Selbstbefreiungsbeschlüsse gefasst werden müssen, sind davon auch Sachverhaltsentwicklungen betroffen, die möglicherweise kurz danach im Sande verlaufen und bei denen ansonsten (noch) kein Selbstbefreiungsbeschluss gefasst worden wäre. Insoweit wird es tendenziell zu mehr solchen Beschlüssen kommen[588]. Den Jahresberichten der BaFin ist zu entnehmen, dass die Anzahl der Selbstbefreiungen im Jahr 2012

---

583 *Rehahn*, GPR 2012, 319, 321.

584 *Rehahn*, GPR 2012, 319, 321.

585 *Heider/Hirte*, GWR 2012, 429, 431.

586 Die fehlende Veröffentlichung oder Selbstbefreiung durch die DaimlerChrysler AG kann entweder darauf zurückgeführt werden, dass das Unternehmen das Entstehen einer Insider-Information bis zur Beschlussfassung des Aufsichtsrats bewusst verneint hat oder schlichtweg das vorherige Entstehen der Information übersehen hat.

587 Diesen Trend erkennt auch *Koch*, in: Veil, Europäisches Kapitalmarktrecht, 2. Aufl. 2014, § 19 Rdn. 9, S. 382.

588 Zu einer Zunahme der Selbstbefreiungen käme es indes massiv, wenn man die Auffassung vertreten würde, dass ein einmal gefasster Selbstbefreiungsbeschluss nachfolgende Sachverhaltsentwicklungen nicht umfasst, sondern ein erneuter Beschluss gefasst werden müsste, vgl. hierzu die nachfolgenden Ausführungen unter G.III.

nach 212 im Vorjahr[589] auf 244 angestiegen ist[590], während es im Jahr 2010 nur 177 Befreiungen waren[591], im Jahr 2009 hingegen noch 236 Befreiungen[592]. Gleichzeitig ging die Anzahl der veröffentlichten Ad-hoc-Mitteilungen jedoch stetig zurück[593]. Während der prozentuale Anteil von Selbstbefreiungen im Jahr 2010 noch bei 8,02% war, stieg er im Jahr 2012 auf 13,42%. Dabei ist auch zu berücksichtigen, dass der BaFin nur solche Selbstbefreiungen zugehen, bei denen es später zu einer Veröffentlichung kommt[594]. Der Anstieg der Selbstbefreiungen könnte daher auf eine vermehrte Sensibilität der Emittenten zurückzuführen sein, nachdem der EuGH Mitte des Jahres 2012 seine Entscheidung im Geltl-Verfahren getroffen hat.

Da ein Selbstbefreiungsbeschluss die Veröffentlichungspflicht einer Insider-Information theoretisch bis zum Eintritt des Endereignisses aufschieben würde, kommt es an sich nicht zu einer Zunahme der Ad-hoc-Mitteilungen. Anders zu beurteilen ist dies jedoch, wenn die Selbstbefreiungsvoraussetzungen, beispielsweise durch ein Bekanntwerden der Information im Verantwortungsbereich des Emittenten, wegfallen. In diesem Fall wäre der bisher eingetretene Zwischenschritt zu veröffentlichen. Daran anschließend stellt sich die Frage, ob beispielsweise das später eingetretene Endereignis ebenfalls noch publiziert werden muss. Davon auszugehen, dass die Kursrelevanz durch die Veröffentlichung des Zwischenschritts weggefallen sei[595], greift jedoch zu kurz. Es spielt für einen verständigen Anleger durchaus eine Rolle, wie ein gestreckter Geschehensablauf fortschreitet und sich entwickelt. Es ist für einen Anleger von Bedeutung, wenn die hinreichende Eintrittswahrscheinlichkeit eines weiteren wesentlichen Zwischenschritts oder gar des Endereignisses gegeben ist. Diese Umstände sind nicht immer schon im Börsenkurs nach Veröffentlichung eines Zwischenschritts eingepreist. Beispielsweise können sich im Laufe der fortschreitenden Verhandlungen maßgebliche Parameter des gestreckten Geschehensverlaufs verändern, beispielsweise die Kaufpreissumme oder sonstigen Bedingungen eines Unternehmenskaufs[596]. Diese Veränderungen stellen neue Umstände da, die für eine erneute Ad-hoc-Mitteilung in Betracht kommen[597]. In diesem Fall ist eine Zunahme der Anzahl der veröffentlichten Ad-hoc-Mitteilungen denkbar.

---

589 Jahresbericht BaFin 2011, S. 210.

590 Jahresbericht BaFin 2012, S. 189.

591 Jahresbericht BaFin 2010, S. 206.

592 Die Zahl der Selbstbefreiungen wurde im Jahresbericht der BaFin für das Jahr 2009 noch mit 240 angegeben und im Jahresbericht 2010 auf 236 berichtigt.

593 Vgl. die Tabelle im Jahresbericht der BaFin 2012, S. 190. Im Jahr 2008 wurden demnach noch 3.037 Ad-hoc-Mitteilungen veröffentlicht, im Jahr 2012 nur noch 1.818.

594 Vgl. hierzu G.IV.2; die „Dunkelziffer“ an nicht gemeldeten Selbstbefreiungen ist daher noch größer.

595 Vgl. *Heider/Hirte*, GWR 2012, 429, 431.

596 Vgl. hierzu auch die Vorschrift des § 4 Abs. 2 WpAIV, die den Inhalt einer Ad-hoc-Mitteilung für den Fall der erheblichen Veränderung der Information regelt.

597 Vgl. *Assmann*, in: Assmann/Schneider, WpHG, 6. Aufl. 2012, § 15 Rdn. 183.

2. Notwendige Dokumentation des Prüfungsvorgangs

Als eine der Folgen der potentiellen Ad-hoc-Publizitätspflicht von Zwischenschritten ist jedoch festzuhalten, dass die Prüfungsvorgänge des Emittenten, sei es im Hinblick auf die Frage, ob eine Information veröffentlicht werden muss oder ob eine Selbstbefreiung in Betracht kommt, sorgfältig dokumentiert werden müssen[598]. Die Dokumentation stellt sicher, dass im Fall einer Nachprüfung durch die BaFin oder eines Klageverfahrens durch Anleger die Entscheidungsvorgänge des Emittenten sowie die Maßnahmen zur Sicherstellung der Vertraulichkeit nachvollzogen werden können[599]. Dies ist insbesondere wichtig bei der Überprüfung der Frage, mit welchem Wahrscheinlichkeitsgrad ausgehend von welcher Beurteilungsgrundlage der Emittent den Eintritt eines künftigen Ereignisses beurteilt hat.

3. Erhöhter Nachverfolgungsaufwand

Die erwähnte Dokumentationspflicht bezieht sich jedoch nicht nur auf ein einmaliges Ereignis. Der Emittent muss laufend die Voraussetzungen des § 15 WpHG im Auge behalten[600]. Wird beispielsweise ein Zwischenschritt veröffentlicht, so muss der Emittent stets überprüfen, ob eventuell ein zukünftiger Zwischenschritt oder das Endereignis hinreichend wahrscheinlich geworden ist. Sofern hingegen beispielsweise die Kursrelevanz eines Zwischenschritts verneint worden ist, muss der Emittent laufend kontrollieren, ob diese Annahme noch richtig ist oder ob nicht nachfolgende Entwicklungen zu einer Kursrelevanz eines Zwischenschritts geführt haben. Somit steigt der Prüfungs- bzw. Nachverfolgungsaufwand für bereits getroffene Entscheidungen erheblich.

4. Erfordernis intensiverer Rechtsberatung zur Vermeidung von Haftungsrisiken

Zwar verfügen börsennotierte Unternehmen regelmäßig über gut besetzte Rechtsabteilungen, die sich um die Einhaltung der kapitalmarktrechtlichen Informationspflichten kümmern. Nichtsdestotrotz ist ein Vorstand aufgrund seiner Sorgfaltspflicht

598 Dies heben auch *Liese/Kraft* in CCZ 2013, 222 hervor.

599 Vgl. zur Bedeutung der Dokumentation auch *Zimmer/Kruse*, in: Schwark/Zimmer, Kapitalmarktrechts-Kommentar, 4. Aufl. 2010, § 15 WpHG Rdn. 71; *Mennicke*, NZG 2009, 1059, 1061.

600 Dies folgt daraus, dass bei Wegfall der Befreiungsvoraussetzungen die Ad-hoc-Mitteilung gemäß § 15 Abs. 3 S. 2 WpHG unverzüglich nachgeholt werden muss, vgl. *Assmann*, in: Assmann/Schneider, WpHG, 6. Aufl. 2012, § 15 Rdn. 130; *Zimmer/Kruse*, in: Schwark/Zimmer, Kapitalmarktrechts-Kommentar, 4. Aufl. 2010, § 15 WpHG Rdn. 75.

gegenüber der Gesellschaft dazu verpflichtet, auf der Basis einer umfassenden Informationsgrundlage zu entscheiden[601]. Um seine eigenen Haftungsrisiken minimieren zu können, nimmt der Vorstand einer Aktiengesellschaft die Expertise von Rechtsberatern in Anspruch[602].

Um im Fall der Haftung des Unternehmens gegebenenfalls Regress bei den rechtlichen Beratern nehmen zu können und um die persönliche Haftung von Vorstandsmitgliedern auszuschließen[603], wird zukünftig verstärkter Bedarf nach rechtlicher Beratung bestehen. Zwar ist dies auch bisher schon der Fall, der Beratungsbedarf und damit die Kosten werden sich aber künftig noch erhöhen.

5. Zusammenfassung

Aus vorstehenden Erwägungen wird ersichtlich, dass die überwiegenden Auswirkungen der Anknüpfung an Zwischenschritte organisatorischer Art sind. Das tendenziell frühere Entstehen von Zwischenschritten führt nicht zwingend zu mehr Selbstbefreiungen oder Ad-hoc-Mitteilungen. Diese Effekte sind jedoch insbesondere im Hinblick auf die Zunahme von Selbstbefreiungen denkbar. Viel weitreichender hingegen ist die zunehmende Pflicht, alle Entscheidungsvorgänge zu dokumentieren und bereits getroffene Entscheidungen immer wieder auf den Prüfstand zu stellen. Dies geht einher mit der Notwendigkeit, in noch stärkerem Umfang auf Rechtsberater zurückzugreifen. Aus diesen Umständen ergeben sich daher auch nicht zu unterschätzende Folgekosten.

---

601 Dies ergibt sich aus § 93 Abs. 1 S. 1 AktG, da sich ein Vorstand nur dann von einer Pflichtverletzung befreien kann, wenn er auf Basis angemessener Informationen gehandelt hat, vgl. *Fleischer*, in: Spindler/Stilz, Aktiengesetz, 2. Aufl. 2010, § 93 Rdn. 73 ff.

602 Vgl. *Fleischer*, in Spindler/Stilz, Aktiengesetz, 2. Aufl. 2010, § 93 Rdn. 35; *Buck-Heeb*, BB 2013, 2247, 2255.

603 Das Vorstandsmitglied trifft trotz fehlerhafter Beratung kein Verschulden, wenn es die Aufklärung durch die Rechtsberater als sachgerecht und ausreichend ansehen durfte, vgl. *Hölters*, in: Hölters, Aktiengesetz, 2. Aufl. 2014, § 93 Rdn. 249. Zur Haftung von Vorstandsmitgliedern bei unklarer Rechtslage vgl. ausführlich *Buck-Heeb*, BB 2013, 2247 ff.

G. Selbstbefreiung der Gesellschaft gemäß § 15 Abs. 3 WpHG

Ein wesentlicher Schutzmechanismus der Emittenten von Wertpapieren gegen die rechtlich grundsätzlich notwendige, aber strategisch voreilige Veröffentlichung von Informationen besteht in der Möglichkeit, sich rechtzeitig von der Ad-hoc-Veröffentlichungspflicht zu befreien. Dabei gibt es jedoch einige Streitfragen, insbesondere auch im Zusammenhang mit dem Umgang mit Zwischenschritten, die es näher zu erörtern gilt.

I. Inanspruchnahme der Selbstbefreiung

Ein wesentlicher Streitpunkt ist die Frage, ob die Selbstbefreiungsmöglichkeit aktiv durch einen Beschluss des Emittenten in Anspruch genommen werden muss oder ob die Selbstbefreiung bei Vorliegen der Voraussetzungen kraft Gesetzes eintritt. Bedeutung erlangt diese Frage insbesondere dann, wenn ein Emittent die Möglichkeit der Selbstbefreiung nicht bedacht oder die Entstehung einer Insider-Information falsch eingeschätzt hat. Dies hat in besonders hohem Ausmaß Bedeutung bei der Ad-hoc-Veröffentlichungspflicht von Zwischenschritten, da diese oftmals nicht erkannt werden oder eine Überprüfung der ad-hoc-rechtlichen Publizität bzw. der Befreiung von der Veröffentlichung unterlassen wird. In diesem Fall ist es aufgrund der Bußgeldandrohung und möglicher Schadensersatzansprüche[604] von besonderer Bedeutung, ob dem Emittenten bei einer unterlassenen Prüfung der Inanspruchnahme der Befreiungsmöglichkeit gegebenenfalls mit einer Befreiung kraft Gesetzes geholfen werden kann.

1. Gesetzlicher Rahmen

Die Selbstbefreiungsmöglichkeit ist in § 15 Abs. 3 WpHG geregelt und setzt die europarechtlichen Vorgaben des Art. 6 Abs. 2 S. 1 der Marktmissbrauchsrichtlinie RL 2003/6/EG um.

Gemäß § 15 Abs. 3 S. 1 WpHG ist ein Emittent solange von der Veröffentlichungspflicht befreit, wie es der Schutz seiner berechtigten Interessen erfordert, keine Irreführung der Öffentlichkeit zu befürchten ist und der Emittent die Vertraulichkeit der Information gewährleisten kann. Allerdings müssen gemäß § 15 Abs. 3 S. 4 WpHG die Gründe für die Befreiung zusammen mit der Vorabinformation nach § 15 Abs. 4 S. 1 WpHG[605] bei der späteren Veröffentlichung der Ad-hoc-Mitteilung mitgeteilt werden.

604 Vgl. hierzu die Ausführungen unter B.III.

605 Die Ad-hoc-Mitteilung ist vorab der BaFin sowie der Geschäftsführung der organisierten Märkte, an denen die Finanzinstrumente gehandelt werden, zu übermitteln.

Dabei ist auch der Zeitpunkt der Entscheidung über den Aufschub der Veröffentlichung anzugeben. Diese Meldepflicht wird durch § 8 Abs. 3 WpAIV konkretisiert, wonach die Mitteilung zusätzlich die späteren Termine, an denen der Fortbestand der Entscheidungsgründe überprüft wurde, den Zeitpunkt der Entscheidung über die nunmehrige Veröffentlichung der Ad-hoc-Mitteilung sowie persönliche Angaben zu den an der Befreiungsentscheidung beteiligten Personen enthalten muss.

2. Befreiung kraft Gesetzes

Eine sehr verbreitete Meinung in Literatur und Rechtsprechung geht davon aus, dass die Selbstbefreiung keinen Beschluss des Emittenten voraussetzt, sondern bei Vorliegen der Voraussetzungen automatisch eintritt[606].

a) Wortlaut des § 15 Abs. 3 S. 1 WpHG

Als wichtigstes Argument wird hierfür § 15 Abs. 3 S. 1 WpHG selbst angeführt. Nach dem Wortlaut *„ist"* der Emittent unter den aufgezählten Voraussetzungen von der Veröffentlichungspflicht befreit. Die Vorschrift deute daher nicht auf die Notwendigkeit einer Befreiungsentscheidung des Emittenten, sondern auf eine automatische Befreiung hin[607]. Eine anderweitige Auslegung lasse sich nicht mit dem Wortlaut des § 15 Abs. 3 S. 1 WpHG vereinbaren und verstoße somit gegen das Analogieverbot des Art. 103 Abs. 2 GG[608]. Gleiches gelte für die Ansicht, das Entscheidungserfordernis aus § 15 Abs. 3 S. 4 WpHG abzuleiten[609]. Das Gesetz sehe gerade keine „Abwägungsmöglichkeit" des Emittenten vor, hinsichtlich derer er über das Bestehen der Selbstbefreiungsmöglichkeiten befinden könnte[610].

---

606 *Hopt*, in: Schimansky/Bunte/Lwowski, Bankrechts-Handbuch, Band II, 4. Aufl. 2011, § 107 Rz. 96; *Zimmer*, in: FS Schwark, S. 669, 671; *Assmann*, in: Assmann/ Schneider, WpHG, 6. Aufl. 2012, § 15 Rdn. 165a ff.; *Wehowsky*, in: Erbs/Kohlhaas, Strafrechtliche Nebengesetze, 197. Ergänzungslieferung 2014, § 15 WpHG Rdn. 11; *Zimmer/Kruse*, in: Schwark/Zimmer, Kapitalmarktrechts-Kommentar, 4. Aufl. 2010, § 15 WpHG Rdn. 54; *Kuthe*, ZIP 2004, 883, 885; *Nietsch*, BB 2005, 785, 786; *Hellgardt*, CMLR 2013, 861, 869 f.; *Veith*, NZG 2005, 254; *Bachmann*, ZHR 172 (2008), 597, 610 FN. 65; *Ihrig*, Gesellschaftsrecht in der Diskussion 2012, VGR-Jahrestagung, S. 113, 129.

607 Vgl. *Ihrig/Kranz*, BB 2013, 451, 452; *Wehowsky*, in: Erbs/Kohlhaas, Strafrechtliche Nebengesetze, 197. Ergänzungslieferung 2014, § 15 WpHG Rdn. 11; *Hopt*, in: Schimansky/Bunte/Lwowski, Bankrechts-Handbuch, Band II, 4. Aufl. 2011, § 107 Rz. 96; *Klöhn*, in: Köln Komm WpHG, 2. Aufl. 2014, § 15 Rdn. 315.

608 *Ihrig/Kranz*, BB 2013, 451, 453; *Zimmer/Kruse*, in: Schwark/Zimmer, Kapitalmarktrechts-Kommentar, 4. Aufl. 2010, § 15 WpHG Rdn. 54.

609 *Zimmer/Kruse*, in: Schwark/Zimmer, Kapitalmarktrechts-Kommentar, 4. Aufl. 2010, § 15 WpHG Rdn. 54.

610 *Versteegen*, in: Köln Komm WpHG, 1. Aufl. 2007, § 15 Rdn. 168.

b) Schutzzweck der Befreiung

Zudem sei es für den Schutzzweck irrelevant, ob der Emittent die Befreiungsmöglichkeit erkannt hat oder nicht. Schließlich könne auch bei Vorliegen der objektiven Voraussetzungen des § 15 Abs. 3 WpHG mangels Veröffentlichungspflicht ohnehin keine gesetzlich missbilligte Fehlinformation des Marktes eintreten, unabhängig davon ob dies dem Emittent bewusst war oder nicht[611]. Ferner spiele die Entscheidung des Emittenten auch keine Rolle mehr, wenn die ursprüngliche Insider-Information weggefallen ist oder durch eine andere Information ersetzt worden ist, da dann die ursprüngliche Insider-Information nicht mehr veröffentlicht wird[612]. Auch aus Gründen der Verhältnismäßigkeit müsse bei Vorliegen der Befreiungsvoraussetzungen selbst ohne entsprechendes Bewusstsein des Emittenten die Befreiung zuerkannt werden[613]. Darüber hinaus sei es auch im Hinblick auf die Erfüllung der in § 7 WpAIV normierten Geheimhaltungsvoraussetzungen irrelevant, ob der Emittent eine Entscheidung über die Befreiung getroffen hat oder nicht[614]. Eine Beschlussfassung verschärfe zwar das Bewusstsein für die Sicherstellung der Geheimhaltung, die Vertraulichkeit hänge jedoch von einer solchen Entscheidung nicht ab[615].

3. Befreiung durch Entscheidung des Emittenten

Demgegenüber vertritt die wohl überwiegende Ansicht in der Literatur den Standpunkt, dass die Inanspruchnahme der Selbstbefreiungsmöglichkeit des § 15 Abs. 3 WpHG eine bewusste Entscheidung des Emittenten in Form eines Beschlusses voraussetzt[616].

a) Grammatikalische und richtlinienkonforme Auslegung

Zwar sei einzugestehen, dass der Wortlaut des § 15 Abs. 3 S. 1 WpHG tendenziell eine automatische Befreiung anordnet. Jedoch sei in diesem Zusammenhang § 15

---

611 *Ihrig/Kranz*, BB 2013, 451, 454.
612 *Assmann*, in: Assmann/Schneider, WpHG, 6. Aufl. 2012, § 15 Rdn. 165e.
613 *Zimmer/Kruse*, in: Schwark/Zimmer, Kapitalmarktrechts-Kommentar, 4. Aufl. 2010, § 15 WpHG Rdn. 54.
614 *Assmann*, in: Assmann/Schneider, WpHG, 6. Aufl. 2012, § 15 Rdn. 165 f.
615 *Assmann*, in:Assmann/Schneider, WpHG, 6. Aufl. 2012, § 15 Rdn. 165 f.
616 Vgl. *Pfüller*, in: Fuchs, WpHG, 2009, § 15 Rdn. 345 ff.; *Geibel/Schäfer*, in: Schäfer/Hamann, Kapitalmarktgesetze, Band 1, 2. Aufl., Stand 06/2007, § 15 WpHG Rdn. 127 ff.; *Schröder*, S. 166 f.; *Klöckner*, S. 277; *Erfinger/Teigelack*, in: Hopt/Veil/Kämmerer, Kapitalmarktgesetzgebung im Europäischen Binnenmarkt, S. 76; *Groß*, in: FS Schneider, S. 385, 387 ff.; *Krämer/Teigelack*, AG 2012, 20, 23; *Schneider/Gilfrich*, BB 2007, 53, 54 f.; *Widder*, BB 2009, 967, 969 f.; *Pattberg/Bredol*, NZG 2013, 87; *Harbarth*, ZIP 2005, 1898, 1906; *Claussen/Florian*, AG 2005, 745, 757; tendenziell auch *Parmentier*, NZG 2007, 407, 415 („da der Emittent (...) über den Aufschub entscheidet").

Abs. 3 S. 4 WpHG zu beachten, wonach der Emittent den *„Zeitpunkt der Entscheidung über den Aufschub der Veröffentlichung“* mitzuteilen hat. Dies spreche für die Notwendigkeit einer Befreiungsentscheidung[617]. In dieses Schema passe auch die Konkretisierung des § 8 Abs. 5 Nr. 2 lit. b) WpAIV, wonach die Personen genannt werden müssen, die *„an der Entscheidung beteiligt“* waren[618].

Zu berücksichtigen sei auch der europarechtliche Hintergrund der Selbstbefreiungsmöglichkeit. Art. 6 Abs. 2 S. 1 RL 2003/6/EG sieht vor, dass der Emittent die Veröffentlichung *„aufschieben darf“*. Dieses *„Aufschieben“* impliziere die Notwendigkeit eines aktiven Handelns, welches auf einer entsprechenden Entscheidung des Emittenten beruhe[619]. Da der deutsche Gesetzgeber sich nicht in Widerspruch zu europarechtlichen Vorgaben setzen haben wolle, sei auch § 15 Abs. 3 S. 1 WpHG in diesem Sinne richtlinienkonform zu interpretieren[620]. Verstärkt werde dies durch Art. 6 Abs. 2 S. 2 RL 2003/6/EG, wonach die Pflicht zur Unterrichtung der Aufsichtsbehörde über die *„Entscheidung“* zur Befreiung eingeführt werden kann. Letztlich sei es dabei auch egal, dass Deutschland diese Ermächtigung nicht in Anspruch genommen hat[621]. Jedenfalls sei dadurch erkennbar, dass die Richtlinie auf die Notwendigkeit einer Befreiungsentscheidung angelegt ist, wobei dieses Prinzip auch in den anderen Sprachfassungen der Richtlinie zum Ausdruck komme[622].

b) Teleologische Auslegung

Auch aus teleologischen Gründen wird die Notwendigkeit einer Befreiungsentscheidung bejaht. Teils wird darauf hingewiesen, dass es mit dem Charakter der Insiderverbote als abstrakte Gefährdungsdelikte nicht vereinbar wäre, einem Emittenten die Befreiungswirkung zuzusprechen, wenn er die Voraussetzungen nicht geprüft oder erkannt hat und dadurch die „Gefahr“ des Delikts nicht erkannt habe[623]. Im Übrigen wird darauf abgestellt, dass die Selbstbefreiung durch die damit verbundenen Dokumentationspflichten für Emittenten auch Nachteile mit sich bringen könne, weshalb den Emittenten eine Wahlmöglichkeit über die Inanspruchnahme der Selbstbefreiung zu gewähren sei[624].

---

617 Vgl. *Widder*, DB 2008, 1480, 1481; *Mennicke*, NZG 2009, 1059, 1061.

618 Vgl. *Widder/Bedkowski*, BKR 2007, 405, 408; *Mennicke*, NZG 2009, 1059, 1061.

619 *Koch*, in: Veil, Europäisches Kapitalmarktrecht, 2. Aufl. 2014, § 19 Rdn. 109, S. 415; a.A. *Hellgardt*, CMLR 2013, 861, 869 f.

620 Vgl. *Pattberg/Bredol*, NZG 2013, 87; *Groß*, in: FS Schneider, S. 385, 388; *Pfüller*, in: Fuchs, WpHG, 2009, § 15 Rdn. 345.

621 *Schröder*, S. 167.

622 Vgl. hierzu *Widder*, BB 2009, 967, 969 f.; *Pattberg/Bredol*, NZG 2013, 87. Auch in der englischen Sprachfassung heißt es in Art. 6 Abs. 2 RL 2003/6/EG *„decision“*, ebenso die französische Sprachfassung, die von *„décision“* spricht.

623 *Widder*, DB 2008, 1480, 1481.

624 Vgl. zu diesem Aspekt *Schneider*, BB 2005, 897, 900.

c) Historische Auslegung

Die Regelung des § 15 Abs. 3 WpHG lasse sich zudem historisch in diesem Sinne auslegen. Unter der Vorgängerregelung musste stets ein vorheriger Befreiungsantrag bei der BaFin gestellt werden[625]. Mit der Neuregelung bezweckte der Gesetzgeber, den Emittenten „mehr Eigenverantwortlichkeit bei der Entscheidung" zu übertragen[626]. Wenn die Befreiungswirkung auch ohne Entscheidung eintreten würde, so wäre eine Eigenverantwortlichkeit nicht gegeben[627]. Zudem hätte der Gesetzgeber den Verzicht auf eine Entscheidung aufgrund der konzeptionellen Umgestaltung deutlicher in die Gesetzesbegründung einarbeiten müssen[628]. Bei der Neufassung des § 15 Abs. 3 S. 1 WpHG handele es sich damit lediglich um die Betonung einer Zuständigkeitsverschiebung für die Frage der Entscheidung, nicht aber die Abschaffung dieses Erfordernisses[629].

4. Verwaltungspraxis der BaFin

Von großer Bedeutung für die Handhabung in der Praxis ist der Standpunkt, den die Verwaltung in dieser Frage einnimmt. Dies liegt daran, dass Emittenten ihr Handeln maßgeblich an den Hinweisen der BaFin ausrichten. Ferner ist die BaFin durch ihre Sanktionsmöglichkeiten die wichtigste Kontrollinstanz. Die BaFin geht in dem von ihr herausgegebenen Emittentenleitfaden davon aus, dass die Befreiung aktiv durch einen Beschluss in Anspruch genommen werden muss[630].

5. Unklare Vorgaben der Rechtsprechung

Eine klare Positionierung in der obergerichtlichen Rechtsprechung hat bisher nur das OLG Stuttgart bezogen[631]. Nach dessen Ansicht erfordert der Schutzzweck des § 15 Abs. 3 WpHG keine bewusste Entscheidung des Emittenten, da auch ohne Selbstbefreiungsbeschluss das Bestreben des Gesetzes nach Kapitalmarkteffizienz und Verhinderung von Insiderhandel nicht in stärkerem Ausmaß tangiert werde[632]. Gleiches gelte für den bezweckten Individualschutz, da die Preisbildung bereits durch die Nichtveröffentlichung einer Information berührt sei, nicht hingegen von dem Verzicht auf eine förmliche Beschlussfassung beeinträchtigt werde[633].

625 *Widder*, BB 2009, 967, 969.
626 Vgl. RegE AnSVG, BT-Drucks. 15/3174, S. 35.
627 Vgl. hierzu auch *Schneider/Gilfrich*, BB 2007, 53, 55.
628 Vgl. *Widder*, BB 2009, 967, 969; *Schneider/Gilfrich*, BB 2007, 53, 54 f.
629 *Widder*, BB 2009, 967, 970.
630 Emittentenleitfaden BaFin, Stand 28. April 2009, Ziffer IV.3, S. 65.
631 OLG Stuttgart, Beschluss vom 22.04.2009 = NZG 2009, 624, 635 f.
632 OLG Stuttgart, Beschluss vom 22.04.2009 = NZG 2009, 624, 635.
633 OLG Stuttgart, Beschluss vom 22.04.2009 = NZG 2009, 624, 636.

Das OLG Frankfurt am Main hat sich in einer Bußgeldentscheidung hierzu widersprüchlich geäußert[634]. Es bezeichnet einerseits den Befreiungstatbestand als *„Legalausnahme"*, geht jedoch gleichzeitig von einem Ermessen der Emittenten aus, wenn diese über die Aufschiebung *„entscheiden"*[635].

Der BGH hat sich einer Entscheidung in dieser Frage bisher enthalten[636]. Gleichzeitig wurde jedoch darauf spekuliert, dass der BGH das Geltl-Verfahren mangels Entscheidungserheblichkeit nicht an den EuGH hätte vorlegen müssen, wenn die Befreiung schon kraft Gesetzes eingetreten wäre[637].

6. Stellungnahme

Anhand der vorstehend aufgeführten Argumente wird deutlich, dass die besseren Argumente dafür sprechen, dass die Inanspruchnahme der Befreiungswirkung des § 15 Abs. 3 S. 1 WpHG eine bewusste Entscheidung des Emittenten voraussetzt, die dieser in einem Beschluss zu treffen hat. Der auf eine Befreiungswirkung kraft Gesetzes hindeutende Wortlaut des § 15 Abs. 3 S. 1 WpHG ist im Kontext mit den weiteren Gesetzesbestimmungen zu lesen, die für die Notwendigkeit einer Entscheidung sprechen. Zudem gebietet es die richtlinienkonforme Auslegung des § 15 Abs. 3 S. 1 WpHG, dass eine Befreiungsentscheidung vorausgesetzt wird. Der unklare Wortlaut des § 15 Abs. 3 S. 1 WpHG lässt sich aus den historischen Gegebenheiten erklären. Um den Verzicht auf den noch von der Vorgängerregelung statuierten Befreiungsantrag bei der BaFin deutlich zu machen, wurde mit der unglücklichen Formulierung der Neuregelung zwar die Verlagerung der Entscheidungskompetenz in den Vordergrund gestellt, das Beschlusserfordernis dadurch aber nicht aufgegeben.

Für die hier unter besonderer Beobachtung stehende Ad-hoc-Publizität von Zwischenschritten ist dieses Ergebnis jedoch misslich. Häufig kann es vorkommen, dass der Emittent das Entstehen einer Insider-Information gar nicht bemerkt hat[638]. Folglich kommt er auch seiner Publizitätspflicht nicht nach. Auch wenn objektiv Gründe vorliegen, die eine Aufschiebung der Veröffentlichung rechtfertigen würden, können diese dem Emittenten nicht helfen, da er über die Selbstbefreiung nicht

634 Vgl. hierzu *Zimmer/Kruse*, in: Schwark/Zimmer, Kapitalmarktrechts-Kommentar, 4. Aufl. 2010, § 15 WpHG Rn. 54 FN. 183.

635 OLG Frankfurt, Beschluss vom 12.02.2009 = ZIP 2009, 563, 564.

636 Der BGH hat in seinem Beschluss vom 23.04.2009, Rz. 33 = NZG 2013, 708, 713 die Frage bewusst offen gelassen, weil es hierauf nicht ankomme, wenn der Schaden bei rechtmäßigem Alternativverhalten entfallen wäre.

637 Vgl. *Widder*, GWR 2011, 1, 3.

638 Dies scheint nur zum Teil das Problem in dem Geltl-Verfahren gewesen zu sein. Die Unkenntnis einer entstandenen Insider-Information wäre zum Zeitpunkt des ersten Gesprächs zwischen Herrn Schrempp und Herrn Kopper denkbar. Zum Zeitpunkt der Vorbereitung der Aufsichtsratssitzung war die Entstehung einer Insider-Information aber absehbar; das Problem lag dann vielmehr in dem Vergessen des Herbeiführens einer Selbstbefreiung.

aktiv entschieden hat. Der Emittent kann sich daher nicht darauf verlassen, dass „notfalls" eine fälschlicherweise nicht veröffentlichte Insider-Information durch eine automatische Befreiungswirkung aufgefangen wird.

II. Zuständigkeit für die Entscheidung über die Selbstbefreiung

Nachdem nunmehr klar geworden ist, dass die Inanspruchnahme der Selbstbefreiung eine bewusste Entscheidung des Emittenten voraussetzt, gilt es der Folgefrage nachzugehen, wer für diese Entscheidung zuständig ist. Dabei ist zum einen zu überprüfen, ob ein einzelnes Organ originär zuständig ist oder ob die Kompetenz verschiedenen Organen zufallen kann. Zum anderen muss geklärt werden, ob das zuständige Organ seine Entscheidung an ein bestimmtes Organmitglied oder an andere nachgelagerte Stellen im Unternehmen delegieren kann.

1. Hinweise im Emittentenleitfaden

Ausgangspunkt der nachfolgenden Überlegungen ist der für die Praxis wichtige Standpunkt der BaFin. Diese geht in ihrem Emittentenleitfaden davon aus, dass zur Selbstbefreiung *„ein Beschluss des geschäftsführenden Organs"* herbeizuführen ist, an dem *„mindestens ein ordentliches Vorstandsmitglied mitzuwirken"* hat[639]. Daraus lässt sich schließen, dass die BaFin von einer originären Zuständigkeit des Vorstands ausgeht. Die Mitwirkung *„mindestens"* eines Vorstandsmitglieds lässt sich dahingehend interpretieren, dass eine Zuweisung an ein Gremium (beispielsweise einen Ausschuss) zulässig ist, sofern mindestens ein Vorstandsmitglied diesem Gremium angehört[640]. Unklar bleibt dabei aber, ob dieses Gremium auch die Kompetenz zur Beschlussfassung oder nur eine beratende Funktion hat, wobei die Forderung der BaFin nach einem *„Beschluss des geschäftsführenden Organs"* eher für letzteres spricht[641].

Ob auch andere Organe zur Selbstbefreiung befugt sein können, geht aus dem Emittentenleitfaden nicht hervor. Die Anknüpfung an die erforderliche Mitwirkung eines Vorstandsmitglieds spricht jedoch tendenziell dagegen.

2. Anerkennung der Delegationsmöglichkeit in der Literatur

Die starre Vorgabe der BaFin, dass in jedem Fall ein Vorstandsmitglied mitzuwirken hat, stößt in der Literatur auf Kritik. Die BaFin kann mit ihrem Emittentenleitfaden, welcher norminterpretierende Verwaltungsvorschriften darstellt, auf die nach Gesetz, Satzung oder Geschäftsordnung bestehende gesellschaftsinterne Kompetenzverteilung

---

639 Emittentenleitfaden BaFin, Stand 28. April 2009, Ziffer IV.3, S. 65.
640 *Ihrig/Kranz*, BB 2013, 451, 455.
641 Vgl. *Ihrig/Kranz*, BB 2013, 451, 455.

keinen Einfluss nehmen[642]. Entscheidend sei daher allein die Frage, ob eine Delegation nach den allgemeinen Grundsätzen statthaft sei[643].

a) Vereinbarkeit mit den Grenzen einer Delegation

Eine Delegation sei grundsätzlich zulässig, sofern nicht die Bedeutung des Sachverhalts eine Entscheidung durch den Vorstand selbst gebiete[644], es sich um eine originäre Leitungsaufgabe[645] handele oder die Delegation gesetzlich verboten sei[646]. Die Entscheidung über die Inanspruchnahme der Selbstbefreiung unterfalle aber nicht diesen Fallgruppen. Insbesondere handele es sich um keine originäre Führungs- oder Leitungsaufgabe[647]. Aus dem Kapitalmarktrecht lasse sich auch nicht ein gesetzliches Delegationsverbot herleiten[648]. Ferner wird darauf verwiesen, dass sich § 15 Abs. 3 WpHG nicht zu einer notwendigen Beteiligung des Vorstands äußere[649]. Die herrschende Meinung geht daher davon aus, dass die Kompetenz zur Inanspruchnahme der Selbstbefreiung delegierbar ist[650].

b) Entscheidungskompetenz des Delegationsempfängers

Kontrovers diskutiert wird die Folgefrage, ob der Delegationsempfänger, also die Stelle, an die die Erörterung der Inanspruchnahme der Selbstbefreiung delegiert

---

642 Vgl. *Mennicke*, NZG 2009, 1059, 1062; *Pattberg/Bredol*, NZG 2013, 87, 88.

643 *Mennicke*, NZG 2009, 1059, 1062.

644 *Widder*, BB 2009, 967, 972; *Mennicke*, NZG 2009, 1059, 1062; *Kocher/Schneider*, ZIP 2013, 1607, 1610; *Widder/Schneider*, ZIP 2013, 1607, 1609 nennen hierfür das Beispiel, dass die Information die Existenz des Unternehmens betreffe, etwa bei Bekanntwerden erheblicher Finanzierungsschwierigkeiten.

645 Vgl. zum Umfang der nicht übertragbaren Geschäfte *Fleischer*, in: Spindler/Stilz, Aktiengesetz, 2. Aufl. 2010, § 76 Rdn. 15 ff. sowie *Spindler*, in: Münch Komm AktG, 4. Aufl. 2014, § 77 Rdn. 61 f. Zu den Leitungsaufgaben gehören beispielsweise die Unternehmensplanung und -kontrolle.

646 Vgl. *Schneider/Gilfrich*, BB 2007, 53, 55. Zu den gesetzlichen Verboten einer Delegation gehören nach *Schneider/Gilfrich* beispielsweise die Unterzeichnung des Jahresabschlusses nach § 245 HGB oder die Abgabe steuerlicher Erklärungen gemäß § 14a S. 3 GewStG i.V.m. § 34 Abs. 1 S. 1 AO.

647 Vgl. hierzu ausführlich *Ihrig/Kranz*, BB 2013, 451, 455; *Pattberg/Bredol*, NZG 2013, 87, 88.

648 Vgl. *Kocher/Schneider*, ZIP 2013, 1607, 1609.

649 Vgl. *Schröder*, S. 168.

650 *Schneider*, BB 2005, 897, 900; *Bedkowski*, BB 2009, 394, 399; *Pattberg/Bredol*, NZG 2013, 87, 88; *Groß*, in: FS Schneider, S. 385, 392; *Widder*, BB 2009, 697, 972; *Schneider/Gilfrich*, BB 2007, 53, 55; *Mennicke*, NZG 2009, 1069, 1062; *Ihrig/Kranz*, BB 2013, 451, 456; *Krause/Brellochs*, AG 2013, 309, 315 f; *Ihrig*, Gesellschaftsrecht in der Diskussion 2012, VGR-Jahrestagung, S. 113, 129; *Kocher/Schneider*, ZIP 2013, 1607, 1610; a.A. *Krämer/Heinrich*, ZIP 2009, 1737, 1741, nach denen der Vorstand aufgrund der Bedeutung und der verhältnismäßig geringen Anzahl von Ad-hoc-Mitteilungen innerhalb eines Geschäftsjahres selbst entscheiden muss.

wurde[651], eine eigenständige Entscheidung treffen kann oder ob ihr nur eine beratende Funktion zukommen darf. Ein Teil der Literatur geht insofern davon aus, dass an dem Gremium zwingend ein Vorstandsmitglied beteiligt sein müsse, es andernfalls nur eine Beratungsfunktion ausüben und nicht selbst entscheiden dürfe[652]. Die überwiegenden Stimmen in der Literatur hingegen billigen der nachgeordneten Stelle eine eigene Entscheidungskompetenz zu, auch wenn kein Vorstandsmitglied dem Gremium angehören sollte[653]. Es spreche nichts dagegen, die Entscheidung an eine nachgeordnete Stelle mit Entscheidungskompetenz zu delegieren, da der Vorstand ohnehin eine Überwachungspflicht und deshalb ein funktionierendes Berichtswesen zu installieren habe[654]. Er dürfe jedoch die Gesamtverantwortung nicht aus der Hand geben[655].

3. Originäre Zuständigkeit anderer Organe

Ferner stellt sich die Frage, ob die Kompetenz zur Selbstbefreiung (ebenso wie die Kompetenz zur Veröffentlichung einer Ad-hoc-Mitteilung) auch anderen Organen der Gesellschaft außer dem Vorstand zukommen kann. Dies ist im Zusammenhang mit Zwischenschritten durchaus von Bedeutung, da es sich dabei um gestreckte Geschehensverläufe oder komplexe Sachverhalte handelt[656]. Hierbei ist es denkbar, dass Insider-Informationen bei anderen Stellen im Unternehmen entstehen, beispielsweise im Aufsichtsrat bei Personalentscheidungen über ein Vorstandsmitglied. In diesem Fall hat das Vorstandsmitglied möglicherweise noch gar keine Kenntnis von dem Entstehen der Insider-Information. Am Beispiel des Aufsichtsrats werden hierzu verschiedene Positionen vertreten[657].

---

651 Beispielsweise an die Abteilungen Corporate Finance, Compliance, Investor Relations oder die Rechtsabteilung oder an neu gebildete Gremien wie Disclosure Committees.

652 *Bedkowski*, BB 2009, 394, 399; *Nikoleyczik*, GWR 2009, 264, 265; für bloße Prüfung und Vorbereitung des Beschlusses auch *Wendel*, CCZ 2008, 41, 47 f.

653 *Pattberg/Bredol*, NZG 2013, 87, 88; *Widder*, BB 2009, 697, 972; *Schneider/Gilfrich*, BB 2007, 53, 55; *Schneider*, BB 2005, 897, 900; *Mennicke*, NZG 2009, 1069, 1062; *Ihrig/Kranz*, BB 2013, 451, 456; *Krause/Brellochs*, AG 2013, 309, 315 f; *Kocher/Schneider*, ZIP 2013, 1607, 1610; *Ihrig*, Gesellschaftsrecht in der Diskussion 2012, VGR-Jahrestagung, S. 113, 131.

654 Vgl. *Ihrig/Kranz*, BB 2013, 451, 456; *Krause/Brellochs*, AG 2013, 309, 315 f; *Kocher/Schneider*, ZIP 2013, 1607, 1610.

655 *Frowein*, in: Habersack/Mülbert/Schlitt, Handbuch der Kapitalmarktinformation, 2. Aufl. 2013, § 10 Rdn. 75.

656 Vgl. zur Einordnung dieser Begriffe die Ausführungen unter C.I.

657 Ähnliche Grundsätze werden zur Kompetenz eines „Besonderen Vertreters“ gemäß § 147 AktG vertreten, vgl. *Kocher/Schneider*, ZIP 2013, 1607, 1611 f. Dessen Zuständigkeit ist im Zusammenhang mit Zwischenschritten allerdings von untergeordneter Bedeutung und wird daher nicht vertieft erörtert.

a) Keine Kompetenz des Aufsichtsrats

Nach einer Ansicht sei der Aufsichtsrat nie zur Entscheidung über die Selbstbefreiung berufen[658], auch nicht in Angelegenheiten, in denen er gesetzlicher Vertreter des Emittenten ist[659]. Eine nähere Begründung für diese Meinung findet sich jedoch nicht. Sie vermag auch nicht zu überzeugen, da es eine praktische Notwendigkeit für eine Zuständigkeit des Aufsichtsrats geben kann[660].

b) Annexkompetenz bei Zuständigkeit des Aufsichtsrats

Demgegenüber wird in der Literatur auch vertreten, dass dem Aufsichtsrat eine Annexkompetenz für die Selbstbefreiung zustehen solle, wenn die Insider-Information in seinen Verantwortungsbereich falle[661]. Hierfür wird § 111 Abs. 4 S. 1 AktG, wonach Maßnahmen der Geschäftsführung nicht dem Aufsichtsrat übertragen werden können, teleologisch reduziert[662].

c) Kompetenz nur bei Informationsvorsprung

Eine weitere Ansicht kommt zu dem Ergebnis, dass eine originäre Zuständigkeit des Aufsichtsrats hingegen nur dann bestehe, wenn der Vorstand im Gegensatz zum Aufsichtsrat keine Kenntnis von einer entstandenen Insider-Information habe[663]. Begründet wird dies damit, dass eine Zuständigkeitsverschiebung nur bei einem Informationsvorsprung des Aufsichtsrats gerechtfertigt sei, der nicht durch

---

658 Vgl. OLG Stuttgart, Beschluss vom 22.04.2009, Rz. 82 = NZG 2009, 624, 627 mit Verweis auf *Lutter*, Information und Vertraulichkeit im Aufsichtsrat, 3. Aufl. 2006, Rn. 401, 591, 655. Dieser Verweis auf *Lutter* ist jedoch widersprüchlich. Während nach Rn. 401 „nur" der Vorstand zur Veröffentlichung berufen ist, richtet sich die Kompetenz gemäß Rn. 655 nach dem aktienrechtlichen Organisationsgefüge. Dabei stellt *Lutter* zwar ausdrücklich auf § 76 AktG ab. Dies schließt jedoch nicht aus, dass der Aufsichtsrat berufen sein könnte, wenn die Insider-Information in seinen Kompetenzbereich fällt.

659 Vgl. *Assmann*, in: Assmann/Schneider, WpHG, 6. Aufl. 2012, § 15 Rdn. 50 zur Parallelkonstellation der Zuständigkeit für die Veröffentlichung der Insider-Information. Auf die Konstellation der Selbstbefreiung geht Assmann nicht ein, da nach seiner Ansicht § 15 Abs. 3 WpHG eine Legalausnahme darstellt (vgl. FN. 606).

660 Vgl. *Kocher/Schneider*, ZIP 2013, 1607, 1611. Zudem könnte keine Selbstbefreiung beschlossen werden, wenn die entstandene Insider-Information aus Geheimhaltungsgründen vor dem Vorstand verborgen bleiben muss.

661 Vgl. *Ihrig*, Gesellschaftsrecht in der Diskussion 2012, VGR-Jahrestagung, S. 113, 131; *Ihrig/Kranz*, BB 2013, 451, 456; für beispielsweise Personalmaßnahmen gegenüber Vorstandsmitgliedern vgl. auch *Pfüller*, in: Fuchs, WpHG, 2009, § 15 Rdn. 225.

662 *Ihrig/Kranz*, BB 2013, 451, 456.

663 Vgl. *Kocher/Schneider*, ZIP 2013, 1607, 1611; auf die Unkenntnis abstellend auch *Groß*, in: FS Schneider, S. 385, 392.

eine Weitergabe der Information an den Vorstand ausgeglichen werden könne[664]. Dies sei zum Beispiel bei Personalmaßnahmen gegenüber dem Vorstand[665] oder Personalentscheidungen im Aufsichtsrat selbst der Fall[666]. Ansonsten verbleibe es bei der grundsätzlichen aktienrechtlichen Kompetenzverteilung, nach welcher der Vorstand zur Erfüllung der kapitalmarktrechtlichen Informationspflichten zuständig ist[667].

4. Stellungnahme

Bei der Frage nach der Delegierbarkeit der Selbstbefreiungsentscheidung sind die verschiedenen Delegationsebenen zu unterscheiden.

a) Zulässigkeit der horizontalen Delegation

Unproblematisch ist die horizontale Delegation, also die Konzentration der Verantwortung bei einem Mitglied eines mit mehreren Personen besetzten Vorstands einer Aktiengesellschaft. Insoweit obliegt es jeder Gesellschaft selbst, die Kompetenzen ihrer Vorstandsmitglieder in der Geschäftsordnung abzugrenzen und einem Vorstand die alleinige Kompetenz für den Selbstbefreiungsbeschluss zuzuweisen[668]. Die übrigen Vorstandsmitglieder werden dadurch aber nicht von ihrer generell im Fall der Geschäftsverteilung obliegenden Pflicht zur Kontrolle und Überwachung[669] des zuständigen Vorstandsmitglieds entbunden[670]. Da nach Ansicht der BaFin „*mindestens*“ ein Vorstandsmitglied an der Entscheidung beteiligt sein muss, kann daraus geschlossen werden, dass nicht der Gesamtvorstand befasst werden muss, sondern eine horizontale Delegation auf ein Vorstandsmitglied zulässig ist. Dem dürfte auch nicht entgegenstehen, dass die BaFin einen Beschluss des geschäftsführenden „*Organs*“ fordert[671]. Zwar stellt die Befassung nur eines Vorstandsmitglieds eine Einzelentscheidung dar. Das Vorstandsmitglied ist aber ein Organmitglied und entscheidet über die Selbstbefreiung im Namen des Vorstands als Gesamtorgan[672].

---

664 *Kocher/Schneider*, ZIP 2013, 1607, 1611.

665 Die besondere Vertraulichkeit betonend und deshalb die Weitergabe an ein anderes Gremium untersagend *Pfüller*, in: Fuchs, WpHG, 2009, § 15 Rz. 225 FN. 401.

666 Als Beispiel hierfür verweisen *Kocher/Schneider*, ZIP 2013, 1607, 1611 auf den kursrelevanten Rücktritt von Herrn Cromme als Aufsichtsratsvorsitzender der ThyssenKrupp AG.

667 Vgl. *Kocher/Schneider*, ZIP 2013, 1607, 1611.

668 Zur Möglichkeit der Geschäftsverteilung in mehrköpfigen Vorstandsgremien vgl. *Spindler*, in: Münch Komm AktG, 4. Aufl. 2014, § 77 Rdn. 37 ff.

669 Vgl. hierzu *Fleischer*, in: Spindler/Stilz, Aktiengesetz, 2. Aufl. 2010, § 76 Rdn. 49.

670 *Kocher/Schneider*, ZIP 2013, 1607, 1608.

671 Bedenken erheben insoweit jedoch *Burg/Marx*, AG 2009, 487, 491.

672 Vgl. *Spindler*, in: Münch Komm AktG, 4. Aufl. 2014, § 77 Rdn. 55.

b) Anerkennung der vertikalen Delegation

Neben der horizontalen Delegation ist entgegen den Andeutungen der BaFin auch die vertikale Delegation zuzulassen. Ein gesetzliches Delegationsverbot besteht im Kapitalmarktrecht nicht[673]. Die Selbstbefreiungsentscheidung ist aber auch keine zwingend dem Vorstand vorbehaltene Leitungsaufgabe, die eine Delegation ausschließen würde. Insofern sind die von der BaFin im Emittentenleitfaden enthaltenen Andeutungen nicht konsequent. Wie bereits ausgeführt kann dem Emittentenleitfaden die Zulässigkeit einer horizontalen Delegation entnommen werden[674]. Aus dem Prinzip der Gesamtleitung folgt, dass der Vorstand die ihm zugewiesene Unternehmensleitung nicht auf einzelne Mitglieder delegieren kann[675]. Wenn die vertikale Delegation an nachgeordnete Stellen mit dem Hinweis auf angebliche Leitungsaufgaben des Vorstands verweigert werden würde, dann wäre ebenso eine horizontale Delegation unzulässig. Daraus lässt sich schließen, dass einer vertikalen Delegation das Argument einer angeblichen Leitungsaufgabe des Vorstands nicht entgegensteht.

Gegen eine zwingende Kompetenzzuweisung an den Vorstand spricht auch die Überlegung, dass dieser nicht zwingend Kenntnis von der Information hat, wenn beispielsweise die Insider-Information im Aufsichtsrat entsteht. In diesem Fall ist der Aufsichtsrat zur Selbstbefreiung befugt, da man dem Emittenten aufgrund der Unkenntnis des Vorstands nicht die Selbstbefreiungsmöglichkeit mangels Kenntnis des Vorstands versagen darf[676]. Wenn aber ohnehin andere Organe zuständig sein können, dann spricht nichts dagegen, die Aufgaben an andere Stellen im Unternehmen mit Kenntnis des Vorstands zu delegieren.

Im Übrigen besteht für die Delegation auch ein praktisches Bedürfnis. Der Aufwand der Emittenten bei der ad-hoc-rechtlichen Beurteilung von Zwischenschritten ist umfangreich. So bedarf es einer stetigen Überprüfung der Eintrittswahrscheinlichkeit künftiger Zwischenschritte sowie einer Einschätzung der Kursrelevanz bereits eingetretener oder auch künftiger Ereignisse[677]. Ferner ist laufend zu überprüfen, ob die Voraussetzungen für eine Selbstbefreiung vorliegen oder ob die Voraussetzungen für eine bereits getroffene Selbstbefreiungsentscheidung noch gegeben sind[678]. Auch aus diesen praktischen Erwägungen heraus ist die Delegation zuzulassen.

c) Eigene Entscheidungskompetenz des Delegationsempfängers

Da somit eine Delegation an nachgeordnete Stellen zulässig ist, stellt sich die Folgefrage, ob diesem Gremium die Entscheidungskompetenz überlassen werden darf.

---

673 Siehe bereits G.II.2.

674 Dies ergibt sich daraus, dass nach Ansicht der BaFin die Befassung eines Vorstandsmitglieds ausreicht, vgl. Emittentenleitfaden BaFin, Stand 28. April 2009, Ziffer IV.3, S. 65.

675 Vgl. *Koch*, in: Hüffer, Aktiengesetz, 11. Aufl. 2014, § 77 Rdn. 18.

676 Vgl. zu diesem Aspekt *Groß*, in: FS Schneider, S. 385, 392.

677 Vgl. hierzu F.II.3.

678 Vgl. hierzu die Ausführungen sogleich unter G.III.

Mit der überwiegenden Ansicht in der Literatur ist dies als zulässig zu erachten. Es spricht nichts dagegen, die Kompetenz zu verlagern, da dem Vorstand ohnehin eine Überwachungsaufgabe verbleibt und er sich mittels des Berichtswesens stets informieren lassen kann und muss. Da die meisten Unternehmensinformationen stets beim Vorstand zusammenlaufen, bedarf es ohnehin eines intensiven Austausches mit der nachgelagerten Stelle, damit diese die Entscheidung treffen kann. Ferner kann der Vorstand immer die Entscheidungskompetenz zurückholen und selbst eine Entscheidung über die Selbstbefreiung oder Veröffentlichung treffen[679], da er stets das Letztentscheidungsrecht haben muss[680].

d) *Abgabe der Veröffentlichung durch den Aufsichtsrat nur bei nicht ausgleichbarem Informationsvorsprung*

Möglicherweise bildet sich eine Insider-Information jedoch innerhalb des Aufsichtsrats. In diesem Fall ist dieser zur Selbstbefreiung berufen. Dabei ist allerdings der Literaturmeinung beizutreten, die eine Aufsichtsratskompetenz nur bei einem nicht ausgleichbaren Informationsvorsprung des Aufsichtsrats zulässt. Dies greift in möglichst geringem Ausmaß in das bestehende aktienrechtliche Kompetenzgefüge[681] ein. Den Vorstand grundsätzlich außen vor zu lassen, wenn der Aufsichtsrat eine Kompetenz innehat, würde demgegenüber unverhältnismäßig in dieses Kompetenzgefüge eingreifen[682].

III. Häufigkeit der Selbstbefreiung in einem gestreckten Geschehensverlauf

Besonders relevant im Hinblick auf die Selbstbefreiung des Emittenten von der Ad-hoc-Publizitätspflicht bei gestreckten Geschehensverläufen ist die Frage, wie oft sich ein Emittent selbstbefreien muss. Denkbar wäre beispielsweise, dass er sich bei jedem neu eingetretenen Zwischenschritt erneut befreien muss, aber auch, dass eine einzige Selbstbefreiung den gesamten Geschehensverlauf abdeckt.

Hierbei ist zu beachten, dass der Emittent nach einer einmal getroffenen Selbstbefreiungsentscheidung gemäß § 8 Abs. 5 Nr. 2 lit. a) WpAIV verpflichtet ist, die Befreiungsvoraussetzungen kontinuierlich zu überprüfen[683]. Ergibt diese Prüfung beim Eintreten weiterer Zwischenschritte keine Veranlassung zu einer Veröffentlichung,

679 *Müller*, NZA-Beilage 2014, 30, 36.
680 *Fleischer*, Handbuch des Vorstandsrechts, 2006, § 8 Rdn. 27.
681 Zum aktienrechtlichen Kompetenzgefüge zwischen Vorstand und Aufsichtsrat vgl. *Koch*, in: Hüffer, Aktiengesetz, 11. Aufl. 2014, § 76 Rdn. 5.
682 Dies gilt umso mehr, als dass die Informationen eines Unternehmens beim Vorstand zusammenlaufen, so dass dieser grundsätzlich in der Lage ist, das Entstehen und die weitere Entwicklung einer Insider-Information überblicken zu können.
683 Vgl. *Ihrig/Kranz*, BB 2013, 451, 457.

so gibt der Emittent konkludent zu verstehen, dass er an seiner Selbstbefreiung festhält[684]. Die einmal getroffene Entscheidung erfasst daher auch später eintretende Zwischenschritte, soweit diese als Fortentwicklung desselben Sachverhalts anzusehen sind[685]. Der Notwendigkeit einer erneuten Beschlussfassung steht ferner entgegen, dass sich die jeweiligen Zwischenschritte, auf die sich die getrennten Beschlüsse beziehen müssten, oftmals nicht klar voneinander abgrenzen lassen[686].

Der Beschluss zur Selbstbefreiung enthält daher bei mehrstufigen Entscheidungsprozessen konkludent den weiteren Beschluss, bis zur letzten Entscheidung von der Selbstbefreiung Gebrauch zu machen[687].

IV. Möglichkeit der vorsorglichen Befreiung

Eng mit der Häufigkeit der Selbstbefreiungsentscheidung verbunden ist die Frage, ob ein solcher Beschluss bereits vorsorglich in einem frühen Stadium des mehrstufigen Entscheidungsprozesses getroffen werden kann[688]. Dies ist insbesondere von Relevanz, wenn der Emittent die Kursrelevanz eines Zwischenschritts oder die Eintrittswahrscheinlichkeit eines künftigen Ereignisses nicht eindeutig abschätzen kann.

1. Ablehnung der vorsorglichen Selbstbefreiung

Eine Ansicht in der Literatur lehnt die Möglichkeit der vorsorglichen Selbstbefreiung ab[689]. Zum einen sei eine vorsorgliche Selbstbefreiung systemwidrig[690], da § 15 Abs. 3 WpHG das Bestehen einer Ad-hoc-Informationspflicht nach § 15 Abs. 1 S. 1 WpHG denknotwendig voraussetze[691]. § 15 Abs. 3 WpHG sei aus diesem Grund mangels planwidriger Regelungslücke auch nicht analog anwendbar[692]. Zum anderen müsse die BaFin vor einer Überflutung mit einer Vielzahl unnötiger Mitteilungen nach § 15 Abs. 3 S. 4 WpHG geschützt werden[693]. Ferner sei der Emittent nicht

---

684 *Buck-Heeb*, LMK 2013, 348684; *Herfs*, DB 2013, 1650, 1655; *Ihrig/Kranz*, BB 2013, 451, 457.

685 *Ihrig/Kranz*, BB 2013, 451, 457 f.

686 *Herfs*, DB 2013, 1650, 1655.

687 *Schneider*, BB 2005, 897, 900.

688 Die vorsorgliche Befreiung ist von den nach einhelliger Ansicht unzulässigen „Vorratsbeschlüssen" zu unterscheiden, bei denen ohne Bezug zu einer konkreten Information eine Befreiung für eine Vielzahl unterschiedlicher Fälle vorformuliert wird, vgl. *Ihrig/Kranz*, BB 2013, 451, 456 m.w.N.

689 *Schröder*, S. 203 f.; *Gunßer*, S. 87 f.; *ders.* NZG 2008, 855, 856; *Versteegen*, in: Köln Komm WpHG, 1. Aufl. 2007, § 15 Rdn. 149.

690 Vgl. *Gunßer*, NZG 2008, 855, 856, FN. 7; auf die systematische Abgrenzung zwischen der Insider-Information auf der ersten Stufe und den Selbstbefreiungsvoraussetzungen auf der zweiten Stufe abstellend auch *Fleischer*, NZG 2007, 401, 404.

691 *Gunßer*, S. 87.

692 *Schröder*, S. 203 f.

693 *Gunßer*, S. 87.

schutzwürdig, da er sich auf die Grundsätze des rechtmäßigen Alternativverhaltens berufen könne[694].

2. Anerkennung der vorsorglichen Befreiungsmöglichkeit

Die überwiegende Meinung in der Literatur tritt dem jedoch entgegen[695]. Eine Überflutung der BaFin mit Mitteilungen nach § 15 Abs. 3 S. 4 WpHG sei nicht zu befürchten. Die Selbstbefreiung werde nicht isoliert gemeldet, sondern nur im Zusammenhang mit der späteren Ad-hoc-Veröffentlichung[696]. Wenn die Insider-Information sich auflöst, werde die BaFin gar nicht informiert[697]. Wenn die Ad-hoc-Mitteilung letztlich veröffentlicht wird, dann sei es für den Informationsumfang bei der BaFin egal, ob die Selbstbefreiung vorsorglich oder aber erst zu dem Zeitpunkt beschlossen wurde, in dem tatsächlich die Voraussetzungen für eine Insider-Information, vor deren Veröffentlichung sich man befreien hätte können, eingetreten sind[698]. Eine zusätzliche Mitteilung an die BaFin wäre nur dann denkbar, wenn die Insider-Information in dem Moment entsteht, in dem die Ad-hoc-Mitteilung veröffentlicht wird[699]. Nur dann wäre der vorsorgliche Selbstbefreiungsbeschluss überflüssig gewesen, da ansonsten in der Zeit zwischen dem Entstehen der Insider-Information und der Veröffentlichung gerade kein Befreiungsbeschluss mehr gefasst worden wäre[700]. Dabei handelt es sich jedoch um einen Ausnahmefall[701].

Auch systematische Erwägungen stünden einer vorsorglichen Selbstbefreiung nicht entgegen. Wenn bereits eine Insider-Information besteht sei es unschädlich, wenn die Selbstbefreiung nur als „vorsorgliche" Befreiung beschlossen wird. Die vorsorgliche Befreiung habe in einem solchen Fall die gleiche Wirkung wie eine „richtige" Befreiung[702]. An der Zulässigkeit der vorsorglichen Befreiung ändere sich auch dann nichts, wenn die Selbstbefreiung zu früh, also vor Entstehen der Insider-Information beschlossen wird. Wie bereits ausgeführt[703], ist der Emittent ohnehin zur ständigen Überprüfung seiner Selbstbefreiungsentscheidung verpflichtet und

694 *Gunßer*, S. 87 f.

695 Vgl. *Widder*, DB 2008, 1480, 1483; *Buck-Heeb*, LMK 2013, 348684; *Frowein*, in: Habersack/Mülbert/Schlitt, Handbuch Kapitalmarktinformation, 2. Aufl. 2013, § 10 Rdn. 122; *Ihrig/Kranz*, BB 2013, 451, 457; *Kocher/Widder*, NZI 2010, 925, 928; *Ihrig*, Gesellschaftsrecht in der Diskussion 2012, VGR-Jahrestagung, S. 113, 132.

696 Vgl. *Ihrig*, Gesellschaftsrecht in der Diskussion 2012, VGR-Jahrestagung, S. 113, 132.

697 *Ihrig/Kranz*, BB 2013, 451, 457.

698 *Widder*, DB 2008, 1480, 1483.

699 Vgl. *Widder*, DB 2008, 1480, 1483.

700 Dies folgt daraus, dass eine Selbstbefreiung mangels relevanter Zeitspanne nicht möglich gewesen wäre, wenn sofort nach Entstehen der Insider-Information diese veröffentlicht wird.

701 So auch *Widder*, DB 2008, 1480, 1483.

702 *Ihrig/Kranz*, BB 2013, 451, 457.

703 Vgl. Abschnitt G.III.

muss daher nicht bei jedem weiteren Zwischenschritt erneut über die Selbstbefreiung entscheiden. Daher sei es irrelevant, ob die ursprüngliche Selbstbefreiung nur „vorsorglich" war, da auch diese kontinuierlich überprüft werden müsse[704]. Treten weitere Zwischenschritte ein, die zur Entstehung einer Insider-Information führen, stelle sich die Aufrechterhaltung der „vorsorglichen" Selbstbefreiung als eine konkludente Bestätigung der Befreiungsvoraussetzungen und damit als eine „richtige" Selbstbefreiung dar[705].

Schließlich sei der Emittent auch schutzwürdig. Ihm sei es nicht zuzumuten, sich den Haftungsrisiken der §§ 37b, 39 WpHG auszusetzen und sich auf ein rechtmäßiges Alternativverhalten berufen zu müssen[706]. Letztlich sprächen auch Praktikabilitätserwägungen für eine Zulässigkeit der vorsorglichen Selbstbefreiung, da sich der Entstehungszeitpunkt der Insider-Information insbesondere bei sich entwickelnden Sachverhalten nicht klar bestimmen lässt[707]. Dementsprechend werde die vorsorgliche Selbstbefreiung auch von der BaFin toleriert[708].

3. Stellungnahme

Die besseren Argumente sprechen für die Zulässigkeit einer vorsorglichen Selbstbefreiung. Insbesondere ist zu berücksichtigen, dass sich auf dem Gebiet mehrstufiger Geschehensabläufe der Zeitpunkt des Entstehens einer Insider-Information nicht eindeutig ermitteln lässt. Die Einschätzung der Konkretheit eines (zukünftigen) Ereignisses sowie der Kursrelevanz implizieren einen zu großen Spielraum, der es nicht zulässt, den Emittenten diese Unsicherheitsfaktoren aufzubürden. Der Einwand des rechtmäßigen Alternativverhaltens sollte in diesen Fällen nur eine Notlösung sein. Vorteilhafter wäre bereits ein rechtmäßiges Verhalten an sich, welches der Emittent mit einer vorsorglichen Selbstbefreiung leichter erreichen kann. Ferner greift der Einwand des rechtmäßigen Alternativverhaltens ohnehin nur bei § 37b WpHG, nicht hingegen für den Bußgeldtatbestand des § 39 Abs. 2 Nr. 5 lit. a) WpHG[709]. Aufgrund der Notwendigkeit der Dokumentation der Entscheidung besteht auch nicht die Gefahr, dass die vorsorgliche Selbstbefreiung missbräuchlich angewendet wird, da der BaFin die Gründe für den Beschluss gemäß § 8 Abs. 5 Nr. 1 WpAIV mitgeteilt werden müssen.

V. Umfang der nachträglichen Bekanntgabe

Abschließend ist auf das Problem der Behandlung von Zwischenschritten einzugehen, nachdem die Voraussetzungen für eine Selbstbefreiung entfallen sind oder das

704 *Ihrig/Kranz*, BB 2013, 451, 457; *Herfs*, DB 2013, 1650, 1655.
705 *Herfs*, DB 2013, 1650, 1655.
706 *Ihrig/Kranz*, BB 2013, 451, 458; *Ihrig*, Gesellschaftsrecht in der Diskussion 2012, VGR-Jahrestagung, S. 113, 133.
707 *Kocher/Widder*, NZI 2010, 925, 928.
708 Vgl. *Ihrig/Kranz*, BB 2013, 451, 456; *Kocher/Widder*, NZI 2010, 925, 928.
709 Vgl. *Mennicke*, ZBB 2013, 244, 251; *Brellochs*, ZIP 2013, 1165, 1173.

Endereignis eingetreten ist. Dabei stellt sich einerseits die Frage, ob in der nun zu veröffentlichenden Ad-hoc-Mitteilung der aktuelle Stand der Insider-Information oder die Information zum Befreiungszeitpunkt zu nennen ist. Sofern die aktuelle Lage mitgeteilt wird, stellt sich die Folgefrage, ob bei der Veröffentlichung der Ad-hoc-Mitteilung die in der Zeitspanne seit der Selbstbefreiungsentscheidung eingetretenen Zwischenschritte ebenfalls aufgeführt werden müssen.

1. Aktualisierung der Insider-Information bei Veröffentlichung

Im Zusammenhang mit mehrstufigen Geschehensabläufen verändert sich in dem Zeitraum zwischen dem Selbstbefreiungsbeschluss und dem späteren Eintritt eines zu veröffentlichenden Zwischenschritts oder des Endereignisses die Insider-Information erheblich. Manche Stimmen in der Literatur fordern jedoch in einem solchen Fall, dass die Insider-Information mit dem Stand veröffentlicht werden muss, den sie zum Zeitpunkt der Selbstbefreiungsentscheidung innehatte[710].

Demgegenüber vertritt die herrschende Meinung zu Recht, dass bei der Ad-hoc-Mitteilung die Insider-Information mit ihrem gegenwärtigen Stand zu veröffentlichen ist[711]. Dies überzeugt, da die Veröffentlichung einer mit der Wirklichkeit nicht mehr übereinstimmenden Information irreführend wäre[712]. Für den Anleger ist bei sich fortentwickelnden Sachverhalten lediglich der aktuelle Sachstand zur Beurteilung des Marktes erheblich[713]. Der alte Sachverhalt spielt nur noch bei der Mitteilung an die BaFin gemäß § 15 Abs. 3 S. 4 WpHG zur Darlegung der Gründe für die Selbstbefreiung eine Rolle[714].

Diesem Ansatz folgt auch die Handhabung der BaFin in ihrem Emittentenleitfaden, wonach nach Ablauf des Befreiungszeitraums die Insider-Information in ihrer zum Veröffentlichungszeitpunkt aktuellen Fassung zu veröffentlichen ist[715]. Dementsprechend ist im Rahmen der Mitteilung nach § 8 WpAIV hinsichtlich der Angabe

710 Vgl. *Spindler*, NJW 2004, 3449, 3452; *Holzborn/Israel*, WM 2004, 1948, 1952, wonach grundsätzlich auf den ursprünglichen Sachverhalt bei Nachholung der Ad-hoc-Veröffentlichung abgestellt werden muss, sofern eine Insider-Information nicht öffentlich bekannt wurde; sich nicht festlegend *Kuthe*, ZIP 2004, 883, 886.

711 Vgl. *Zimmer/Kruse*, in: Schwark/Zimmer, Kapitalmarktrechts-Kommentar, 4. Aufl. 2010, § 15 WpHG Rdn. 76; *Assmann*, in: Assmann/Schneider, WpHG, 6. Aufl. 2012, § 15 Rdn. 172; *Merkner/Sustmann*, NZG 2005, 729, 738; *Schneider*, BB 2005, 897, 901; *Hopt*, in: Schimansky/Bunte/Lwowski, Bankrechts-Handbuch, Band II, 4. Aufl. 2011, § 107 Rdn. 107; *Schröder*, S. 175; *Veith*, NZG 2005, 254, 258.

712 *Assmann*, in: Assmann/Schneider, WpHG, 6. Aufl. 2012, § 15 Rdn. 172; *Simon*, Der Konzern 2005, 13, 22.

713 *Veith*, NZG 2005, 254, 258; *Klöhn*, in: Köln Komm WpHG, 2. Aufl. 2014, § 15 Rdn. 325 m.w.N.

714 *Merkner/Sustmann*, NZG 2005, 729, 738.

715 Emittentenleitfaden BaFin, Stand 28. April 2009, Ziffer IV.3, S. 65.

des Eintrittsdatums der Information auf den Zeitpunkt der geänderten Umstände abzustellen, wenn sich diese im Laufe des Befreiungszeitraums verändert haben[716].

Sofern sich demgegenüber nach einer einmal bekannt gegebenen Insider-Information neue Informationen ergeben, stellt sich die Frage, ob die bereits veröffentlichte Ad-hoc-Mitteilung aktualisiert werden muss. Dies ist unstreitig dann der Fall, wenn die neue Information für sich betrachtet die Anforderungen an eine Insider-Information erfüllt[717].

2. Auflistung der eingetretenen Zwischenschritte

Nachdem bei der Ad-hoc-Mitteilung die Insider-Information in ihrer aktuellen Form zu veröffentlichen ist, stellt sich die Folgefrage, ob in dieser Mitteilung die bereits eingetretenen vorherigen Zwischenschritte ab der Selbstbefreiungsentscheidung zusätzlich genannt werden müssen. Wie soeben ausgeführt[718], ist für den Anleger nur die aktuelle Insider-Information für seine weitere Anlageentscheidung von Interesse. Dies gilt umso mehr, als dass es sich bei den hier maßgeblichen gestreckten Geschehensverläufen um Fortentwicklungen eines einheitlichen Sachverhalts handelt. Zumeist leitet sich die Kursrelevanz der vorherigen Zwischenschritte ohnehin aus der Kursrelevanz des Endereignisses ab. Dem Zwischenschritt an sich kommt nur selten Kursrelevanz zu[719]. Ein Interesse an der Bekanntgabe dieser früheren Ereignisse ist daher neben dem veröffentlichten Endereignis nicht anzuerkennen. Daher reicht es aus, in der Ad-hoc-Mitteilung lediglich das Endereignis zu nennen und nicht auf die früher eingetretenen Zwischenschritte einzugehen[720].

VI. Fazit

Die Möglichkeit, sich bei mehrstufigen Geschehensverläufen von der zumeist aus verhandlungstaktischer Sicht zu frühen Veröffentlichung bereits eingetretener Zwischenschritte zu schützen, besteht in der Selbstbefreiung gemäß § 15 Abs. 3 S. 1 WpHG. Der Emittent kann sich dabei jedoch nicht darauf verlassen, dass deren Tatbestandsmerkmale vorliegen würden. Vielmehr muss er diese Möglichkeit aktiv in Anspruch nehmen. Dies setzt jedoch voraus, dass der Emittent den Eintritt des Zwischenschritts erkennt, dessen Konkretheit abschätzt sowie die Kursrelevanz des Zwischenschritts bestimmt bzw. die Wahrscheinlichkeit des Eintritts des Endereignisses, aus dem sich die Kursrelevanz des Zwischenschritts ableitet.

Die Entscheidung über die Inanspruchnahme der Selbstbefreiung kann der Vorstand nach zutreffender Ansicht auf ein anderes Organ übertragen. Dies entbindet den Vorstand jedoch nicht von einer Kontroll- und Überwachungspflicht. Durch die

716 Emittentenleitfaden BaFin, Stand 28. April 2009, Ziffer IV.3, S. 69.
717 Vgl. *Assmann*, in: Assmann/Schneider, WpHG, 6. Aufl. 2012, § 15 Rdn. 183 m.w.N.
718 Siehe Abschnitt G.V.1.
719 Vgl. hierzu die Ausführungen unter E.II.4.
720 So auch *Heider/Hirte*, GWR 2012, 429, 431.

Delegation an ein anderes Organ können auch der erforderliche Aufwand der laufenden Überprüfung der Befreiungsvoraussetzungen sowie die Prüfung des Eintritts der Voraussetzungen für die Notwendigkeit der Abgabe einer Ad-hoc-Mitteilung besser koordiniert werden.

Eine einmal getroffene Selbstbefreiungsentscheidung muss nicht erneuert werden, wenn die laufende Überprüfung ergibt, dass die Voraussetzungen weiter gegeben sind. Die Selbstbefreiung kann aufgrund der Schwierigkeiten bei der Bestimmung des Eintritts einer Insider-Information auch vorsorglich abgegeben werden.

Bei der Veröffentlichung der Ad-hoc-Mitteilung nach Wegfall der Befreiungsvoraussetzungen ist stets nur der aktuelle Stand wiederzugeben. Die zuvor eingetretenen Zwischenschritte brauchen in der Veröffentlichung nicht aufgeführt zu werden.

H. Ausblick auf die Marktmissbrauchsverordnung

Die gesetzlichen Vorschriften, in denen die Ad-hoc-Publizität geregelt ist, erfahren in naher Zukunft eine grundlegende Änderung. Das bisherige Prinzip aus europarechtlicher Richtlinienvorgabe und anschließender einzelstaatlicher Umsetzung wird aufgegeben. Stattdessen setzt der europäische Gesetzgeber künftig auf eine unmittelbare und verbindliche Regelung im Wege einer Verordnung gemäß Art. 288 Abs. 2 AEUV[721].

I. Gesetzgebungsverfahren

Anlass für die Schaffung der Marktmissbrauchsverordnung war die Feststellung der Europäischen Kommission, dass bei der Umsetzung- und Anwendung der Marktmissbrauchsrichtlinie Defizite bestanden[722]. Zudem sollte das Marktmissbrauchsrecht der weiteren Entwicklung an den Kapitalmärkten angepasst werden[723]. Aus diesem Grunde hat die Kommission am 20. Oktober 2011 einen Entwurf zur Überarbeitung des Marktmissbrauchsrechts vorgelegt[724], welcher am 25. Juli 2012 geringfügig geändert wurde[725].

Der Ausschuss des Europäischen Parlaments für Wirtschaft und Währung hat am 22. Oktober 2012 seinen Bericht vorgelegt, in welchem er zum Vorschlag der Kommission Stellung bezogen und umfangreiche Änderungen eingearbeitet hat[726]. Auch der Europäische Rat hat am 5. Dezember 2012 eine Einigung zu nach seiner Ansicht erforderlichen Änderungen zum Kommissionsentwurf erzielt und eine „Allgemeine Ausrichtung" bekannt gegeben[727].

721 Zum Wesen einer Verordnung vgl. *Ruffert*, in: Callies/Ruffert, EUV/AEUV, 4. Aufl. 2011, Art. 288 AEUV Rdn. 16 ff.; *Nettesheim*, in: Grabitz/Hilf/Nettesheim, Das Recht der Europäischen Union, 51. Ergänzungslieferung 2013, Art. 288 AEUV, Rdn. 89 ff.

722 Begründung des Vorschlags der EU-Kommission zum Entwurf der Marktmissbrauchsverordnung, KOM(2011), 651 endg., S. 3.

723 Begründung des Vorschlags der EU-Kommission zum Entwurf der Marktmissbrauchsverordnung, KOM(2011), 651 endg., S. 3; Lücken wurden insbesondere hinsichtlich neuer Märkte, Plattformen, OTC-Instrumenten, Warenmärkten und Warenderivaten erkannt.

724 Entwurf der EU-Kommission, KOM(2011), 651 endg.

725 Entwurf der EU-Kommission, KOM(2012), 421 endg.

726 Bericht des Ausschusses des Europäischen Parlaments für Wirtschaft und Währung, A7-0347/2012.

727 Allgemein Ausrichtung, Ratsdok. 17380/12.

Die verschiedenen Entwürfe von Kommission, Parlament und Rat wurden anschließend im sogenannten Trilog-Verfahren[728] diskutiert. Im Juli 2013 wurde zwischen den Beteiligten eine politische Einigung erzielt[729]. Dieser Kompromissvorschlag wurde vom Europäischen Parlament in erster Lesung am 10. September 2013 angenommen[730]. Am 12. Juni 2014 wurde die Marktmissbrauchsverordnung im Amtsblatt der EU veröffentlicht[731].

Es obliegt nunmehr der Europäischen Wertpapier- und Marktaufsichtsbehörde ESMA, technische Standards zu den Verbotstatbeständen und den Veröffentlichungspflichten auszuarbeiten[732]. Sodann müssen diese Standards von der Kommission bestätigt werden[733]. Da diese Standards im Wege des Beschlusses oder der Verordnung ergehen, erlangen sie unmittelbare Geltung ohne die Notwendigkeit eines nationalen Transformationsaktes[734]. Bereits am 23. Oktober 2013 hat die Kommission der ESMA das Mandat zur Entwicklung dieser Standards erteilt.

Die Verordnung trat am 2. Juli 2014 in Kraft. Wesentliche Abschnitte, darunter die Vorschriften über die Ad-hoc-Publizität, gelten jedoch erst nach Ablauf einer Übergangsfrist von 24 Monaten ab 3. Juli 2016, vgl. Art. 39 Abs. 2 MMVO.

Mit der Neuordnung des Marktmissbrauchsrechts ist auch eine Vereinheitlichung der strafrechtlichen Sanktionsmöglichkeiten angestrebt. Mangels Gesetzgebungskompetenz der Kommission für strafrechtliche Verordnungen ist insofern jedoch nur der Erlass einer Richtlinie möglich, die die jeweiligen Einzelstaaten in nationales Recht umsetzen müssen[735]. Die Richtlinie zur Harmonisierung der strafrechtlichen Sanktionen ist die erste Richtlinie, die auf die mit der durch den Lissabon-Vertrag geschaffenen Annexkompetenz des Art. 83 Abs. 2 AEUV gestützt ist[736].

---

728 Der sogenannte Trilog dient dem Interessenausgleich zwischen Parlament, Rat und Kommission und ist in Art. 294 AEUV angelegt, vgl. *Kluth*, in: Callies/Ruffert, EUV/AEUV, 4. Aufl. 2011, Art. 294 AEUV Rdn. 2. Es handelt sich dabei um informelle Vorverhandlungen vor Einberufung des Vermittlungsausschusses, um den Weg für eine Einigung zu ebnen. Vgl. ausführlich zum Trilog-Verfahren und zur Person der Verhandlungsführer der jeweiligen Organe bei den Gesprächen *Krajewski/Rösslein*, in: Grabitz/Hilf/Nettesheim, Das Recht der Europäischen Union, 51. Ergänzungslieferung 2013, Art. 294 AEUV Rdn. 64 ff.

729 Eine Tabelle, die die verschiedenen Entwürfe und Stellungnahmen der Organe jeweils dem Kompromissvorschlag gegenüberstellt findet sich unter Ratsdok. 11384/13.

730 Ratsdok. 12906/13.

731 VO (EG) Nr. 596/2014 des Europäischen Parlaments und des Rates vom 16. April 2014 über Marktmissbrauch (Marktmissbrauchsverordnung) und zur Aufhebung der Richtlinie 2003/6/EG des Europäischen Parlaments und des Rates und der Richtlinien 2003/124/EG, 2003/125/EG und 2004/72/EG der Kommission.

732 *Kiesewetter/Parmentier*, BB 2013, 2371, 2372.

733 *Walla*, BKR 2012, 265, 267.

734 Vgl. *Walla*, BKR 2012, 265, 267.

735 *Parmentier*, BKR 2013, 133, 134.

736 Vgl. ausführlich zur Rechtsgrundlage *Kert*, NZWiSt 2013, 252, 253.

II. Von der Marktmissbrauchsverordnung umfasste Regelungsbereiche

Nach der anfänglichen Bestimmung des Anwendungsbereichs und der Definition der Begrifflichkeiten folgen die wesentlichen materiellen Regelungen in Kapitel 2. In Art. 7 MMVO ist der Begriff der Insider-Information definiert. Dies bildet den Auftakt für die Begriffsbestimmung der Insidergeschäfte und der Marktmanipulation. In Kapitel 3 sind die Offenlegungsvorschriften enthalten, wozu insbesondere die Ad-hoc-Publizitätspflicht in Art. 17 gehört. Damit verbunden ist die Pflicht zur Führung von Insider-Listen sowie die Offenlegung von Directors' Dealings. Zusammenfassend ist daher erkennbar, dass die MMVO umfassend Bestimmungen zum Marktmissbrauch und zur Bekämpfung von Insiderhandel, verbunden mit den in diesem Zuge erforderlichen Veröffentlichungspflichten, zum Inhalt hat.

Abschließend regelt die MMVO die verschiedenen Zuständigkeiten der Behörden, bestimmt verwaltungsrechtliche Maßnahmen und Sanktionen und enthält weitere Durchführungs-, Übergangs- und Schlussbestimmungen.

III. Auswirkungen auf die Ad-hoc-Publizität

Die zu untersuchenden Auswirkungen auf die derzeit geltenden Vorgaben zur Ad-hoc-Publizität stellen sich in zweierlei Hinsicht. Zum einen ersetzt die MMVO als unmittelbar geltendes Recht die bisherigen Richtlinien. Da der Umsetzungsspielraum der Mitgliedsstaaten wegfällt, werden auch wesentliche Teile des WpHG obsolet[737]. Eine zusätzliche, an die MMVO angepasste Regelung im WpHG wäre unzulässig. Dies betrifft aber nur den Aspekt der anwendbaren Rechtsgrundlage. Materielle Auswirkungen sind jedoch nur dann zu erwarten, wenn die Vorgaben der MMVO von den bisherigen im WpHG umgesetzten Regelungen inhaltlich abweichen.

1. Pflicht zur Ad-hoc-Publizität

Die Pflicht zur Veröffentlichung von Insider-Informationen ist in Art. 17 MMVO geregelt. Gemäß Art. 17 Abs. 1 MMVO geben Emittenten von Finanzinstrumenten der Öffentlichkeit Insider-Informationen, die unmittelbar den genannten Emittenten betreffen, so bald wie möglich bekannt.

2. Definition der Insider-Information

Der zentrale Anknüpfungspunkt der Ad-hoc-Publizität, nämlich die Definition einer Insider-Information, findet sich in Art. 7 MMVO wieder. Dabei wird auf eine für alle Konstellationen allgemeingültige Definition verzichtet, sondern es wird der Begriff der Insider-Information für verschiedene Wirtschaftsbereiche

737 Vgl. *Parmentier*, BKR 2013, 133, 134.

unterschiedlich definiert[738]. Die für die Ad-hoc-Publizitätspflicht im üblichen Geschäftsverkehr maßgebliche Definition ist in Art. 7 Abs. 1 lit. a) MMVO enthalten. Demnach ist eine Insider-Information eine nicht öffentlich bekannte präzise Information, die direkt oder indirekt einen oder mehrere Emittenten von Finanzinstrumenten oder ein oder mehrere Finanzinstrumente betreffen und die, wenn sie öffentlich bekannt würden, geeignet wären, den Kurs dieser Finanzinstrumente oder den Kurs damit verbundener derivativer Finanzinstrumente erheblich zu beeinflussen.

a) Wegfall der Kategorie der Insider-Information „light"

Im ursprünglichen Entwurf der Kommission zur Marktmissbrauchsverordnung war in Art. 6 Abs. 1 lit. e) des Entwurfs (numehr Art. 7) eine zusätzliche Kategorie zur Definition einer Insider-Information enthalten. Nicht öffentlich bekannte Informationen, die nicht bereits unter Art. 6 Abs. 1 lit. a) bis d) des Entwurfs fielen, jedoch von einem verständiger Anleger bei seiner Anlageentscheidung als relevant (und somit kursrelevant[739]) eingeschätzt würden, sollten demnach ebenfalls als Insider-Informationen gelten. Infolge dessen verbieten diese „Insider-Information light" genannten[740] Informationen den Insiderhandel. Bei diesen Informationen wurde auf das Kriterium der „Präzision" verzichtet, was zu einer erheblichen Ausweitung des Anwendungsbereichs geführt hätte[741]. Allerdings nahm der ursprüngliche Kommissionsentwurf in Art. 12 Abs. 3 des Entwurfs diese Informationen von der Ad-hoc-Publizitätspflicht ausdrücklich aus[742]. Damit wäre der Gleichlauf zwischen Insiderhandelsverbot und Ad-hoc-Publizität aufgehoben worden[743]. Aufgrund der Unbestimmtheit des Tatbestands wurde dieses Konzept in der Literatur jedoch erheblich kritisiert[744].

---

738 So enthält Art. 7 Abs. 1 lit. b) MMVO eine Definition in Bezug auf Warenderivate, Art. 7 Abs. 1 lit. c) MMVO für Emissionszertifikate und in Art. 7 Abs. 1 lit. d) MMVO ist eine Definition einer Insider-Information für Personen, die mit der Ausführung von Aufträgen in Bezug auf Finanzinstrumente beauftragt sind, geregelt.

739 Vgl. *Veil/Koch*, WM 2011, 2297, 2300.

740 Vgl. *Teigelack*, BB 2012, 1361, 1362; *Koch*, BB 2012, 1365, 1366; kritisch zu dieser Wortschöpfung *Klöhn*, ZIP 2012, 1885, 1894, da die Insider-Information "light" zu einer Erweiterung des Anwendungsbereichs des Insiderhandelsverbots und damit zu einer Verschärfung führt, was dem Begriff "light" nicht entspräche.

741 Vgl. *Teigelack*, BB 2012, 1361, 1363; *Kiesewetter/Parmentier*, BB 2013, 2371, 2372.

742 Vgl. Art. 12 Abs. 3 MMVO-Entwurf Kommission, KOM(2011), 651 endg.

743 *Koch*, BB 2012, 1365, 1366.

744 *Viciano-Gofferje/Cascante*, NZG 2012, 968, 972; *Kiesewetter/Parmentier*, BB 2013, 2371, 2372; eine Verschärfung des Insiderhandelsverbots zwar befürwortend, aber die hinreichende Bestimmtheit bezweifelnd *Veil/Koch*, WM 2011, 2297, 2300 sowie *Merkner/Sustmann*, AG 2012, 315, 321.

Diese neue Kategorie der „Insider-Information light“ war bereits in der Allgemeinen Ausrichtung des Europäischen Rats nicht mehr enthalten[745], jedoch noch Bestandteil der Stellungnahme des Europäischen Parlaments. Erst in der Einigung in den Trilog-Gesprächen wurde Art. 6 Abs. 1 lit. e) aus dem Entwurf endgültig gestrichen. Dennoch soll die Definition der Insider-Information künftig daraufhin überprüft werden, ob sie alle für Marktmissbrauch relevanten Informationen umfasst[746].

b) Merkmal der Präzision einer Information

Im Hinblick auf das Tatbestandsmerkmal der Präzision einer Insider-Information werden geringfügige Unterschiede zur bisherigen Regelung in der Marktmissbrauchsrichtlinie ersichtlich.

aa) Definition der MMVO

Als präzise ist eine Information gemäß Art. 7 Abs. 2 S. 1 MMVO anzusehen, wenn damit eine Reihe von Umständen gemeint ist, die bereits gegeben sind oder bei denen man vernünftigerweise erwarten kann, dass sie in Zukunft gegeben sein werden, oder ein Ereignis, das bereits eingetreten ist oder von dem vernünftigerweise erwartet werden kann, dass es in Zukunft eintreten wird, und diese Information darüber hinaus spezifisch genug sind, um einen Schluss auf die mögliche Auswirkung dieser Reihe von Umständen oder dieses Ereignisses auf die Kurse der Finanzinstrumente zuzulassen.

bb) Unterschied zur bisherigen Regelung

Auffällig ist, dass Art. 7 Abs. 2 S. 1 MMVO nicht mehr auf eine hinreichende Wahrscheinlichkeit bei der Beurteilung des Eintritts eines zukünftigen Ereignisses abstellt, sondern lediglich auf eine „vernünftige Erwartung“. Dies ist jedoch nicht ganz stimmig, wenn man Erwägungsgrund 16 berücksichtigt. In Erwägungsgrund 16 wird darauf abgestellt, ob anhand der relevanten Faktoren eine realistische Wahrscheinlichkeit besteht, dass ein künftiger Umstand eintreten wird. Dies lässt erkennen, dass doch eine Wahrscheinlichkeitsbetrachtung erforderlich sein könnte. Im Ergebnis wird man jedoch davon ausgehen müssen, dass beide Formulierungen miteinander in Einklang zu bringen sind. Sofern man „vernünftigerweise erwarten“ kann, dass ein Ereignis eintritt, wird auch eine realistische Wahrscheinlichkeit bestehen. Die Formulierung in Art. 7 Abs. 2 S. 1 MMVO knüpft lediglich an die Terminologie des Urteils des EuGH an. Somit ist davon auszugehen, dass trotz dieser Neuformulierung inhaltlich keine Änderung damit verbunden ist.

745 Ausführlich zum Rechtsetzungsverfahren und zur Entstehungsgeschichte der Änderungen des Europäischen Rates *Parmentier*, BKR 2013, 133, 135 f.

746 Vgl. Art. 38 lit. b) MMVO.

cc) *Betonung der Eigenständigkeit von Zwischenschritten*

Hinsichtlich zeitlich gestreckter Vorgänge[747] wird in Art. 7 Abs. 2 S. 2 MMVO klargestellt, dass nicht nur der zukünftige Umstand bzw. das zukünftige Ereignis als präzise Information betrachtet werden kann, sondern auch die Zwischenschritte dieses Vorgangs, die mit der Herbeiführung bzw. Hervorbringung des zukünftigen Umstands bzw. Ereignisses verbunden sind.

Bereits Erwägungsgrund 16 betont, dass im Falle eines Vorgangs, der aus mehreren Schritten besteht, sowohl alle einzelnen Schritte wie auch der Gesamtvorgangs als Insider-Informationen gelten können. Ausdrücklich wird dies auch in Art. 7 Abs. 3 MMVO verdeutlicht, wonach ein jeder Zwischenschritt eine Insider-Information darstellt, sofern er die Kriterien des Art. 7 MMVO erfüllt.

Folglich können gemäß Erwägungsgrund 16 Zwischenschritte in einem zeitlich gestreckten Vorgang für sich genommen mehrere Umstände oder ein Ereignis darstellen, die (i) gegeben bzw. eingetreten sind oder (ii) bei denen auf der Grundlage einer Gesamtbewertung der zum relevanten Zeitpunkt vorhandenen Faktoren eine realistische Wahrscheinlichkeit besteht, dass sie entstehen bzw. eintreten[748]. Damit wird verdeutlicht, dass bei der Beurteilung von mehrstufigen Geschehensverläufen keine Sperrwirkung besteht. Im gleichen Erwägungsgrund 16 wird jedoch klargestellt, dass der Umfang der Auswirkungen der Umstände bzw. Ereignisse auf den Kurs der Finanzinstrumente nicht zu berücksichtigen ist. Darin spiegelt sich die Ablehnung der Probability/Magnitude-Formel bei der Einschätzung der Konkretheit eines Zwischenschritts wider. Auf diese Weise ist das Urteil des EuGH im Geltl-Verfahren[749] in die MMVO eingearbeitet worden.

c) *Merkmal der Kursrelevanz*

Das Tatbestandsmerkmal der Kursrelevanz ist in Art. 7 Abs. 4 MMVO näher definiert. Entscheidend ist demnach, ob ein verständiger Anleger die Information wahrscheinlich als Teil der Grundlage seiner Anlageentscheidungen nutzen wird. Damit hat der europäische Gesetzgeber die Formulierung der Durchführungsrichtlinie 2003/124/EG übernommen[750]. Auffällig ist dabei jedoch, dass sich bei dem Verweis in Art. 7 Abs. 4 MMVO auf den Begriff der Insider-Information in Art. 7 Abs. 1 MMVO eine sprachliche Ungenauigkeit eingeschlichen hat. In Art. 7 Abs. 4 MMVO müssten die Informationen den Kurs nur „spürbar“ beeinflussen und nicht „erheblich“. Da jedoch ersichtlich Art. 7 Abs. 1 MMVO zitiert werden sollte und auch sonst in der MMVO nur der Maßstab der „erheblichen“ Kursbeeinflussung verwendet wird, ist

---

747 Diese sind gemäß Art. 7 Abs. 2 S. 2 MMVO Vorgänge, die einen bestimmten Umstand oder ein bestimmtes Ereignis herbeiführen sollen oder hervorbringen.

748 Vgl. MMVO Erwägungsgrund 16.

749 EuGH, Urteil vom 28.06.2012 – *Geltl* = EuZW 2012, 708.

750 Vgl. *Langenbucher*, NZG 2013, 1401, 1403.

davon auszugehen, dass Art. 7 Abs. 4 MMVO zu keiner inhaltlichen Veränderung führt[751]. Somit ist auf eine „erhebliche" Kursänderung abzustellen.

Da die Formulierung der Kursrelevanz in Art. 7 Abs. 4 wortwörtlich mit der bisherigen Regelung des Art. 1 Abs. 2 RL 2003/124/EG übereinstimmt, sind insoweit keine Änderungen zu erwarten.

3. Möglichkeit der Selbstbefreiung

Die Selbstbefreiungsmöglichkeit findet sich in Art. 17 Abs. 4 S. 1 MMVO wieder. Demnach kann ein Emittent von Finanzinstrumenten die Offenlegung der Insider-Information auf eigene Verantwortung aufschieben, sofern die unverzügliche Veröffentlichung geeignet wäre, seine berechtigten Interessen zu beeinträchtigen, die Unterlassung nicht dazu geeignet ist, die Öffentlichkeit irrezuführen und die Geheimhaltung der Information sichergestellt werden kann. Im Hinblick auf die besonders interessanten Fälle zeitlich gestreckter Vorgänge enthält die MMVO in Art. 17 Abs. 3 S. 2 den klarstellenden Zusatz, dass ein Emittent in einem solchen Fall auf eigene Verantwortung die Offenlegung aufschieben kann[752].

In Erwägungsgrund 50 sind nicht abschließend Fallkonstellationen aufgeführt, bei denen berechtigte Interessen eine Aufschiebung der Veröffentlichung ermöglichen. Dazu gehören insbesondere laufende Verhandlungen, wenn das Ergebnis oder der Ablauf dieser Verhandlungen durch die Veröffentlichung wahrscheinlich beeinträchtigt werden würden. Berechtigte Interessen bestehen aber auch dann, wenn eine vom Geschäftsführungsorgan getroffene Entscheidung oder abgeschlossener Vertrag der Zustimmung eines anderen Organs bedarf. Dies trägt den Rechtsordnungen mit dualer Unternehmensverfassung Rechnung. Im Vergleich zu den bisherigen nationalen Vorschriften ist damit keine Änderung verbunden, da bereits § 6 S. 2 Nr. 2 WpAIV eine vergleichbare Bestimmung enthält[753].

Fraglich ist, ob sich aus der MMVO Hinweise auf die bisher umstrittene Frage ergeben, ob die Befreiung von der Veröffentlichungspflicht eine Entscheidung des Emittenten voraussetzt oder kraft Gesetzes eintritt. Dem Wortlaut des Art. 17 Abs. 3 MMVO ist keine Entscheidung des Gesetzgebers zu entnehmen[754]. Erkenntnisse könnten sich jedoch aus Art. 12 Abs. 5 MMVO ableiten lassen. Diese Vorschrift erlaubt den Aufschub der Veröffentlichung gewissen Informationen durch Kredit- oder Finanzinstitute, sofern dies zur Wahrung der Stabilität des Finanzsystems erforderlich ist. Der Emittent hat dabei die zuständige Behörde von der Absicht, die Veröffentlichung

751 Vgl. dazu auch *Langenbucher*, NZG 2013, 1401, 1405, welche diese sprachliche Unklarheit ebenfalls bemerkt und kritisiert.

752 Damit ist jedoch keine abweichende inhaltliche Beurteilung verbunden, vgl. *Kiesewetter/Parmentier*, BB 2013, 2371, 2376.

753 Vgl. *Langenbucher*, NZG 2013, 1401, 1406.

754 Dies verneinend *Langenbucher*, NZG 2013, 1401, 1405. *Langenbucher* geht dabei aber nicht auf die Unterschiede zwischen Art. 12 Abs. 3 und Abs. 4 des damaligen Entwurfs der MMVO ein.

aufzuschieben, in Kenntnis zu setzen, da diese Behörde ihre Zustimmung erteilen muss. Eine Absicht zum Aufschub kann ein Emittent aber nur im Fall einer bewussten Entscheidung haben. Daraus lässt sich folgern, dass eine aktive Entscheidung des Emittenten erforderlich ist. Dies ist auch für den Fall übertragbar, dass der Aufschub unter Art. 17 Abs. 3 MMVO fällt. Zwar ist dort eine Zustimmung der Behörde nicht erforderlich. Es ist jedoch nicht erklärlich, warum nur aufgrund der Zustimmungspflicht die Grundentscheidung zum Aufschub bei Art. 17 Abs. 5 MMVO gegeben sein muss, bei Art. 17 Abs. 4 MMVO hingegen nicht.

Teil 2: Praktische Anwendungsfälle

Nachdem im ersten Teil das Prinzip für die ad-hoc-rechtliche Beurteilung von Zwischenschritten bei gestreckten Geschehensverläufen theoretisch erörtert worden ist, wird dieses im Folgenden anhand praxisrelevanter Fallbeispiele angewandt. Damit soll aufgezeigt werden, in welchen Stadien Emittenten das mögliche Entstehen einer Insider-Information zu bedenken haben. Dies ist erforderlich, damit sie entsprechende Vorkehrungen treffen können, sei es im Wege der Veröffentlichung der Information oder im Wege der Fassung eines Selbstbefreiungsbeschlusses.

I. Anwendung auf M&A-Transaktionen

Ein Prototyp gestreckter Geschehensverläufe sind M&A[755]-Transaktionen. Bei diesen tritt das Endereignis, nämlich der Erwerb bzw. die Veräußerung eines Unternehmens, erst nach Abschluss einer Vielzahl von Einzelschritten ein.

I. Insiderrelevanz von Transaktionen

Der Erwerb von Unternehmen ist oftmals ein in hohem Maße kursbeeinflussender Vorgang. Dies ergibt sich insbesondere daraus, dass bei einer öffentlichen Übernahme meist ein höherer Preis als „Übernahmeprämie" gezahlt wird als der Aktienkurs dies gegenwärtig rechtfertigt[756]. Ein verständiger Anleger würde daher bei Kenntnis des bevorstehenden Angebots Aktien der Zielgesellschaft zu einem günstigeren Kurs kaufen, um sie anschließend mit der Übernahmeprämie an den Bieter zu veräußern[757]. Aber auch bei sonstigen Transaktionen, bei denen es sich nicht um ein öffentliches Übernahmeangebot handelt, kann die Kursrelevanz zu bejahen sein[758]. Eine Veränderung des Börsenkurses ist dabei sowohl in positiver als auch in negativer Hinsicht möglich. Abhängig kann dies beispielsweise davon sein, wie der Markt die Höhe des Kaufpreises einschätzt oder, aus Sicht des Käufers, wie sinnvoll das Zielobjekt zur Strategie des Unternehmens passt.

II. Mögliche Adressaten der Ad-hoc-Veröffentlichungspflicht

Die Ad-hoc-Publizitätspflicht kann sich in mehrerlei Hinsicht stellen[759]. Jeder einzelne Schritt im Verlauf einer M&A-Transaktion kann daher für eine Partei eine Insider-Information darstellen, für eine andere Partei jedoch nicht[760].

---

755 M&A steht für Mergers & Acquisitions.

756 Vgl. *Pfüller*, in: Fuchs, WpHG, 2009, § 15 Rdn. 195 m.w.N.; kritisch hierzu *Klöhn*, in: Köln Komm WpHG, 2. Aufl. 2014, § 13 Rdn. 314.

757 *Pfüller*, in: Fuchs, WpHG, 2009, § 15 Rdn. 195.

758 *Frowein*, in: Habersack/Mülbert/Schlitt, Handbuch der Kapitalmarktinformation, 2. Aufl. 2013, § 10 Rdn. 36; zumindest bei wesentlichen Bedeutungen auch Emittentenleitfaden BaFin, Stand 28. April 2009, Ziffer IV.2.2.4., S. 52.

759 Die notwendige Unterscheidung zwischen Verkäufer, Käufer und Zielgesellschaft betont auch *Frowein*, in: Handbuch der Kapitalmarktinformation, 2. Aufl. 2013, § 10 Rdn. 36.

760 Die Notwendigkeit der Unterscheidung zwischen den verschiedenen Beteiligten betonend *Kocher/Widder*, CFL 2011, 88, 93 sowie *Bingel*, AG 2012, 685, 693.

Zum einen kann das Zielobjekt eine börsennotierte Gesellschaft sein, die in einen Konzern eingebunden ist. Dabei ist nicht der Konzern an sich veröffentlichungspflichtig, sondern die jeweiligen Einzelunternehmen[761]. Deshalb kann das Zielobjekt, das Gegenstand der Transaktion ist, zur Veröffentlichung von Insider-Informationen verpflichtet sein. Darüber hinaus kann aber auch die Konzernmutter, die das Zielobjekt veräußert, bei entsprechender Kursrelevanz der Veräußerung des Tochterunternehmens zur Abgabe einer Ad-hoc-Mitteilung verpflichtet sein[762].

Des Weiteren kommen auch mehrere potentielle Ad-hoc-Verpflichtete auf Erwerberseite in Betracht. Ist der Erwerber börsennotiert, so kann bei Kursrelevanz des Erwerbs eine Ad-hoc-Mitteilung angezeigt sein. Ist der Erwerber ein in einen Konzern eingebundenes Unternehmen, so kann die Konzernmutter, sofern diese börsennotiert und der mittelbare Erwerb dazu geeignet ist, den Börsenkurs der Konzernmutter erheblich zu beeinflussen, zur Abgabe einer Ad-hoc-Mitteilung verpflichtet sein.

In der Differenzierung zwischen den verschiedenen Beteiligten liegt auch ein Unterschied zum Insiderhandelsverbot, da dieses pauschal jeden betrifft, der Kenntnis der Information hat[763]. Hingegen stellt sich die Frage der Ad-hoc-Veröffentlichungspflicht für jeden Emittenten gesondert, wobei wiederum im Rahmen der Kursrelevanz auf den verständigen Anleger abgestellt wird[764].

III. Ad-hoc-Publizitätspflicht aus Sicht des Käufers und des Verkäufers

Die folgende Darstellung konzentriert sich auf den Fall, dass das Zielobjekt selbst nicht börsennotiert ist, Käufer und Verkäufer hingegen schon. Es wird dabei unterstellt, dass Käufer und Verkäufer keine abhängigen Gesellschaften eines Konzerns sind, da die Kursrelevanz in einem solchen Fall maßgeblich vom Gesamtkonstrukt des Konzerns abhängt und weniger vom Fortschritt einer Transaktion. Im Folgenden werden die einzelnen Stufen einer Transaktion[765] daraufhin überprüft, ob und unter welchen Voraussetzungen sie zum Entstehen einer Insider-Information führen.

1. Entschluss zu Unternehmenserwerb bzw. -veräußerung

Zu Beginn einer jeden Transaktion steht der Wille des Geschäftsleiters, einen möglichen Erwerb bzw. eine Veräußerung ins Auge zu fassen. An sich handelt es sich dabei um den ersten Zwischenschritt in Richtung eines möglichen erfolgreichen Abschlusses der Transaktion[766].

---

761 *Pfüller*, in: Fuchs, WpHG, 2009, § 15 Rdn. 160.
762 Vgl. *Spindler/Speier*, BB 2005, 2031, 2033.
763 Vgl. insoweit *Speier*, S. 348.
764 *Speier*, S. 348; a.A. *Pawlik*, in: Köln Komm WpHG, 1. Aufl. 2007, § 13 Rdn. 16.
765 Zu den einzelnen Stufen einer Transaktion vgl. beispielsweise *Pfüller*, in: Fuchs, WpHG, 2009, § 15 Rdn. 205.
766 Vgl. *Gunßer*, S. 110.

a) *Fehlende Kursspezifität*

Dabei handelt es sich jedoch noch nicht um einen konkreten Zwischenschritt[767]. Die Konkretheit setzt unter anderem Kursspezifität voraus. Diese ist gegeben, wenn eine Information grundsätzlich geeignet ist, einen Schluss auf die mögliche Kursauswirkung zuzulassen[768]. Der Entschluss zum Unternehmenserwerb begründet diese Kursspezifität jedoch nicht. Es ist noch nicht im Entferntesten absehbar, ob es zu einer Transaktion kommen wird. Bei einer Willensbildung des Vorstands, insbesondere des Erwerbsinteressenten, handelt es sich nur um eine Phantasie[769], so lange auf der Gegenseite dieser Wille nicht besteht. Dem Tatbestandsmerkmal der Konkretheit der Information steht daher der mangelnde Drittbezug entgegen, solange der innere Entschluss noch nicht nach außen getreten ist[770].

b) *Fehlende Kursrelevanz*

Im Übrigen fehlt es auch an der Kursrelevanz. Diese leitet sich nur in Ausnahmefällen aus dem Zwischenschritt selbst ab. Das Kursbeeinflussungspotential liegt zumeist im zukünftigen Element des Zwischenschritts, welches auf den Eintritt des künftigen Endereignisses hinweist[771]. Wie bereits ausgeführt, ist eine gewisse Mindestwahrscheinlichkeit Voraussetzung dafür, dass die Kursrelevanz eines Zwischenschritts bejaht werden kann, obwohl der Eintritt des Endereignisses noch nicht überwiegend wahrscheinlich sein muss[772]. Würde man eine solche Mindestwahrscheinlichkeit nicht verlangen, so läge bei einer sehr bedeutenden Transaktion schon jetzt eine Insider-Information vor. Hieran zeigt sich nochmals, dass eine Mindestwahrscheinlichkeit für die aus dem Endereignis abgeleitete Kursrelevanz eines Zwischenschritts zwingend zu fordern ist. Aus dem bloßen Willen einer Partei, ein Unternehmen zu erwerben oder zu veräußern, kann noch nicht darauf geschlossen werden, dass dieser Wunsch eintreten wird. Folglich ist neben der Kursspezifität[773]

---

767 Vgl. auch Emittentenleitfaden BaFin, Stand 28. April 2009, Ziffer IV.2.2.14, S. 58, wonach der Entschluss, Vorgespräche aufnehmen zu wollen, noch nicht hinreichend konkret ist; a.A. *v. Bonin/Böhmer*, EuZW 2012, 694, 697, wonach insbesondere auf Verkäuferseite der Entschluss des künftigen Verkaufs eine konkrete und bei Kursrelevanz folglich zu veröffentlichende Information sein kann.

768 Art. 1 Abs. 1 RL 2003/124/EG. Zum Merkmal der Kursspezifität vgl. auch C.II.1.b) aa)(ii) sowie C.II.2.b)cc).

769 Vgl. zum Ausschluss von Wunschphantasien von der Gruppe konkreter Informationen auch *Hellgardt*, CMLR 2013, 861, 873 sowie die Ausführungen unter D.III.2.b)aa).

770 Vgl. zur Notwendigkeit des Drittbezugs bei internen Absichten die Ausführungen unter C.II.2.b)aa)(ii).

771 Vgl. hierzu die Ausführungen unter E.III.

772 Vgl. dazu E.III.5.a).

773 Vgl. *Hellgardt*, CMLR 2013, 861, 873.

auch eine Kursrelevanz zu verneinen[774]. Dies gilt zumeist auch für den Veräußerer, da dieser sich auch bei einem festen Entschluss zum Verkauf nicht sicher sein kann, einen passenden Erwerber zu finden[775].

c) Denkbare Ausnahme in Sondersituationen

Etwas anderes kann nur dann angenommen werden, wenn mit dem Verkaufsentschluss eine Neuordnung der Ausrichtung des Unternehmens verbunden ist, beispielsweise die Beschränkung auf bestimmte Kernkompetenzen. Diese Strategie wird über kurz oder lang auch umgesetzt werden, so dass es noch nicht unmittelbar darauf ankommt, ob bereits konkrete Verkaufsverhandlungen bestehen[776]. Allerdings ist in einem solchen Fall Ansatzpunkt für die Ad-hoc-Mitteilung nicht zwingend die Transaktion an sich, sondern die Tatsache der Strategieänderung.

2. Aufnahme von Vorgesprächen

Die Aufnahme von Vorgesprächen mit der Zielgesellschaft oder der Gegenseite wird nach verbreiteter Auffassung der Literatur nur als bloße Vorbereitungshandlung gewertet[777]. Allerdings wird auch darauf hingewiesen, dass unter bestimmten Voraussetzungen bereits die Aufnahme von Vorgesprächen hinreichend konkret sein kann, um ein erhebliches Preisbeeinflussungspotential zu bejahen[778].

a) Keine Veröffentlichung als gegenwärtiger Umstand

Die Aufnahme von Vorgesprächen ist ein gegenwärtiger und damit ein konkreter und potentiell kursrelevanter Umstand[779]. In diesem Stadium ist auch schon die

774 Vgl. *Speier*, S. 347.

775 A.A. *v. Bonin/Böhmer*, EuZW 2012, 694, 697.

776 Vgl. beispielsweise die Ad-hoc-Mitteilung der Bilfinger SE, mit der bereits der Entschluss zur Veräußerung des Ingenieurbaugeschäfts veröffentlicht wurde, da man sich auf das Kerngeschäft konzentrieren wolle (abrufbar unter http://www.dgap.de/dgap/News/adhoc/bilfinger-fokus-auf-kerngeschaeft-trennung-von-wesentlichen-teilen-der-aktivitaeten-geschaeftsfeld-construction-beabsichtigt/?companyID=166&newsID=80358).

777 Vgl. *Kocher/Widder*, CFL 2011, 88, 93; *Assmann*, in: Assmann/Schneider, WpHG, 6. Aufl. 2012, § 15 Rdn. 75; Pfüller, in: *Fuchs*, WpHG, 2009, § 15 Rdn. 197; *Geibel/Schäfer*, in: Hamann/Schäfer, Kapitalmarktgesetze, Band 1, Stand 06/2007, § 15 WpHG Rdn. 96; vgl. auch Emittentenleitfaden BaFin, Stand 28. April 2009, Ziffer IV.2.2.14, S. 58.

778 Vgl. *Wellhöfer*, in: Wellhöfer/Peltzer/Müller, Die Haftung von Vorstand, Aufsichtsrat, Wirtschaftsprüfer, 2008, § 5 Rdn. 23; der diese Umstände jedoch nicht benennt.

779 A.A. zwar *Veith*, NZG 2005, 254, 255, wonach bloße Vorgespräche noch nicht den Tatbestand einer präzisen Information erfüllen. Allerdings geht *Veith* davon aus, dass es sich grundsätzlich erst dann um einen veröffentlichungspflichtigen

erforderliche Kursspezifität gegeben. Die Tatsache, dass Vorgespräche aufgenommen werden, lässt die Transaktion aus dem reinen Wunschdenken einer Partei herauswachsen. Die Konkretheit der Information ist daher zu bejahen. Es mangelt jedoch regelmäßig an der erforderlichen Kursrelevanz[780]. Die Reaktion der Gegenseite und der Ausgang der Verhandlungen sind noch gänzlich ungewiss. Es handelt sich nur um erste Sondierungen zwischen den Parteien. In Betracht kommt beispielsweise auch, dass die Vorgespräche nach kurzer Zeit ergebnislos abgebrochen werden. Der Abschluss der Transaktion, aus dem sich die Kursrelevanz der Vorgespräche ableiten würde, ist daher noch äußerst unwahrscheinlich. Ein verständiger Anleger kann seine Bewertung des Emittenten im Zusammenhang mit einer Transaktion erst dann sinnvoll überprüfen, wenn er zumindest grundsätzliche Informationen über die Transaktionsstruktur, beispielsweise den zu erwartenden Kaufpreis bzw. Kaufpreisrahmen, hat. Folglich ist diese Information regelmäßig nicht geeignet, den Börsenkurs zu beeinflussen[781].

b) *Kein Hinweis auf zukünftige Ereignisse*

Die Aufnahme von Vorgesprächen lässt auch noch keinen zukünftigen Zwischenschritt als kursrelevantes Ereignis hinreichend wahrscheinlich und damit konkret erscheinen. Die Tatsache, dass Vorgespräche geführt werden, macht weitere zukünftige Zwischenschritte einer möglichen Transaktion nicht wahrscheinlicher. Es kann daher nicht zwangsläufig darauf geschlossen werden, dass eine Vertraulichkeitsvereinbarung oder ein Letter of Intent abgeschlossen oder eine Due Diligence durchgeführt werden, solange die Parteien sich nicht explizit darüber geeinigt haben. Solche künftigen Zwischenschritte sind daher aufgrund der Aufnahme von Vorgesprächen noch nicht hinreichend konkret[782].

Umstand handelt, wenn mit hinreichender Wahrscheinlichkeit damit zu rechnen ist, dass es zu einem Vertragsabschluss kommt. Jedoch sind Information über gegenwärtige Umstände immer Umstände, die „bereits existieren" und damit präzise bzw. konkret sind, vgl. *Klöhn*, ZIP 2014, 945, 947 f.

780 *Pfüller*, in: Fuchs, WpHG, 2009, § 15 Rdn. 205.

781 Eine Ausnahme hiervon macht *Harbarth*, ZIP 2005, 1898, 1901 bei Transaktionen von herausragender Bedeutung. Allerdings ist in der hier untersuchten Konstellation die herausragende Bedeutung für den Veräußerer bzw. Erwerbsinteressenten erforderlich. Dies wird nur selten der Fall sein, wenn die Parteien auch andere Beteiligungen besitzen. Handelt es sich jedoch um die wesentliche Beteiligung, so kann die herausragende Bedeutung durchaus gegeben sein. Ähnlich *v. Bonin/Böhmer*, EuZW 2012, 694, 697, wonach erste Schritte des Verkaufsprozesses für sich, somit ohne Berücksichtigung der Wahrscheinlichkeit des Vertragsschlusses, veröffentlichungspflichtig sein können.

782 Vgl. *Pfüller*, in: Fuchs, WpHG, 2009, § 15 Rdn. 205.

3. Beauftragung von Beratern

Sobald ein Unternehmen sich entschlossen hat, eine Transaktion ins Auge zu fassen, und erste Vorgespräche geführt wurden, werden oftmals externe Berater eingeschaltet. Nach verbreiteter Meinung handelt es sich bei der Beauftragung von Beraten jedoch nur um bloße Vorbereitungshandlungen, die eine Insider-Information nicht begründen können[783]. Dem hat sich auch die Verwaltungspraxis der BaFin angeschlossen[784]. Als gegenwärtigem Umstand fehlt es bei der Beauftragung von Beratern an der Kursrelevanz, da der Eintritt des Endereignisses zu unwahrscheinlich ist[785]. Daran ändert sich auch nichts, wenn die Berater erst zu einem späteren Zeitpunkt in die Transaktionsverhandlungen einbezogen werden. Die Konsultierung von Beratern ist vielmehr im Grunde genommen irrelevant, da sie zu keiner Erhöhung der Eintrittswahrscheinlichkeit des Endereignisses beiträgt[786]. Es handelt sich daher um einen Schritt, dem bei wertender Betrachtung eine eigenständige Bedeutung abzusprechen ist[787].

4. Abschluss von Vertraulichkeitsvereinbarungen

Bevor es zu weiteren konkreten Verhandlungen über das Zielobjekt kommt, möchte der Erwerbsinteressent üblicherweise die erhaltenen Informationen mittels einer Due Diligence überprüfen. Dies gebietet bereits die Sorgfaltspflicht des Vorstands gemäß § 93 Abs. 1 AktG[788]. Auf diese Weise sollen die wesentlichen Risiken, die sich beim Zielobjekt realisieren könnten, identifiziert werden[789]. Das Zielobjekt kann jedoch nicht ohne weiteres einen solch weitgehenden Einblick in seine Geschäftsunterlagen zulassen[790]. Zumindest hat die Zielgesellschaft zu fordern, dass der Interessent eine Vertraulichkeitsvereinbarung (auch oftmals als Non-Disclosure-Agreement oder

---

783 Vgl. *Wellhöfer*, in: Wellhöfer/Peltzer/Müller, Die Haftung von Vorstand, Aufsichtsrat, Wirtschaftsprüfer, 2008, § 5 Rdn. 23.

784 Emittentenleitfaden BaFin, Stand 28. April 2009, Ziffer IV.2.2.14, S. 58.

785 Vgl. *Speier*, S. 347; *Klöhn*, in: Köln Komm WpHG, 2. Aufl. 2014, § 13 Rdn. 321.

786 Vgl. auch *Klöhn*, in: Köln Komm WpHG, 2. Aufl. 2014, § 13 Rdn. 317.

787 Zur Herausnahme von Schritten ohne eigenständige Bedeutung bei Vertragsverhandlungen vgl. *Harbarth*, ZIP 2005, 1898, 1901.

788 *Hitzer*, NZG 2012, 860, 861; *Assmann*, ZHR 172 (2008), 635, 651. Der Vorstand ist zur Bewahrung von Unternehmensgeheimnissen verpflichtet; vgl. *Hölters*, in: Hölters, AktG, 2. Aufl. 2014, § 93 Rdn. 186; *Koch*, in: Hüffer, AktG, 11. Aufl. 2014, § 93 Rdn. 11.

789 Gleichzeitig profitiert davon auch der Veräußerer, da die sonst erforderlichen Kaufpreisabschläge wegfallen, wenn Risiken ausgeschlossen werden konnten, vgl. *Dietzel*, in: Semler/Volhard, Arbeitshandbuch für Unternehmensübernahmen, Band 1, 2001, § 9 Rz. 103.

790 *Assmann*, ZHR 172 (2008), 635, 651.

Confidentiality Agreement bezeichnet[791]) unterzeichnet[792]. Die Vertraulichkeitsvereinbarung stellt sicher, dass der Erwerbsinteressent die Informationen, die er im Rahmen der Due Diligence erlangt, nicht unbefugt an Dritte weitergeben oder missbrauchen darf[793]. Darüber hinaus müssen für die Zulässigkeit einer Due Diligence noch rechtlich anerkennenswerte Gründe und Interessen der Zielgesellschaft gegeben sein[794]. Andernfalls würde der Vorstand gegen das Gleichbehandlungsgebot des § 53a AktG verstoßen, wenn er nicht im Interesse der Gesellschaft sondern in dem des verkaufswilligen Aktionärs handeln würde[795].

Dabei stellt sich die Frage, ob die Unterzeichnung einer Vertraulichkeitsvereinbarung eine Insider-Information begründet und somit eine Ad-hoc-Mitteilung abgegeben werden muss. Hierbei ist zwischen dem gegenwärtigen und einem möglichen zukünftigen Zwischenschritt bzw. Endereignis zu unterscheiden.

a) Die Vertraulichkeitsvereinbarung als gegenwärtiger Umstand

Hinsichtlich des konkreten[796] gegenwärtigen Zwischenschritts der Unterzeichnung des Non-Disclosure-Agreements ist festzustellen, dass aus diesem Zwischenschritt kein autonomes Kursbeeinflussungspotential herrührt[797]. Den bloßen Abschluss einer Vertraulichkeitsvereinbarung wird ein verständiger Anleger noch nicht bei

---

791 Vgl. *Schlitt*, in: Semler/Volhard, Arbeitshandbuch für Unternehmensübernahmen, Band 1, 2001, § 6 Rz. 3.

792 Vgl. *Schäfer*, in: Handbuch börsennotierte Aktiengesellschaft, 3. Aufl. 2014, § 14 Rz. 75 m.w.N.

793 Vgl. dazu *Spindler*, in: Münch Komm AktG, 4. Aufl. 2014, § 93 Rdn. 137 m.w.N.

794 *Schäfer*, in: Handbuch börsennotierte Aktiengesellschaft, 3. Aufl. 2014, § 14 Rz. 75; vgl. zur Frage der Zulässigkeit der Gewährung einer Due Diligence durch den Erwerbsinteressenten auch ausführlich *Spindler*, in: Münch Komm AktG, 4. Aufl. 2014, § 93 Rdn. 137 ff.

795 Vgl. *Schäfer*, in: Handbuch börsennotierte Aktiengesellschaft, 3. Aufl. 2014, § 14 Rz. 75.

796 A.A. noch *Frowein*, in: Habersack/Mülbert/Schlitt, Handbuch der Kapitalmarktinformation, 1. Aufl. 2008, § 10 Rdn. 37; *Veith*, NZG 2005, 254, 255; *Geibel/Schäfer*, in: Hamann/Schäfer, Kapitalmarktgesetze, Band 1, Stand 06/2007, § 15 WpHG Rdn. 96. Die genannten Autoren fordern jedoch für die Konkretheit einer Information eine hinreichende Wahrscheinlichkeit für einen Vertragsabschluss und damit erhebliche Auswirkungen auf den Börsenkurs, vermengen demnach Konkretheit und Kursrelevanz. Dies lässt sich nach den neueren Entwicklungen in der Rechtsprechung nunmehr nicht mehr vertreten, so dass es nicht an der Konkretheit, sondern an der Kursrelevanz fehlt. Diesen Begründungsansatz wählt nunmehr auch *Frowein* (vgl. FN. 797).

797 *Bachmann*, ZHR 172 (2008), 597, 606; *Frowein*, in: Habersack/Mülbert/Schlitt, Handbuch der Kapitalmarktinformation, 2. Aufl. 2013, § 10 Rdn. 38; vgl. auch Emittentenleitfaden BaFin, Stand 15. Juli 2005, Ziffer III.2.1.1.1, S. 33, wonach einem Letter of Intent, welcher lediglich die Vertraulichkeit sicherstellen soll, für eine Kurserheblichkeit nicht ausreicht.

seiner Anlageentscheidung berücksichtigen, da er nichts anderes bedeutet als dass Gespräche vertraulich stattfinden[798]. Ein verständiger Anleger wird dies sogar als Grundvoraussetzung erwarten. Eine eigenständige Auswirkung auf den Börsenkurs hat dies folglich nicht.

Die Kursrelevanz dieses Zwischenschritts könnte sich daher allenfalls aus dem Endereignis ableiten. Der Abschluss einer Vertraulichkeitsvereinbarung fördert aber den Eintritt des Endereignisses nicht wesentlich, da ein Unternehmenserwerb theoretisch auch ohne Non-Disclosure-Agreement durchgeführt werden könnte[799]. Die Wahrscheinlichkeit des Transaktionsabschlusses steigt daher nicht allein durch die Unterzeichnung einer Vertraulichkeitsvereinbarung. Ohne eine eingehende und zufriedenstellende Unternehmensprüfung und erste Verhandlungsergebnisse ist es noch immer unwahrscheinlich, dass die Transaktion letztlich auch erfolgreich abgeschlossen wird. Zudem ist noch nicht einmal der ernsthafte Einigungswille der Parteien dokumentiert[800].

b) Hinreichende Eintrittswahrscheinlichkeit eines künftigen Zwischenschritts

Mit der Vertraulichkeitsvereinbarung könnte allerdings die Konkretheit eines zukünftigen Zwischenschrittes einhergehen. In Betracht kommt beispielsweise, dass die anschließende Durchführung einer Due Diligence überwiegend wahrscheinlich und somit „konkret" wird. Hierbei ist aber die Rechtsnatur der Vertraulichkeitsvereinbarung zu berücksichtigen. Die Absprache über die weiteren Verfahrensschritte ist nicht der Vertraulichkeitsvereinbarung zuzuordnen, sondern wird beispielsweise in einem Letter of Intent (in welchen das Non-Disclosure-Agreement oftmals integriert wird[801]) geregelt. Der Abschluss einer Vertraulichkeitsvereinbarung sichert nur die Geheimhaltung der Gespräche sowie der durch die Due Diligence erlangten Informationen zu. Sie erstreckt sich sowohl auf die Vorgespräche als auch auf die weiteren Verhandlungen bzw. teils auch auf die beim Interessenten verbliebenen Informationen nach Abbruch der Verhandlungen[802]. Der Abschluss eines Non-Disclosure-Agreements sagt jedoch noch nichts darüber aus, ob es überhaupt zu weiteren Verhandlungen kommen wird. Folglich kann die Kursrelevanz der Vertraulichkeitsvereinbarung nicht aus einem anderen zukünftigen Zwischenschritt hergeleitet werden.

---

798 Vgl. *Hanke/Socher*, NJW 2010, 664, 665.

799 Ähnlich wie die Beauftragung von Beratern könnte man den Abschluss der Vertraulichkeitsvereinbarung daher als Schritt mit lediglich untergeordneter Bedeutung ansehen.

800 Auf dieses Merkmal stellt aber unter anderem die BaFin ab, vgl. Emittentenleitfaden BaFin, Stand 28. April 2009, Ziffer 2.2.14, S. 58.

801 Vgl. *Schlitt*, in: Semler/Volhard, Arbeitshandbuch für Unternehmensübernahmen, Band 1, 2001, § 6 Rz. 7.

802 Vgl. *v. Werder/Kost*, BB 2010, 2903, 2909.

5. Abschluss eines Letter of Intent (Absichtserklärung)

Im Anschluss an die ersten Vorverhandlungen werden die bisher erzielten Verhandlungsergebnisse in einem Letter of Intent[803] festgehalten[804]. Die Erscheinungsarten sind vielfältig. Möglich sind einseitige Erklärungen mit und ohne rechtsgeschäftlichen Inhalt, aber auch mehrseitige Erklärungen mit Leistungspflichten oder nur mit der Kundgabe der Absicht zum Vertragsschluss[805].

a) Rechtsnatur des Letter of Intent

Regelmäßig ist der Letter of Intent als Absichtserklärung ausgestaltet, die üblicherweise keine rechtliche Bindungswirkung bezüglich des Vertragsschlusses auslöst[806]. Typischerweise bezweckt ein Letter of Intent jedoch, die bereits ausgehandelten Eckpunkte festzuhalten, die noch offenen Punkte zu benennen sowie das Vertrauen der Parteien in die Ernsthaftigkeit der Verhandlungsbereitschaft zu dokumentieren[807]. Die Zusammenfassung der wesentlichen Eckpunkte hat dabei zwar keine rechtliche Bindungswirkung[808], der Letter of Intent dokumentiert jedoch den ernstlichen Willen der Parteien, zu einer Einigung zu kommen[809]. Er enthält beispielsweise oftmals eine Beschreibung des Zielunternehmens und der Transaktion, eine Angabe eines indikativen Kaufpreises, Regelungen zur anstehenden Due Diligence, einen Zeitplan, Kostenregelungen sowie die Identifizierung von Wirksamkeitsvoraussetzungen für den Kaufvertrag[810]. Damit dient der Letter of Intent als Grundlage für

---

803 Der Letter of Intent wird oftmals abgekürzt als „LoI“, aber auch Memorandum of Understanding (MoU), Heads of Agreement oder Term-Sheet genannt, vgl. *Jaques*, in: Ettinger/Jacques, Beck'sches Handbuch Unternehmenskauf im Mittelstand, 2012, Teil C, Rz. 57.

804 Vgl. *Holzapfel/Pöllath*, Unternehmenskauf in Recht und Praxis, 14. Aufl. 2010, Rz. 14, wonach die Vertraulichkeit über die erlangten Informationen insbesondere im Fall des Scheiterns des Vorhabens häufig ein rechtlich verbindlicher Punkt des Letter of Intent ist.

805 Vgl. hierzu ausführlich *Kösters*, NZG 1999, 623 sowie *Schlitt*, in: Semler/Volhard, Arbeitshandbuch für Unternehmensübernahmen, Band 1, 2001, § 6 Rz. 28 f.

806 Vgl. *Beisel*, in: Beisel/Klumpp, Der Unternehmenskauf, 6. Aufl. 2009, 1. Kapitel, Rn. 67; *Kösters*, NZG 1999, 623, *Hölters*, in: Hölters, Handbuch Unternehmenskauf, 7. Aufl. 2010, Teil I Rz. 137; *Picot*, Handbuch Mergers & Acquisitions, 4. Aufl. 2008, S. 159; *Schlitt*, in: Semler/Volhard, Arbeitshandbuch für Unternehmensübernahmen, Band 1, 2001, § 6 Rz. 24 ff.

807 *Schlitt*, in: Semler/Volhard, Arbeitshandbuch für Unternehmensübernahmen, Band 1, 2001, § 6 Rz. 25; *Klöpper*, in: Hauschka, Corporate Compliance, 2. Aufl. 2010, § 28 Rdn. 11.

808 *Gunßer*, S. 111.

809 *Gran*, NJW 2008, 1409, 1410; *Gunßer*, S. 112.

810 Vgl. hierzu die ausführliche Auflistung bei *Jaques*, in: Ettinger/Jacques, Beck'sches Handbuch Unternehmenskauf im Mittelstand, 2012, Teil C, Rz. 59.

Überlegungen und Entscheidungen zustimmungspflichtiger Gremien und rechtlich notwendiger Informationsmaßnahmen[811].

b) Meinungsstand in der Literatur

Nach Auffassung der BaFin reicht der Abschluss eines Letter of Intent vor Durchführung einer Due Diligence, mit welchem lediglich die Vertraulichkeit sichergestellt wird, nicht aus, um die Kurserheblichkeit einer Information zu bejahen[812]. Hingegen soll ein Letter of Intent nach Abschluss einer erfolgreichen Due Diligence, mit welchem der Rahmen für das weitere Prozedere festgehalten wird, zur erheblichen Kursbeeinflussung geeignet sein[813]. Diese Unterscheidung dürfte in der Praxis aber nur untergeordnete Bedeutung haben. Typischerweise ist es der Regelfall eines Letter of Intent, dass er die Art und Struktur der beabsichtigen Transaktion beschreibt, Eckpunkte zur Bewertung und Kaufpreisfindung enthält und einen Zeitplan mit den nächsten Arbeitsschritten statuiert[814]. In der Literatur wird daher die Unterzeichnung eines Letter of Intent, welcher Eckpunkte eines Angebots oder die Haltung des Managements der Zielgesellschaft enthält, ebenfalls als mögliche Insider-Information eingestuft[815]. Diese oftmals pauschalen Kategorisierungen gilt es im Folgenden näher zu überprüfen.

c) Veröffentlichung als gegenwärtiger Zwischenschritt

Der Abschluss eines Letter of Intent ist ein gegenwärtiger und damit konkreter Zwischenschritt. Entscheidend ist aber, ob sich aus ihm die erforderliche Kursrelevanz ergibt. Der Letter of Intent hat regelmäßig kein autonomes Kursbeeinflussungspotential. Die Tatsache, dass zwei Parteien über eine Transaktion verhandeln, hat grundsätzlich für einen verständigen Anleger noch keine Bedeutung für dessen

---

811 *Holzapfel/Pöllath*, Unternehmenskauf in Recht und Praxis, 14. Aufl. 2010, Rz. 13; *Picot*, Handbuch Mergers & Acquisitions, 4. Aufl. 2008, S. 159.

812 Emittentenleitfaden BaFin, Stand 15. Juli 2005, Ziffer III.2.1.1.1, S. 33; ebenso *Brandi/Süßmann*, AG 2004, 642, 655.

813 Emittentenleitfaden BaFin, Stand 15. Juli 2005, Ziffer III.2.1.1.1, S. 33.

814 Vgl. hierzu ausführlich *Klöpper*, in: Hauschka, Corporate Compliance, 2. Aufl. 2010, § 28 Rdn. 11 ff.

815 Vgl. *Assmann*, in: Assmann/Schneider, WpHG, 6. Aufl. 2012, § 15 Rdn. 82 i.V.m. Rdn. 75; *Frowein*, in: Habersack/Mülbert/Schlitt, Handbuch der Kapitalmarktinformation, 2. Aufl. 2013, § 10 Rz. 42; *Hopt*, in: Schimansky/Bunte/Lwowski, Bankrechts-Handbuch, Band II, 4. Aufl. 2011, § 107 Rz. 92; *Walz*, in: Schüppen/Schaub, Münchener Anwaltshandbuch Aktienrecht, 2. Aufl. 2010, § 48 Rz. 57; pauschal auf den Letter of Intent abstellend *Speier*, S. 347 sowie *Hemeling*, ZHR 169 (2005), 274, 284; vgl. aber auch *Veith*, NZG 2005, 254, 255 f., wonach die noch ausstehende Due Diligence im Einzelfall der Konkretheit entgegenstehen kann. Bedenken gegenüber eines solch frühen Zeitpunkts für das Entstehen einer Insider-Information hat hingegen *Lebherz*, WM 2010, 154, 157.

Anlageentscheidung. Der verständige Anleger ist zumeist nur an der späteren Umsetzung des Letter of Intent interessiert[816]. Ihm kommt es darauf an, ob die Transaktion auch abgeschlossen wird. Nur dann kann eine andere Bewertung des Veräußerers bzw. des Erwerbsinteressenten an der Börse angezeigt sein.

Die Kursrelevanz kann sich jedoch aus dem Endereignis ableiten. Zwar ist der Abschluss der Transaktion immer noch nicht überwiegend wahrscheinlich. Die im Rahmen der Kursrelevanz zu fordernde Mindestwahrscheinlichkeit des Endereignisses ist jedoch gegeben. Der Abschluss der Transaktion ist nach dem förmlichen Festschreiben der wirtschaftlichen Eckpunkte und der Einigungsabsicht nicht mehr gänzlich unwahrscheinlich[817]. Spürbar erhöht sich die Wahrscheinlichkeit einer erfolgreichen Transaktion zwar erst durch die nachfolgende erfolgreiche Due Diligence. Ob, worauf die BaFin abstellt, eine erfolgreiche Due Diligence durchgeführt wurde, kann aber nicht dafür entscheidend sein, ob eine Insider-Information entsteht oder nicht. Es ist üblicherweise in einem Letter of Intent festgehalten, dass die Transaktion unter dem Vorbehalt einer zufriedenstellenden Due Diligence steht[818]. Dem verständigen Anleger wird daher bewusst sein, dass noch eine Unternehmensprüfung durchgeführt werden muss.

Die Dokumentation der wirtschaftlichen Eckpunkte und der ernstlichen Verhandlungsbereitschaft der Parteien lassen aber erkennen, dass beide Parteien gewillt sind, der Transaktion zum Erfolg zu verhelfen[819]. Diese Dokumentation des Einigungswillens wird für den verständigen Anleger viel entscheidender sein. Die Wahrscheinlichkeit eines Zustandekommens ist damit „offen“ und nicht mehr „unwahrscheinlich“. Zudem wird im Letter of Intent regelmäßig auch eine Break-up Fee vereinbart, welche im Fall des Abbruchs der Vertragsverhandlungen als verschuldensunabhängiger Ersatzanspruch für vergebliche Beratungskosten zur Zahlung fällig wird[820]. Dies verdeutlicht das Bestreben beider Parteien, die Transaktion abzuschließen. Folglich kann der Abschluss des Letter of Intent ein zu veröffentlichender Zwischenschritt sein, vorausgesetzt, dass die zugrundeliegende Transaktion selbst kursrelevant ist. Ob dies aus Sicht des Veräußerers und des Erwerbsinteressenten der Fall ist, hängt

---

816 Eine Ausnahme hiervon wäre beispielsweise anzunehmen, wenn der Abschluss des Letter of Intent eine Abkehr von der bisherigen Unternehmensstrategie bedeutet.

817 *Hemeling*, ZHR 169 (2005), 274, 285.

818 Vgl. das Beispielsformular von *Thurn/Ziegenhain*, in: Beck'sches Formularbuch Zivil-, Wirtschafts- und Unternehmensrecht, Deutsch-Englisch, 3. Aufl. 2014, Formular N.2.; *Alfes*, in: Beck'sche Online-Formulare Vertrag, 28. Edition 2014, Stand 01.04.2014, Formular 20.1. Anm. 6.

819 Vgl. Emittentenleitfaden BaFin, Stand 28. April 2009, Ziffer 2.2.14, S. 58; *Thurn/Ziegenhain*, in: Beck'sches Formularbuch Zivil- Wirtschafts- und Unternehmensrecht, Deutsch-Englisch, 3. Aufl. 2014, Formular N.2 Anm. 1; *Klöpper*, in: Hauschka, Corporate Compliance, 2. Aufl. 2010, § 28 Rdn. 11; *Busche*, in: Münch Komm BGB, 6. Aufl. 2012, vor § 145 Rdn. 58.

820 Vgl. *Gran*, NJW 2008, 1409, 1410. Ausführlich zur Einordnung von Break-up-Fee-Klauseln *Bergjan/Schwarz*, GWR 2013, 4 ff.

maßgeblich vom Wert der Transaktion und ihrer strategischen Bedeutung für die Parteien ab[821].

d) Veröffentlichungspflicht eines künftigen Ereignisses

Die Unterzeichnung des Letter of Intent könnte auch dazu führen, dass ein anderer künftiger Zwischenschritts veröffentlicht werden muss. Der Letter of Intent enthält zumeist bereits einen Fahrplan für die weitere Vorgehensweise zwischen den Parteien[822]. In ihm ist beispielsweise oftmals geregelt, dass eine Due Diligence durchgeführt werden soll. Deren Durchführung wird daher überwiegend wahrscheinlich und somit ein „konkreter" Zwischenschritt. Der Letter of Intent ist insoweit eng mit der Vertraulichkeitsvereinbarung verknüpft, da diese zumeist ebenfalls eine Voraussetzung für die Unternehmensprüfung ist. Oftmals ist das Non-Disclosure Agreement deshalb bereits Bestandteil des Letter of Intent, wenn es nicht bereits zuvor abgeschlossen wurde[823]. Damit ist wiederum zu prüfen, ob die Durchführung der Due Diligence[824] Kursrelevanz hat[825]. Wenn dies der Fall ist, dann kann die Kursrelevanz des Letter of Intent zusätzlich auch aus der anschließenden Due Diligence abgeleitet werden.

6. Durchführung einer Due Diligence

Nachdem die ersten Verhandlungsergebnisse im Letter of Intent festgehalten wurden und sich die Parteien zur Vertraulichkeit verpflichtet haben, verschafft sich der Erwerbsinteressent einen Überblick über das Zielobjekt mittels einer Due Diligence.

a) Bedeutung der Due Diligence

Die Durchführung einer Unternehmensprüfung gehört zum Standard fast jeder Transaktion[826]. Dies beruht insbesondere darauf, dass es zu den Pflichten des Vorstands des Erwerbsinteressenten gehört, über die Investitionsentscheidung auf ausreichender Informationsgrundlage zu urteilen[827]. Diese Informationsbasis kann jedoch nur durch eine sorgfältige Prüfung des Zielobjekts geschaffen werden. Dabei gibt es verschiedene Schwerpunkte, auf die sich die Due Diligence konzentrieren kann. Zu den Hauptanwendungsfällen gehören eine Legal und eine

---

821 *Widder/Kocher*, CFL 2011, 88, 94.

822 Vgl. hierzu und zur Bedeutung dieser „Milestones" *Klöpper*, in: Hauschka, Corporate Compliance, 2. Aufl. 2010, § 28 Rdn. 12.

823 *Klöpper*, in: Hauschka, Corporate Compliance, 2. Aufl. 2010, § 28 Rdn. 11.

824 Insoweit kann nur auf die Durchführung der Due Diligence abgestellt werden, da sich der Ausgang nicht prognostizieren lässt.

825 Um diese Prüfung nicht schon an dieser Stelle vorwegzunehmen vgl. die Ausführungen unter I.III.6.

826 *Hölters*, in: Hölters, Aktiengesetz, 2. Aufl. 2014, § 93 Rdn. 177.

827 Vgl. *Klöpper*, in: Hauschka, Corporate Compliance, 2. Aufl. 2010, § 28 Rdn. 15.

Tax Due Diligence[828]. Daneben können aber unter anderem auch eine Financial, Commercial, Environmental, Technical oder Insurance Due Diligence durchgeführt werden[829].

Die Due Diligence erfüllt verschiedene Funktionen für den weiteren Fortgang der Verhandlungen[830]. Die erkannten Risiken können im Kaufvertrag durch entsprechende Gewährleistungen abgedeckt werden oder Einfluss auf die Kaufpreisberechnung erlangen[831]. Hinsichtlich möglicher späterer Schadensersatzansprüche kann die Ermöglichung einer Due Diligence dazu führen, dass der Käufer die durch die Prüfung mögliche Kenntnis von Risiken gegen sich gelten lassen muss[832].

b) Veröffentlichung als konkreter Zwischenschritt

aa) Meinungen in der Literatur

Die Due Diligence wird teilweise bereits als konkreter, nicht öffentlich bekannter Umstand angesehen, der sich auf den Emittenten der Insiderpapiere bezieht[833]. Auch die Kursrelevanz wird bereits bejaht, da ein verständiger Anleger die Information über die Due Diligence wegen des daraus möglichen Wechsels des Großaktionärs in seine Anlageentscheidung einfließen lassen würde[834].

Demgegenüber wird in der Literatur aber auch teilweise verneint, dass die Gewährung einer Due Diligence zu einer Insider-Information führt, da der Eintritt des künftigen Ereignisses im Sinne des § 13 Abs. 1 S. 3 WpHG noch nicht hinreichend wahrscheinlich sei[835]. Begründet wird dies insbesondere damit, dass regelmäßig die

---

828 *Beisel*, in: Beisel/Klumpp, Der Unternehmenskauf, 6. Aufl. 2012, Kapitel 2 Rz. 7.

829 Vgl. hierzu und zu den jeweiligen Schwerpunkten *Holzapfel/Pöllath*, Unternehmenskauf in Recht und Praxis, 14. Aufl. 2010, Rz. 24 ff.; *Gran*, NJW 2008, 1409, 1412 f.

830 Vgl. hierzu *Beisel*, in: Beisel/Klumpp, Der Unternehmenskauf, 6. Aufl. 2012, Kapitel 2 Rz. 4.

831 *Holzapfel/Pöllath*, Unternehmenskauf in Recht und Praxis, 14. Aufl. 2010, Rz. 20; *Dietzel*, in: Semler/Volhard, Arbeitshandbuch für Unternehmensübernahmen, Band 1, 2001, § 9 Rz. 61.

832 Vgl. *Hölters*, in: Hölters, Handbuch Unternehmenskauf, 7. Aufl. 2010, Teil I Rz. 167.

833 *Schäfer*, in: Marsch-Barner, Handbuch börsennotierte Aktiengesellschaft, 3. Aufl. 2014, § 14 Rz. 76; *Cahn*, Der Konzern 2005, 5, 10.

834 *Pfüller*, in: Fuchs, WpHG, 2009, § 15 Rdn. 201; *Schäfer*, in: Handbuch börsennotierte Aktiengesellschaft, 3. Aufl. 2014, § 14 Rz. 76; *Eichner*, S. 173; jedenfalls wenn es sich nur um eine Confirmatory Due Diligence handelt auch *Frowein*, in: Habersack/Mülbert/Schlitt, Handbuch der Kapitalmarktinformation, 2. Aufl. 2013, § 10 Rdn. 41.

835 Vgl. *Gunßer*, S. 113, der jedoch eine hohe Wahrscheinlichkeit für das Eintreten eines künftigen Ereignisses fordert; ebenso *Brandi/Süssmann*, AG 2004, 642, 655; *Assmann*, in: Assmann/Schneider, WpHG, 6. Aufl. 2012, § 15 Rdn. 75, 82; vgl. auch *Bingel*, AG 2012, 685, 695, sofern es sich nicht nur um eine Confirmatory Due Diligence handelt; *Götze*, BB 1998, 2326, 2329; *Linker/Zinger*, NZG 2002, 497, 501; *Geibel/Schäfer*, in: Schäfer/Hamann, Kapitalmarktgesetze, Band 1, Stand 06/2007,

„essentialia negotii" der Transaktion noch nicht feststehen, sondern die wirtschaftlichen Eckpunkte von den Ergebnissen der Unternehmensprüfung abhängen[836]. Es bestehe daher die Möglichkeit, dass die noch zu klärenden Fragen zu einem vollständigen Scheitern des Erwerbs führen[837]. Zudem bereite die Due Diligence die Transaktion erst vor, weshalb die Entscheidung im Wesentlichen erst auf Grundlage der darin erworbenen Erkenntnisse getroffen wird[838]. Auch die Kursrelevanz der Durchführung einer Due Diligence wird von anderen Vertretern in der Literatur verneint[839].

bb) Autonome Kursrelevanz in Sonderfällen

Bei der ad-hoc-rechtlichen Beurteilung der Vereinbarung, dass eine Due Diligence durchgeführt werden soll, handelt es sich um einen konkreten Zwischenschritt im Rahmen der Transaktion. Entscheidend ist daher, ob dies in einem solchen Ausmaß kursrelevant ist, dass ein verständiger Anleger diesen Umstand zum Anlass für eine Anlageentscheidung nehmen wird. Eine selbständige Kursrelevanz wird der Due Diligence nur in wenigsten Fällen zukommen, wenn man die Frage des Abschlusses der Transaktion ausblendet. Handelt es sich beispielsweise um eine Neujustierung in der Unternehmensstrategie des Veräußerers oder des Erwerbsinteressenten, so wird bereits der Aufnahme von Vorgesprächen eine Kursrelevanz innewohnen. Aus Sicht des Käufers bzw. Verkäufers hat die Durchführung der Due Diligence, die bei der Zielgesellschaft stattfindet, keine weitere darüber hinausgehende Kursauswirkung[840].

cc) Abgeleitete Kursrelevanz

Die Kursrelevanz wird daher folglich zumeist aus dem Endereignis herzuleiten sein. Inwiefern die Durchführung einer Due Diligence eine Aussage darüber gestattet, wie wahrscheinlich der Transaktionsabschluss ist, hängt daher zumeist von der Art und dem Umfang der Due Diligence sowie dem bisherigen Informationsstand ab.

Teilweise wird eine Due Diligence derart detailliert vorbereitet, dass mittels vorhandener Informationen des Verkäufers oder öffentlicher Informationen bereits eine

§ 15 WpHG Rdn. 96. Diese Ansicht nunmehr bezweifelnd und auf die Möglichkeit eines früheren Zeitpunkts abstellend *Kocher/Widder*, CFL 2011, 88, 94.

836 *Gunßer*, S. 113.

837 *Götze*, BB 1998, 2326, 2329.

838 *Gunßer*, S. 113.

839 *Bachmann*, ZHR 172 (2008), 597, 606; vgl. auch *Hitzer*, NZG 2012, 860, 861, wonach bis zum erfolgreichen Abschluss einer Due Diligence keine Insider-Information besteht. Damit folgt er den Vorgaben des Emittentenleitfaden BaFin, Stand 15. Juli 2005, Ziffer III.2.1.1.1, S. 33.

840 Etwas anderes kann jedoch für die Zielgesellschaft gelten, die von der Due Diligence unmittelbar betroffen ist, vgl. die Ausführungen unter I.IV.2.c).

„Preliminary Due Diligence" durchgeführt wurde[841]. In einem solchen Fall bezweckt die eigentliche Unternehmensprüfung nur noch eine Bestätigung der bereits erzielten Erkenntnisse. Es ist daher ex ante nicht unbedingt zu erwarten, dass die Due Diligence Probleme zu Tage fördert, die eine Transaktion verhindern werden. Die Wahrscheinlichkeit, dass die Transaktion durchgeführt wird, ist bei Beginn der Due Diligence folglich zumindest offen. Nur wenn der Erwerbsinteressent schon im Vorfeld Kenntnis von konkreten Problemen hat, ist der Transaktionsabschluss noch unwahrscheinlich[842], solange im Rahmen der Prüfung diese offenen Fragen nicht widerlegt oder gelöst werden[843].

Es lässt sich daher festhalten, dass die Durchführung einer Due Diligence in der weit überwiegenden Mehrzahl der Fälle ein kursrelevantes Ereignis darstellt. Allerdings ist auch festzustellen, dass die Wahrscheinlichkeit des Zustandekommens der Transaktion gegenüber dem Zeitpunkt der Unterzeichnung des Letter of Intent nicht entscheidend erhöht ist. Sofern daher bereits ein Zwischenschritt veröffentlicht worden ist, wird ein verständiger Anleger die anschließende Durchführung einer Due Diligence bereits in seiner Anlageentscheidung berücksichtigt haben. In diesem Fall ist sie nicht mehr geeignet, den Börsenkurs der Gesellschaft erheblich zu beeinflussen.

c) Hinweis auf zukünftigen Zwischenschritt

Möglich wäre es auch, dass durch die Gewährung einer Due Diligence ein künftiger Zwischenschritt hinreichend wahrscheinlich und damit potentiell veröffentlichungspflichtig wird. Dies ist jedoch zu verneinen. Die Gewährung einer Due Diligence lässt noch nicht auf erfolgreiche weitere Verhandlungen hoffen. Erst im Laufe der Due Diligence wird klarer, ob das Ergebnis positiv oder negativ ausfallen wird. Der Erwerbsinteressent wird von seinen Beratern, abgesehen von möglichen vorläufigen Zwischenergebnissen, erst am Ende der Prüfung im Wege eines Due Diligence-Berichts ausführlich über die Ergebnisse informiert. Da im Rahmen der Due Diligence auch Problemfragen auftreten können, welche eine Transaktion erheblich erschweren[844], kann somit nicht davon ausgegangen werden, dass bereits weitere Zwischenschritte wahrscheinlich sind.

---

841 *Gran*, NJW 2008, 1409, 1411.

842 Bei besonders schwerwiegenden Problemlagen kann der Transaktionsabschluss sogar noch äußerst unwahrscheinlich sein.

843 Vgl. *Hitzer*, NZG 2012, 860, 681.

844 Denkbar wären beispielsweise konkrete Probleme bei der Rekonstruktion der Erwerbskette, so dass nicht nachvollzogen werden kann, ob der Veräußerer überhaupt wirksamer Inhaber der Geschäftsanteile wurde. Weitere Beispiele wären etwa, wenn Probleme identifiziert werden, die der Erwerbsinteressent ausdrücklich als für ihn wesentliche Punkte hervorgehoben hat, wie etwa die Wirksamkeit oder (Un-)Kündbarkeit bestimmter Verträge.

7. Erfolgreicher Abschluss der Due Diligence

Die Beurteilung der Qualität als Insider-Information ändert sich nach verbreiteter Ansicht spätestens nach erfolgreichem Abschluss der Due Diligence. Ab diesem Zeitpunkt wird häufig eine hinreichende Wahrscheinlichkeit für das Zustandekommen der Transaktion angenommen[845]. Das erfolgreiche Durchlaufen der Due Diligence bedeutet, dass die Prüfung keine wesentlichen Probleme hervorgebracht hat, die dem Abschluss der Transaktion entgegenstehen. Zumeist wird die Due Diligence zwar zu offenen Punkten und Fragen führen, jedoch werden diese Probleme regelmäßig durch entsprechende Garantien oder Freistellungen im Kaufvertrag gelöst werden können[846]. Folglich ist zu erwarten, dass es nach Abschluss der Due Diligence mit überwiegender Wahrscheinlichkeit auch zu einem Transaktionsabschluss kommen wird. Auf die noch ausstehende wirtschaftliche Einigung kommt es hingegen ebenso wenig an wie die Möglichkeit, dass die Verträge bis zu ihrer Unterzeichnung noch scheitern können[847].

Aufgrund der nunmehr überwiegenden Eintrittswahrscheinlichkeit handelt es sich um einen kursrelevanten und zu veröffentlichenden Umstand, unabhängig davon, ob bereits ein früherer Zwischenschritt veröffentlicht worden ist. Bei den früheren Meldungen hätte ein verständiger Anleger die Restunsicherheit des Scheiterns der Transaktion in seiner Anlageentscheidung berücksichtigt. Dieser Risikoabschlag verringert sich nunmehr drastisch, so dass eine andere Bewertung der Ausgangslage gerechtfertigt ist. Allerdings ist es der jeweiligen Gesellschaft unbenommen, durch die Fassung eines Selbstbefreiungsbeschlusses von der Aktualisierung einer vorherigen Ad-hoc-Mitteilung abzusehen. Auch wenn der Transaktionsabschluss überwiegend wahrscheinlich ist, kann sich die Gesellschaft auf den Schutz der weiteren Verhandlungen als berechtigtes Interesse im Sinne des § 15 Abs. 3 S. 1 WpHG berufen.

Eine Ausnahme von den Grundsatz der Veröffentlichungspflicht kann nur dann gemacht werden, wenn die Durchführung der Transaktion auch nach Abschluss der Due Diligence noch von weiteren erheblichen Ungewissheiten abhängt, beispielsweise aufgrund nicht überbrückbarer wirtschaftlicher Differenzen oder einer drohenden Verweigerung der erforderlichen Zustimmung Dritter[848].

845 *Bingel*, AG 2012, 685, 696; *Klöhn*, in: Köln Komm WpHG, 2. Aufl. 2014, § 13 Rdn. 318; *Krause/Brellochs*, AG 2013, 309, 313; *Meyer/Kiesewetter*, WM 2009, 340, 341; vgl. auch *Merkner/Sustmann*, NZG 2005, 729, 736, nach denen zusätzlich die erhöhte Transaktionssicherheit durch eine gesicherte Finanzierung des Anteilserwerbs erforderlich ist. Vgl. auch Emittentenleitfaden BaFin, Stand 15. Juli 2005, Ziffer III.2.1.1.1, S. 33.

846 Vgl. *Spill*, DStR 1999, 1786, 1787.

847 Emittentenleitfaden BaFin, Stand 15. Juli 2005, Ziffer III.2.1.1.1, S. 33.

848 *Bingel*, AG 2012, 685, 696; dies soll laut *Gunßer*, S. 113 f. regelmäßig der Fall sein.

8. Einigung über die wirtschaftlichen Eckpunkte

Nachdem das Zielobjekt in der Due Diligence ausführlich geprüft worden ist, finden weitere Vertragsverhandlungen statt. Diese Verhandlungen führen letztlich zur Einigung über die endgültigen Vertragsinhalte.

Die erzielte Einigung der Parteien über die wirtschaftlichen Punkte des Vertrages stellt ein konkretes und kursrelevantes Ereignis dar. Die Kursrelevanz leitet sich dabei aus dem Endereignis ab, dessen Eintritt nunmehr hoch wahrscheinlich ist[849]. Dem kann im Regelfall auch nicht entgegen gehalten werden, dass der Abschluss der Transaktion noch der Zustimmung des Aufsichtsrats oder weiterer Genehmigungen Dritter, beispielsweise der Kartellbehörde, bedarf[850]. Erforderlich ist im Rahmen der Kursrelevanz keine vollkommene Sicherheit. Es ist lebensfremd anzunehmen, dass der Abschluss der Transaktion, nachdem das Zielobjekt umfangreich in der Due Diligence durchleuchtet wurde und eine Einigung zwischen den Parteien erzielt wurden, mit überwiegender Wahrscheinlichkeit durch einen ablehnenden Beschluss des Aufsichtsrats verhindert werden würde. Sollten insoweit die Befürchtung bestehen, dass der Aufsichtsrat negativ zur Transaktion eingestellt ist, so wird dieser schon im Vorfeld eingebunden werden, um unnötige Kosten zu vermeiden. Ferner ist auch nur im Ausnahmefall davon auszugehen, dass eine erheblich größere Wahrscheinlichkeit dafür spricht, dass eine kartellrechtliche Genehmigung versagt werden wird[851]. Somit steht auch eine ausstehende kartellrechtliche Freigabe der Transaktion der Kursrelevanz der Einigung zwischen den Parteien nicht entgegen.

Die Pflicht zur Aktualisierung einer früheren Ad-hoc-Mitteilung besteht jedoch nur dann, wenn die veränderten Umstände selbst eine Insider-Information darstellen, indem die Abweichung vom publizierten Sachverhalt kurserheblich ist[852]. Eine Aktualisierung ist daher nur dann veranlasst, wenn in den Verhandlungen ein Ergebnis erzielt wurde, welches im Zeitpunkt der Abgabe der vorherigen Ad-hoc-Mitteilung nicht zu erwarten war und deshalb eine andere Bewertung der Transaktion rechtfertigt. Evident ist dies beim Scheitern der Transaktion, da es sich dabei um den actus contrarius der mitgeteilten Umstände handelt[853]. Beim Fortgang der Transaktion demgegenüber ist zumeist nur dann eine erneute Ad-hoc-Mitteilung veranlasst, wenn es sich um eine sehr bedeutende Transaktion handelt und der

849 *Gunßer*, S. 115; *Harbarth*, ZIP 2005, 1898, 1902.

850 Vgl. insoweit schon Emittentenleitfaden BaFin, Stand 15. Juli 2005, Ziffer III.2.1.1.1, S. 33, wonach dieses Argument bereits nach der erfolgreichen Due Diligence nicht mehr greift.

851 Vgl. hierzu die Angaben in FN. 864.

852 Vgl. *Frowein*, in: Habersack/Mülbert/Schlitt, Handbuch der Kapitalmarktinformation, 2. Aufl. 2013, § 10 Rdn. 127; *Assmann*, in: Assmann/Schneider, WpHG, 6. Aufl. 2012, § 15 Rdn. 183.

853 *Harbarth*, ZIP 2005, 1898, 1907 f.

Eintritt des Endereignisses im Zeitpunkt der ersten Mitteilung noch sehr fragwürdig war[854].

9. Abschluss des Vertrages

Nachdem die Parteien sich über die finalen offenen Fragen geeinigt haben, werden die Verträge finalisiert und unterzeichnet (*Signing*). Für den Vertragsabschluss wird vorher auch noch die eventuell erforderliche Genehmigung des Aufsichtsrats eingeholt[855]. Die Transaktion ist damit, wenn man nur auf den schuldrechtlichen Vertragsabschluss abstellt, abgeschlossen.

Stellt man auf den dinglichen Vollzug der Transaktion (*Closing*) ab, so ist dieser, sofern er sich vom Tag des Signings unterscheidet, hoch wahrscheinlich geworden. Zwar hängt der dingliche Vollzug noch vom Eintritt bestimmter, im Kaufvertrag vereinbarter Bedingungen ab. Im Regelfall ist jedoch davon auszugehen, dass diese Bedingungen erfüllt werden oder dass eine Partei auf deren Eintritt verzichtet, um die Transaktion abschließen zu können[856]. Folglich stellt das Signing eine zu veröffentlichende Information dar, selbst wenn die fusionskontrollrechtliche Freigabe noch ausstehen sollte[857]. Ein Aufschub der Veröffentlichung der Information ist ab diesem Zeitpunkt allerdings nicht mehr möglich, da eine Beeinträchtigung der Verhandlungen nicht mehr zu befürchten ist und die Parteien die Entscheidung über die möglicherweise erforderliche fusionskontrollrechtliche Genehmigung nicht ausschließlich selbst in der Hand haben[858].

Da die Verhandlungen nunmehr beendet sind, können sich die Parteien auch nicht mehr auf den Schutz der Verhandlungen als berechtigtes Interesse im Sinne des § 15 Abs. 3 S. 1 WpHG berufen. Ein weiterer Aufschub der Veröffentlichung ist daher nicht mehr gerechtfertigt. Wenn bereits zuvor eine Ad-hoc-Mitteilung abgegeben wurde, so ist diese nunmehr zu aktualisieren, da dem endgültigen Eintritt des Endereignisses eine eigenständige Bedeutung für die Anleger zukommt.

10. Zustimmung von Dritten

Bei manchen Transaktionen ist es zusätzlich erforderlich, dass die Unternehmensübernahme von Dritten genehmigt wird, beispielsweise von Kartellbehörden[859]. Diese Genehmigung ist Voraussetzung dafür, dass das kartellrechtliche Vollzugsverbot des

---

854 Vgl. *Harbarth*, ZIP 2005, 1898, 1908, der als Beispiel die Freigabe einer zuvor fraglichen kartellrechtlichen Genehmigung nennt.

855 *Pfüller*, in: Fuchs, WpHG, 2009, § 15 Rdn. 205.

856 Vgl. *Kleinheisterkamp/Schell*, DStR 2010, 833, 837.

857 *Harbarth*, ZIP 2005, 1898, 1900.

858 *Pfüller*, in: Fuchs, WpHG, 2009, § 15 Rdn. 208.

859 *Pfüller*, in: Fuchs, WpHG, 2009, § 15 Rdn. 205.

§ 41 Abs. 1 S. 1 GWB[860] (bzw. Art. 7 FKVO[861] bei Zusammenschlüssen von gemeinschaftsweiter Bedeutung) wegfällt und die Transaktion vollzogen werden darf[862]. Daher wird sie oftmals als Closing-Bedingung in den Vertragstext aufgenommen oder das Closing findet erst nach Genehmigungserteilung statt[863]. Dass diese Genehmigung erteilt wird, ist nur in wenigen Fällen ernsthaft zweifelhaft[864]. Zumeist werden bereits im Vorfeld der Transaktionsanbahnung die Voraussetzungen für eine Freigabe intensiv geprüft werden, um ein nachträgliches Scheitern der Transaktion zu vermeiden. Von Bedeutung ist vielmehr meist die Frage, ob und welche Bedingungen die Kartellbehörden bei der Erteilung der Freigabe festsetzen. Bei genauerer Betrachtung handelt es sich deshalb wiederum um einen eigenständigen mehrstufigen Geschehensverlauf.

a) Insiderrelevanz des Freigabeprozesses

In diesem Freigabeprozess stellt sich insbesondere die Problematik, ob während dieses Verfahrens neue Insider-Informationen entstehen können, welche wiederum selbst veröffentlichungspflichtig sein könnten[865]. Sollte die Genehmigung verweigert werden und dadurch die Transaktion scheitern, so handelt es sich dabei um eine neue, kursrelevante Information, welche im Wege einer Ad-hoc-Mitteilung zu veröffentlichen ist. Von Relevanz können allerdings auch die Bedingungen sein, die im Fall der Erteilung der kartellrechtlichen Genehmigung auferlegt werden. Zu solchen Auflagen kann beispielsweise der Verkauf bestimmter Geschäftsfelder des Zielobjekts oder anderer Beteiligungen gehören[866]. Dadurch haben diese Bedingungen einen unmittelbaren Einfluss auf die Bewertung der Transaktion durch den Markt, da der strategische Nutzen der Übernahme wegfallen kann oder aber auch

860 Gesetz gegen Wettbewerbsbeschränkungen idF. der Bekanntmachung vom 26. Juni 2013, BGBl. I, S. 1750.

861 VO (EG) Nr. 139/2004 des Rates vom 20. Januar 2004 über die Kontrolle von Unternehmenszusammenschlüssen („EG-Fusionskontrollverordnung"), ABl. EU Nr. L 24/1 vom 29. Januar 2004.

862 *Mayer/Miege*, BB 2008, 2031, *Holzapfel/Pöllath*, Unternehmenskauf in Recht und Praxis, 14. Aufl. 2010, Rz. 116 und 121.

863 *Mielke/Welling*, BB 2007, 277.

864 Vgl. *Hölters*, in: Hölters, Handbuch Unternehmenskauf, 7. Aufl. 2010, Teil I Rz. 67, wonach zwischen 1990 und 2008 28.957 Zusammenschlüsse angemeldet worden sind und es lediglich in 175 zu einer Versagung des Zusammenschlusses gekommen ist. Die durchschnittliche Wahrscheinlichkeit einer Versagung liegt daher gerade einmal bei 0,60%.

865 Die Einholung der kartellrechtlichen Genehmigung rechtfertigt nach *Pfüller*, in: Fuchs, WpHG, 2009, § 15 Rdn. 208 keinen weiteren Aufschub der Ad-hoc-Publizität hinsichtlich der Transaktion, da sie nicht mehr der Entscheidung der beteiligten Parteien unterliegt.

866 Vgl. *Emberger/Peter*, in: Loewenheim/Meessen/Riesenkampff, Kartellrecht, 2. Aufl. 2009, Art. 6 FKVO Rdn. 33 mit Verweis auf Praxisbeispielen.

der Wert des Zielobjekts nicht mehr mit der gezahlten Gegenleistung des Erwerbers korrespondiert. Aus diesem Grund können die kartellrechtlichen Auflagen ebenfalls zu veröffentlichende Informationen darstellen, da sie dem Markt noch nicht bekannt sind und Auswirkungen auf den Aktienkurs haben können.

b) Anmeldung und Eintritt in die Hauptprüfung

Die Transaktion wird bei den Kartellbehörden angemeldet, was für sich genommen keine Kursrelevanz hat. Dieser Schritt ist der notwendige nächste Schritt nach Unterzeichnung des Vertrages. Daraufhin besteht die Möglichkeit, dass die Kartellbehörde mitteilt, dass eine umfangreiche Prüfung in der Hauptsache durchgeführt werden soll, also in die Phase II eingetreten werden soll[867]. Dies wird nur selten Kursrelevanz haben, da eine solche Anordnung im konkreten Fall meist nicht überraschend erteilt wird und die Einleitung der intensiven Prüfung noch keine Auswirkungen auf das Ergebnis der Untersuchung hat[868].

c) Abgabe eines ersten Angebots mit Verpflichtungszusagen

Im Rahmen der ersten Phase dieses Prüfungsverfahrens wird der Emittent ein mit den Kartellbehörden in informellen Gesprächen abgestimmtes Auflagenpaket abgeben, sofern dies erforderlich erscheinen sollte[869]. Dessen Inhalt könnte grundsätzlich eine Insider-Information begründen, da jedenfalls zu erwarten ist, dass diese Auflagen das Mindestmaß der zu erwartenden Restriktionen darstellen[870]. Ob es sich um eine Insider-Information handelt, hängt jedoch maßgeblich von den zugesagten Auflagen und den Erwartungen des Marktes sowie der vorherigen Kommunikation des Unternehmens ab. Beispielsweise besteht die Möglichkeit, dass sich das Auflagenpaket auf solche Restriktionen beschränkt, die in vergleichbaren Fällen bereits von den Marktteilnehmern erwartet werden konnten, beispielsweise weil die Auflagen bereits in vergleichbaren Freigabeanträgen von Mitbewerbern verlangt wurden. In einem solchen Fall hat sich der Markt bereits darauf eingestellt, dass die Transaktion nur mit diesen Restriktionen genehmigt werden wird[871]. Eine

867 *Müller*, WRP 2002, 1037, 1038.

868 Vgl. hierzu auch die Nachweise bei *Müller*, WRP 2002, 1037, 1038 FN. 8, wonach bis zum 31.12.2000 zwar nur 5% der Verfahren in der Phase II entschieden wurden, allerdings in nur 1/6 der davon betroffenen Verfahren eine Versagung erteilt wurde.

869 Vgl. *Körber*, in: Immenga/Mestmäcker, EU-Wettbewerbsrecht, 5. Aufl. 2012, Art. 6 FKVO Rdn. 43.

870 Bei Unzulänglichkeit oder Ungeeignetheit der gemachten Zusagen wird in die zweite Prüfungsphase eingetreten, vgl. *Emberger/Peter*, in: Loewenheim/Meessen/Riesenkampff, Kartellrecht, 2. Aufl. 2009, Art. 6 FKVO Rdn. 28.

871 Wenn eine Information bereits vom Markt erwartet worden war, wird sie bereits vollständig im Preis des Finanzinstruments reflektiert werden. In Anlehnung an die US-amerikanische „truth-on-the-market doctrine“ fehlt es daher an der Kursrelevanz, vgl. *Klöhn*, in: Köln Komm WpHG, 2. Aufl. 2014, § 13 Rdn. 168 ff.

Kursrelevanz der abgegebenen Verpflichtungszusagen wird daher im Regelfall zu verneinen sein[872].

Das mit den Kartellbehörden abgestimmte Paket mit Verpflichtungszusagen wird im Anschluss den Wettbewerbern des Zielunternehmens in einem Markttest zur Stellungnahme übermittelt[873]. Dies hat jedoch zur Folge, dass der Antragsteller nicht den Ausweg einer vorsorglichen Selbstbefreiung wählen kann. Da die Verpflichtungszusagen durch diesen Markttest anderen Marktteilnehmern mitgeteilt werden, können die Voraussetzungen, die an die Inanspruchnahme einer Selbstbefreiung zu setzen sind, nicht gewährleistet werden. § 15 Abs. 3 S. 1 WpHG erfordert unter anderem die Gewährleistung der Vertraulichkeit einer Information. Dies setzt insbesondere voraus, dass der Zugang zur Information kontrolliert werden kann[874]. Nachdem andere Marktteilnehmer Kenntnis der Information erlangt haben, hat der Antragsteller keinen Einfluss mehr darauf, wer bei den Wettbewerbern Zugang zu dieser Information erhält. Der Emittent ist daher in dem Dilemma, dass er die Frage nach dem Bestehen einer Insider-Information nicht bis zur endgültigen Entscheidung der Kartellbehörden hinausschieben kann.

d) Notwendigkeit weiterer Verpflichtungszusagen

Im Anschluss an den Markttest werten die Kartellbehörden die Reaktionen der Marktteilnehmer auf das Auflagenpaket aus. Wenn sie dabei zu dem Schluss kommen, dass die angebotenen Restriktionen noch nicht ausreichen, dann wird dies dem Antragsteller mitgeteilt[875] und mit ihm ein verschärftes Maßnahmenpaket abgesprochen werden[876]. Der Mitteilung über die negative Auswertung des Markttests kann für sich keine Kursrelevanz zugebilligt werden. Für den verständigen Anleger wird es vielmehr darauf ankommen, welche weiteren Verpflichtungen vom Antragsteller gefordert werden. Je nach Art und Umfang dieser verschärften Auflagen kann im Regelfall erst das erweiterte Angebot mit Verpflichtungszusagen des Antragstellers

---

872 Zur Abhängigkeit der Kursrelevanz von den Erwartungen des Marktes vgl. *Klöhn*, ZIP 2014, 945, 947.

873 *Körber*, in: Immenga/Mestmäcker, EU-Wettbewerbsrecht, 5. Aufl. 2012, Art. 6 FKVO Rdn. 50.

874 Dieses Erfordernis wird in § 7 WpAIV statuiert, vgl. auch *Zimmer/Kruse*, in: Schwark/Zimmer, Kapitalmarktrechts-Kommentar, 4. Aufl. 2010, § 15 WpHG Rdn. 69; *Assmann*, in: Assmann/Schneider, WpHG, 6. Aufl. 2012, § 15 Rdn. 161.

875 Ein Beispiel findet sich bei dem geplanten Erwerb der Programmzeitschriften der Axel Springer SE durch die Funke-Mediengruppe (vgl. die Pressemitteilung der Axel Springer SE vom 24. Februar 2014, abrufbar unter http://www.axelspringer.de/presse/FUNKE-MEDIENGRUPPE-Axel-Springer-SE-Kartellamt-gibt-vorlaeufige-Einschaetzung-zum-uebernahmeantrag-der-Programmzeitschriften-bekannt_20101406.html).

876 Die zweite Prüfungsphase dient dazu, die Zusagen zu verbessern, vgl. *Emberger/Peter*, in: Loewenheim/Meessen/Riesenkampff, Kartellrecht, 2. Aufl. 2009, Art. 6 FKVO Rdn. 28.

die Schwelle zur Kursrelevanz überschreiten, da zu erwarten ist, dass aufgrund der engen Abstimmung mit den Behörden ein den Zusammenschluss unter diesen Auflagen genehmigender Bescheid erteilt wird. Mit Blick auf den Umstand, dass seitens der Kartellbehörden im Normalfall erst mit der endgültigen Entscheidung weitere Pressemitteilungen abgegeben werden[877], kann der Antragsteller jedoch auf die Möglichkeit der Selbstbefreiung zurückgreifen bis ihm der Bescheid der Kartellbehörden zugestellt wird.

11. Closing

Beim Closing wird die Transaktion letztlich abgeschlossen, so dass dies eine konkrete Information darstellt. Eine erneute Ad-hoc-Mitteilung ist jedoch nur in Ausnahmefällen angezeigt. Bereits bei Vertragsabschluss ist die Erfüllung der Closing-Bedingungen hinreichend wahrscheinlich[878]. Nach der veröffentlichten Information, dass der Vertrag unterzeichnet worden ist, passt der verständige Anleger seine Anlageentscheidung an. Den dinglichen Vollzug der Transaktion wird er dabei bereits in den Börsenkurs einpreisen. Dem Closing wird daher keine erneute Kursrelevanz mehr zukommen. Eine Aktualisierung der Ad-hoc-Mitteilung ist folglich nicht mehr angebracht[879].

12. Zwischenergebnis

Bei einer Transaktion wird auf Seiten des Veräußerers und des Bieters im Regelfall erst dann eine Insider-Information entstehen, wenn ein Letter of Intent abgeschlossen wurde. Die vorgehenden ersten Vertragsverhandlungen sind zumeist noch zu unfundiert, als dass von einer Insider-Information ausgegangen werden könnte. Sobald ein Letter of Intent abgeschlossen wird, wird sich unmittelbar darauf eine Due Diligence anschließen. Diese lässt eine Transaktion nicht mehr gänzlich unwahrscheinlich erscheinen, da die meisten in der Due Diligence aufgedeckten Probleme durch

877 So hat beispielsweise das Bundeskartellamt die Abgabe einer vorläufigen Einschätzung zu der geplanten Übernahme der Programmzeitschriften der Axel Springer SE durch die Funke-Mediengruppe erst am Folgetag bestätigt, nachdem die Unternehmen den Eingang der Einschätzung veröffentlicht hatten (vgl. die Pressemitteilung des Bundeskartellamts vom 25. Februar 2014, abrufbar unter http://www.bundeskartellamt.de/SharedDocs/Meldung/DE/Pressemitteilungen/2014/25_02_2014_Springer-Funke.html?nn=3591286).

878 Vgl. *Hölters*, in: Hölters, Handbuch Unternehmenskauf, 7. Aufl. 2010, Teil X Rz. 240.

879 Vgl. jedoch die Ad-hoc-Mitteilung der Loewe AG (abrufbar unter http://www.dgap.de/dgap/News/adhoc/loewe-closingvoraussetzungen-fuer-asset-deal-eingetreten/?companyID=76&newsID=796116), durch die der Eintritt der Closing-Bedingungen gesondert veröffentlicht wurde. Dies mag jedoch auch daran liegen, dass es sich um eine Übernahme aus der Insolvenz heraus handelte und ein erster Kaufinteressent nach dem Abschluss eines Kaufvertrages noch vor dem Closing wieder vom Vertrag zurückgetreten ist.

entsprechende vertragliche Regelungen abgedeckt werden können. Der Abschluss der Transaktion als Endereignis wird zumeist mit der wirtschaftlichen Einigung über die Eckpunkte sogar überwiegend wahrscheinlich werden. Zeitlich sich anschließende Vorgänge, wie die Vertragsunterzeichnung selbst oder die Gremienzustimmung, stehen dem nicht entgegen. Sofern die Transaktion selbst von einer kartellrechtlichen Freigabeentscheidung abhängt, so handelt es sich bei dieser um eine gesonderte Insider-Information.

IV. Ad-hoc-Publizitätspflicht aus Sicht der Zielgesellschaft

Nachdem die einzelnen Stufen eines mehrstufigen Geschehensverlaufs aus Sicht des Verkäufers bzw. Käufers auf ihre Veröffentlichungspflicht hin untersucht wurden, stellt sich die Frage, zu welchem Zeitpunkt aus Sicht der Zielgesellschaft eine Insider-Information entsteht. Hier kann ohnehin erst dann ein relevanter Zwischenschritt entstehen, wenn diese in den Prozess mit eingebunden wird. Im Regelfall wird dies erst dann der Fall sein, wenn die Zielgesellschaft an den Vorgesprächen teilnimmt oder die Due Diligence des Erwerbsinteressenten zulässt. Entscheidend ist insoweit jedoch, ob bzw. welche Zwischenschritte geeignet sind, den Börsenkurs der Zielgesellschaft erheblich zu beeinflussen und damit kursrelevant sind.

1. Unterscheidung zwischen Paket- und Kontrollerwerb

Im Wesentlichen dürfte die Kursrelevanz davon abhängen, ob es sich bei der Transaktion lediglich um die Veräußerung eines Aktienpaketes handelt oder um den Fall einer Transaktion mit damit verbundenem Kontrollwechsel[880]. Im Fall eines öffentlichen Übernahmeangebots sind die Auswirkungen auf das Zielunternehmen spürbar, so dass der Eingang eines solchen Angebots stets eine Insider-Information darstellt[881].

Im Fall der Veräußerung einer wesentlichen, strategischen Einfluss vermittelnden Beteiligung sind die Auswirkungen auf das Zielunternehmen spürbar, da mit dem Mehrheitseigner auch die Unternehmensphilosophie indirekt gesteuert wird[882]. Insoweit ist die Kursrelevanz tendenziell zu bejahen[883]. Gleiches gilt auch dann, wenn der Erwerbsinteressent spezielles Know-how zur Verfügung stellt oder Geschäftsfelder

---

880 Vgl. zu den verschiedenen Beurteilungsblickwinkeln *Bingel*, AG 2012, 685, 696 f.; *Kocher/Widder*, CFL 2011, 88, 93.

881 *Kocher/Widder*, CFL 2011, 88, 93 bezeichnen dies als „*locus classicus*" des Insiderrechts. In diesem Fall bestehen dann ohnehin umfangreiche, im WpÜG geregelte Verhaltenspflichten der Zielgesellschaft, vgl. *Zimmer/Kruse*, in: Schwark/Zimmer, Kapitalmarktrechts-Kommentar, 4. Aufl. 2010, § 15 Rdn. 42.

882 Vgl. *Bingel*, AG 2012, 685, 697.

883 Darauf abstellend auch *Parmentier*, NZG 2007, 407, 414; *Kocher/Widder*, CFL 2011, 88, 93.

erschließt und damit neue wirtschaftliche Möglichkeiten eröffnet[884]. Hingegen ist es für ein Unternehmen mangels Änderung der strategischen Ausrichtung und Auswirkung auf die zukünftige Entwicklung des Zielunternehmens regelmäßig ohne Einfluss, wenn ein Aktionär, der nur in geringerem Umfang beteiligt ist, seine Anteile am Zielunternehmen veräußert[885].

2. Kursrelevante Stadien aus Sicht der Zielgesellschaft

Nachdem deutlich geworden ist, dass regelmäßig nur die Veräußerung eines größeren Aktienpakets mit damit verbundenem Kontrollwechsel für die Zielgesellschaft kursrelevant ist, ist weiter zu prüfen, ab welchem Stadium einer solchen Transaktion Kursbeeinflussungspotential besteht.

Die Zielgesellschaft kann erst dann zur Abgabe einer Ad-hoc-Mitteilung verpflichtet sein, wenn sie überhaupt in die Transaktion einbezogen ist. Sofern sie beispielsweise im Rahmen der Vorgespräche außen vor bleibt, kann sie nicht zur Veröffentlichung einer Ad-hoc-Mitteilung verpflichtet sein. Zu berücksichtigen ist ferner, dass die Zielgesellschaft im Regelfall nur wenig Einfluss darauf haben wird, ob die Transaktion erfolgreich abgeschlossen wird. Dies richtet sich maßgeblich nach dem Willen von Käufer und Verkäufer. Die Zielgesellschaft kann daher im Rahmen der Prüfung der aus dem Endereignis abgeleiteten Kursrelevanz nur darauf abstellen, inwiefern aus ihrer eigenen Sicht die Verhandlungen zwischen Käufer und Verkäufer erfolgreich zu Ende geführt werden. Hingegen ist bei der Beurteilung der autonomen Kursrelevanz ausschließlich auf die Auswirkungen des Zwischenschritts auf die Zielgesellschaft abzustellen.

a) Vorgespräche

Auch wenn die Zielgesellschaft in die Vorgespräche, die für den Veräußerer bzw. Erwerber im Regelfall noch keine Insider-Information darstellen, eingebunden wird, wird es an der Kursrelevanz dieses Zwischenschritts mangeln. Für die Parteien handelt es sich zu diesem Zeitpunkt noch um bloße Vorbereitungshandlungen[886]. Das Endereignis ist noch zu unwahrscheinlich. Die bloße Tatsache, dass der Hauptaktionär möglicherweise veräußerungswillig ist, wird bei der Zielgesellschaft keine erheblichen Auswirkungen auf den Börsenkurs hervorrufen. Eine Pflicht zur Abgabe einer Ad-hoc-Mitteilung wird daher im Regelfall nicht bestehen.

---

884 *Linker/Zinger*, NZG 2002, 497, 501.

885 Vgl. zu dieser Unterscheidung auch *Kocher/Widder*, CFL 2011, 88, 93; *Parmentier* NZG 2007, 407, 414.

886 Dies gilt für die Zielgesellschaft noch mehr als für Verkäufer und Käufer, da die Zielgesellschaft regelmäßig nur das Objekt des Verfahrens ist.

b) *Letter of Intent*

Wie auch aus dem Blickwinkel von Käufer bzw. Verkäufer, so ist auch für die Zielgesellschaft mit der Unterzeichnung eines Letter of Intent die Schwelle der Kurserheblichkeit überschritten, sofern es sich um einen möglichen Kontrollwechsel oder um eine Beteiligung mit strategischer Bedeutung handelt[887]. Die mit dem Letter of Intent verbundene Dokumentation des ernsthaften Einigungswillens[888] zwischen den Parteien macht deutlich, dass sich die Zielgesellschaft auf einen möglichen Wechsel in der Unternehmensstrategie einstellen muss. Dies hat für sich Kursrelevanz, so dass auf Seiten der Zielgesellschaft bereits eine Pflicht zur Veröffentlichung einer Ad-hoc-Mitteilung entsteht.

c) *Due Diligence*

Die Tatsache, dass die Zielgesellschaft dem Erwerbsinteressenten eine Due Diligence ermöglicht, kann für sich gesehen bereits eine Insider-Information darstellen. Zwar wird auch vertreten, dass der Transaktionsabschluss zu unwahrscheinlich sein soll, um eine Veröffentlichungspflicht auszulösen[889]. Bei der Beurteilung der Kursrelevanz kommt es aber nicht nur auf die Wahrscheinlichkeit des Zustandekommens der Transaktion ab, sondern es müssen alle Anhaltspunkte bewertet werden, die einen Transaktionsabschluss tatsächlich erwarten lassen. Eine Due Diligence kann nur dann gewährt werden, wenn die Zielgesellschaft ein Interesse am Zustandekommen der Transaktion hat[890]. Die Zielgesellschaft wird daher die Transaktion ebenfalls fördern wollen[891]. Alleine die Kenntnis dieser Haltung der Zielgesellschaft wird für den verständigen Anleger, der nur in geringem Umfang an dem Unternehmen beteiligt ist, Anlass sein, seine Investitionsentscheidung zu überdenken.

Folglich ist die Entscheidung des Zielunternehmens, eine Due Diligence durch den Bieter zuzulassen, ein kurserhebliches Ereignis, auch wenn der spätere Transaktionsabschluss nicht präjudiziert wird[892]. Ob dieser Umstand gesondert zu veröffentlichen

---

887 *Lebherz*, WM 2010, 154, 161. Vgl. auch Emittentenleitfaden BaFin, Stand 28. April 2009, Ziffer IV.2.2.14, S. 58, wobei die BaFin nicht speziell zwischen der Ad-hoc-Publizitätspflicht von Bieter und Zielgesellschaft unterscheidet.

888 Darauf stellt insbesondere *Lebherz*, WM 2010, 154, 161 ab.

889 Vgl. *Bingel*, AG 2012, 685, 697; *Assmann*, in: Assmann/Schneider, WpHG, 6. Aufl. 2012, § 15 Rdn. 82, 75; kritisch *Kocher/Widder*, CFL 2011, 88, 94.

890 Vgl. hierzu *Fleischer*, in: Spindler/Stilz, Aktiengesetz, 2. Aufl. 2010, § 93 Rdn. 170.

891 Auf den Aspekt der Förderung hinweisend *Thiel*, in: Semler/Volhard, Arbeitshandbuch für Unternehmensübernahmen, Band 1, 2001, § 31 Rdn. 110, welche demzufolge im Fall eines Übernahmeangebots eine Ad-hoc-Publizitätspflicht bereits ab dem Zeitpunkt bejaht, in welchem die Zielgesellschaft sich zur Förderung der Transaktion entscheidet, unabhängig von der jeweiligen Erfolgswahrscheinlichkeit.

892 Vgl. *Thiel*, in: Semler/Volhard, Arbeitshandbuch für Unternehmensübernahmen, Band 1, 2001, § 31 Rdn. 110; *Pfüller*, in: Fuchs, WpHG, 2009, § 15 Rdn. 201. Jedenfalls für den Fall, dass die Due Diligence einziges Hindernis für den Beteiligungserwerb

ist, hängt zum einen davon ab, ob bereits die Unterzeichnung des Letter of Intent mitgeteilt wurde und dadurch die Öffentlichkeit über die Möglichkeit einer Transaktion informiert wurde. Zum anderen ist zu überlegen, ob die Zielgesellschaft einen Beschluss zur Selbstbefreiung fassen will. Nur wenn sie ein eigenes Interesse an dem Gelingen des Erwerbs hat, kann sie sich auf den Schutz ihrer berechtigten Interessen im Sinne des § 15 Abs. 3 S. 1 WpHG berufen[893].

d) Wirtschaftliche Einigung

Ob die Due Diligence aus Sicht des Erwerbsinteressenten als erfolgreich angesehen wird, kann die Zielgesellschaft im Regelfall nicht sogleich beurteilen[894]. Erst nachdem die Zielgesellschaft in die weiteren Vertragsverhandlungen eingebunden und mit den Ergebnissen der Due Diligence konfrontiert wird, kann sie die Erfolgsaussichten der Transaktion neu beurteilen. Sobald die Due Diligence zur Zufriedenheit des Erwerbsinteressenten verlaufen ist und es sich anschickt, dass sich die Parteien über die Eckpunkte der Transaktion wirtschaftlich einigen, wird die Veräußerung der Beteiligung auch aus dem Blickwinkel der Zielgesellschaft überwiegend wahrscheinlich[895]. Damit ist von Seiten der Zielgesellschaft tatsächlich zu erwarten, dass die Kontrolle am Unternehmen auf den Erwerber übergehen wird und sich damit möglicherweise die Strategie der Zielgesellschaft zukünftig ändern wird. Dadurch ist die Zielgesellschaft auch unmittelbar betroffen. Aufgrund dieses nunmehr wahrscheinlich gewordenen und kursrelevanten zukünftigen Endereignisses ist eine Ad-hoc-Mitteilungspflicht gegeben. Die hinreichende Wahrscheinlichkeit des Endereignisses hat unabhängig von früheren Mitteilungen der Parteien eine besondere Kursrelevanz, da die Restunsicherheit, die ein verständiger Anleger eingepreist haben wird, wegfällt.

Solange jedoch der Vertrag nicht unterschrieben ist, kann die Zielgesellschaft zum Schutz der Verhandlungen die Verweigerung gemäß § 15 Abs. 3 S. 1 WpHG aufschieben, wenn sie ein eigenes Interesse an der Übernahme hat[896].

---

ist und aller Aussicht nach zu einem positiven Ergebnis führen wird *Götze*, BB 1998, 2326, 2329.

893 Vgl. zur Möglichkeit der Selbstbefreiung der Zielgesellschaft *Merkner/Sustmann*, NZG 2005, 729, 736 f.

894 Obgleich ihr natürlich die eigenen Verhältnisse im Unternehmen regelmäßig am besten bekannt sein werden, weiß die Zielgesellschaft nicht, ob die möglicherweise speziellen Interessen des Erwerbsinteressenten ausreichend beachtet sind.

895 Eine andere Beurteilung zu dem Blickwinkel von Veräußerer und Erwerber (vgl. I.III.8) ist nicht veranlasst.

896 Vgl. *Merkner/Sustmann*, NZG 2005, 729, 736 zum Parallelfall des öffentlichen Angebots.

e) *Unterzeichnung des Vertrages*

Mit der Unterzeichnung des Vertrages ist das Endereignis endgültig eingetreten. Die Möglichkeit des Aufschubs der Ad-hoc-Mitteilung ist fortan nicht mehr eröffnet, da eine Gefährdung der Verhandlungen nicht mehr zu befürchten ist. Die Veröffentlichung ist daher in jedem Fall nach der Unterzeichnung des Vertrages vorzunehmen.

3. Zusammenfassung

Aus Sicht der Zielgesellschaft besteht eine Ad-hoc-Publizitätspflicht im Regelfall nur dann, wenn ein größeres Aktienpaket veräußert wird, welches maßgebliche Kontrolle über die Zielgesellschft vermittelt. Sobald der Veräußerer und der Erwerber einen Letter of Intent abgeschlossen haben, entsteht für die Zielgesellschaft eine Insider-Information, da sich die Zielgesellschaft auf einen Kontrollwechsel einstellen muss. Jedenfalls mit der Gewährung einer Due Diligence entsteht eine Insider-Information, da hierdurch deutlich wird, dass die Zielgesellschaft der Übernahme positiv gegenüber steht. Dies wird für einen verständigen Anleger relevant für die Anlageentscheidung sein.

V. Sonderfall des Auktionsverfahrens

Einen weiteren Sonderfall stellt das Auktionsverfahren dar. Die Besonderheit darin liegt vor allem in der Tatsache, dass die Verhandlungen nicht bilateral, sondern multilateral zwischen verschiedenen Parteien geführt werden.

1. Entschluss zur Unternehmensveräußerung

Auch bei einem Auktionsverfahren führt die Entscheidung des Verkäufers, seine Beteiligung abstoßen zu wollen, zu keiner Insider-Information. Zwar mag schon die feste Absicht hierzu bestehen, aber der Veräußerer wird seine endgültige Entscheidung vom erzielbaren Verkaufserlös abhängig machen[897]. Folglich ist die Information noch nicht hinreichend spezifisch genug, um die Konkretheit herbeiführen zu können[898].

Daran ändert sich auch nichts, wenn der Veräußerer umfassende Vorbereitungshandlungen wie beispielsweise die Strukturierung des Verkaufsobjekts getroffen hat[899]. Diese Handlungen machen den Abschluss der Transaktion nicht wahrscheinlicher.

---

897 Vgl. aber auch die Parallele bei bilateralen Verhandlungen (siehe dort I.III.1), wonach mit dem Verkaufsentschluss gleichzeitig eine Änderung der Unternehmensstrategie einhergehen kann, welche Anlass für eine Ad-hoc-Veröffentlichung ist.

898 Vgl. *Frowein*, in: Habersack/Mülberg/Schlitt, Handbuch der Kapitalmarktinformation, 2. Aufl. 2013, § 10 Rdn. 43; *Gunßer*, S. 120.

899 *Gunßer*, S. 120.

2. Versand des Information Memorandum

Die Berater des Veräußerers erstellen daraufhin ein Information Memorandum[900], welches an eine Vielzahl potentieller Erwerbsinteressenten versendet wird[901]. Es enthält eine ausführliche Beschreibung des Geschäftsmodells, Marktumfelds sowie der rechtlichen und finanziellen Verhältnisse des zu veräußernden Unternehmens[902]. Das Information Memorandum verdeutlicht den Willen des Veräußerers, sich von seiner Beteiligung zu trennen. Allerdings kann erst nach Eingang entsprechender Rückmeldungen näher bestimmt werden, ob es überhaupt ausreichende Interessenten gibt oder ob der Auktionsprozess ergebnislos abgebrochen wird.

3. Indicative Offer

Auf das Information Memorandum hin geben die interessierten Bieter ein unverbindliches Angebot („indicative offer", auch „indicative bid" genannt[903]) ab. Zwar hat ein solches Angebot keine rechtliche Bindungswirkung[904]. In diesem Angebot dokumentieren die Interessenten jedoch ihre Erwerbsabsicht, stellen die geplante rechtliche Struktur der Transaktion und ihre strategischen Entwicklungsideen dar und nennen den groben Kaufpreisrahmen, den sie zu zahlen bereit sind[905]. Nach Eingang der indikativen Angebote kann der Veräußerer abschätzen, wie viele und welche Interessenten es gibt sowie welcher Kaufpreis zu erzielen ist. Im Folgenden wird im Regelfall nur eine bestimmte Anzahl an Interessenten ausgewählt, die im Lauf der weiteren Auktion Berücksichtigung finden[906].

---

900 Teilweise wird vorher noch ein noch unverbindlicherer „Teaser" versandt, um Interessenten anzusprechen, vgl. *Jacqes*, in: Ettinger/Jacques, Beck'sches Handbuch Unternehmenskauf im Mittelstand, 2012, Kapitel B, Rz. 21 f.

901 *Hölters*, in: Hölters, Handbuch Unternehmenskauf, 7. Aufl. 2010, Kapitel I Rz. 150.

902 *Hanke/Socher*, NJW 2010, 664, 665; *Jacqes*, in: Ettinger/Jacques, Beck'sches Handbuch Unternehmenskauf im Mittelstand, 2012, Kapitel B, Rz. 22; *Weber-Rey*, in: Semler/Volhard, Arbeitshandbuch für Unternehmensübernahmen, Band 1, 2001, § 11 Rz. 66.

903 *Kästle/Oberbracht*, Unternehmenskauf – Share Purchase Agreement, 2. Aufl. 2010, S. 13.

904 *Weber-Rey*, in: Semler/Volhard, Arbeitshandbuch für Unternehmensübernahmen, Band 1, 2001, § 11 Rz. 68; *Holzapfel/Pöllath*, Unternehmenskauf in Recht und Praxis, 14. Auflage 2010, Rz. 126; *Hölters*, in: Hölters, Handbuch Unternehmenskauf, 7. Aufl. 2010, Kapitel I Rz. 151.

905 Vgl. *Gunßer*, S. 120; *Weber-Rey*, in: Semler/Volhard, Arbeitshandbuch für Unternehmensübernahmen, Band 1, 2001, § 11 Rz. 69; *Picot*, Handbuch Mergers & Acquisitions, 4. Aufl. 2008, S. 31.

906 Vgl. zur Vorauswahl und den maßgeblichen Erwägungen für die Auswahl der Interessenten *Hölters*, in: Hölters, Handbuch Unternehmenskauf, 7. Aufl. 2010, Kapitel I Rz. 152.

Fraglich ist, ob nunmehr eine Insider-Information entstanden ist. Sofern aus Sicht des Veräußerers eine ausreichende Anzahl von zufriedenstellenden Geboten eingegangen ist, steigt die Wahrscheinlichkeit, dass die Transaktion zu Ende geführt wird. Dass sich noch nicht herauskristallisiert hat, welcher der Bieter den Zuschlag erhalten wird, ist für den Veräußerer angesichts des Umstands, dass er ein Auktionsverfahren angestrengt hat, unerheblich. Der Transaktionsabschluss kann aus Sicht des Veräußerers schon als „offen" und nicht mehr nur als „unwahrscheinlich" bezeichnet werden[907]. Die für die Kursrelevanz erforderliche Mindestwahrscheinlichkeit ist daher gegeben.

Demgegenüber kann aus dem Blickwinkel der Bieter noch nicht von einer Insider-Information ausgegangen werden. Die Bieter haben keinen Einblick in den Auktionsprozess, die Anzahl der Mitbieter und deren Angebote. Sie können nicht einmal davon ausgehen, dass sie in die Auswahl der Bieter gelangen, die im weiteren Auktionsprozess Berücksichtigung finden. Im Übrigen wird es einem Interessenten auch darauf ankommen, dass er die Informationen aus dem Information Memorandum anhand einer Due Diligence auch selbst überprüfen kann. Bis zu diesem Zeitpunkt hat er noch keinen ausreichenden Einblick in das Zielobjekt erlangen und die erhaltenen Angaben auch nicht verifizieren können.

4. Due Diligence

Den ausgewählten Bietern werden im Anschluss weitere Informationen gewährt, beispielsweise im Wege einer Managementpräsentation[908]. Einen weitgehenden Einblick in das Zielobjekt hingegen erlangen die Interessenten durch die Due Diligence[909].

Die Zulassung für das weitere Verfahren und die Ermöglichung einer Due Diligence stellen aus Sicht der Bieter einen Fortschritt dar. Jedoch hat dies nicht zur Folge, dass es sich aus Sicht der Interessenten um kursrelevante Zwischenschritte handelt. Die Bieter können durch die Due Diligence zwar ihr eigenes Erwerbsinteresse überprüfen. Auf die Wahrscheinlichkeit des Zustandekommens der Transaktion hat dies jedoch keinen nennenswerten Einfluss.

---

907 A.A. *Frowein*, in: Habersack/Mülbert/Schlitt, Handbuch der Kapitalmarktinformation, 2. Aufl. 2013, § 10 Rdn. 45, wonach der Ausgang der Transaktion noch ungewiss ist und daher nur bei Transaktionen von herausragender Bedeutung eine Insider-Information entstehen kann.

908 Vgl. *Weber-Rey*, in: Semler/Volhard, Arbeitshandbuch für Unternehmensübernahmen, Band 1, 2001, § 11 Rz. 74.

909 *Hölters*, in: Hölters, Handbuch Unternehmenskauf, 7. Aufl. 2010, Kapitel I Rz. 154; *Weber-Rey*, in: Semler/Volhard, Arbeitshandbuch für Unternehmensübernahmen, Band 1, 2001, § 11 Rz. 76.

5. Binding Offer

Nach Abschluss der Due Diligence geben die weiterhin interessierten Bieter ein bindendes Angebot (Binding Offer) mit einem konkreten Kaufpreis ab. Für den Veräußerer wird es in diesem Zeitpunkt schon überwiegend wahrscheinlich sein, dass es zu einer erfolgreichen Transaktion kommt[910].

Fraglich ist, ob auch auf Seiten der Bieter zu diesem Zeitpunkt bereits eine Insider-Information entstanden ist. Hier gilt es zu unterscheiden. Sofern mehrere Bieter gleichwertige Angebote angegeben haben, lässt sich nicht abschätzen, wie groß ihre Aussichten sind, erfolgreich aus dem Auktionsverfahren hervorzugehen. Es ist insoweit keine Insider-Information denkbar, nach welcher die Abgabe eines Binding Offer bereits kursrelevant wäre[911]. Liegt hingegen das Angebot eines Bieters eindeutig über den Konkurrenzangeboten, dann ist es aus objektiver Sicht bereits überwiegend wahrscheinlich, dass dieser den Zuschlag erhalten wird. Aus objektiver Sicht ist daher mit Abgabe des Binding Offer eine Insider-Information enstanden. Die mangelnde Kenntnis des Bieters von der Erfolgswahrscheinlichkeit exkulpiert diesen lediglich von dem Vorwurf, die Veröffentlichungspflicht schuldhaft unterlassen zu haben[912].

6. Vertragsverhandlungen

Nachdem die Binding Offer eingegangen sind, wird der Veräußerer im Regelfall nicht mit allen Bietern (aufwändige und kostspielige) Verhandlungen führen, sondern den Bieterkreis auf eine geringere Anzahl einschränken. Dazu werden von den Bietern endgültige Angebote verlangt[913]. Dabei handelt es sich nicht um annahmefähige rechtliche Vertragsangebote, sondern nur um die Grundlage für die Auswahl der verbliebenen Bieter[914]. Oftmals werden dann parallel mit mehreren Bietern Vertragsverhandlungen geführt, wobei die Länge der Verhandlungen je nach Menge der Unstimmigkeiten variieren kann. So wird nicht jeder Vertrag bis ins Detail durchverhandelt werden, sondern möglicherweise werden die Verhandlungen abgebrochen.

Aus Sicht der Bieter können die weiteren Vertragsverhandlungen aber nicht zu einer entscheidenden Verdichtung der Wahrscheinlichkeit des Transaktionsabschlusses führen. Dies ändert sich erst dann entscheidend, wenn einem Bieter Exklusivität zugebilligt wird[915]. In diesem Fall hat der Bieter die Möglichkeit, die ihm exklusiv

---

910 *Gunßer*, S. 121.

911 Nach *Walz*, in: Schüppen/Schaub, Münchener Anwaltshandbuch Aktienrecht, 2. Aufl. 2010, § 48 Rz. 57 fehlt es an der hinreichenden Konkretisierung für den Bieter.

912 Vgl. *Zimmer/Grotheer*, in: Schwark/Zimmer, Kapitalmarktrechts-Kommentar, 4. Aufl. 2010, § 37c WpHG Rdn. 56.

913 *Holzapfel/Pöllath*, Unternehmenskauf in Recht und Praxis, 14. Aufl. 2010, Rz. 126.

914 *Weber-Rey*, in: Semler/Volhard, Arbeitshandbuch für Unternehmensübernahmen, Band 1, 2001, § 11 Rz. 80.

915 *Pfüller*, in: Fuchs, WpHG, 2009, § 15 Rdn. 206; vgl. auch *Frowein*, in: Habersack/Mülbert/Schlitt, Handbuch der Kapitalmarktinformation, 2. Aufl. 2013, § 10 Rdn. 47,

zugebilligte Zeit für die Verhandlungen zu seinem Vorteil zu nutzen und die Transaktion abzuschließen[916]. In diesem Zeitpunkt ist es zumindest als „offen" zu betrachten, dass er das Zielobjekt erwerben kann.

7. Wirtschaftliche Einigung

Die Einigung zwischen den Parteien lässt den Transaktionsabschluss unmittelbar bevorstehen. Aus Bietersicht gilt dies aber nur dann, wenn er auf eine gewährte Exklusivität vertrauen kann. Andernfalls könnte es sonst noch weitere Vertragspartner geben, mit denen ebenfalls bis zum Ende ein fertiger Vertrag durchverhandelt wird[917]. Dem Veräußerer wird dann von seinen Rechtsberatern sozusagen eine „Auswahl" der verschiedenen Bieter mit den jeweiligen Vertragsentwürfen gegeben. Ein Bieter kann dann zwar immer noch nicht davon ausgehen, dass er sicher den Zuschlag erhält. Es kann jedoch zumindest schon zu Absichtserklärungen, Optionen oder Vorverträgen kommen[918]. Die Auswahl bestimmt sich nach dem gewünschten Bindungsgrad[919]. Damit ist ein Vertragsabschluss tendenziell „wahrscheinlich", zumindest aber „offen". Für die Bejahung der im Rahmen der Kursrelevanz erforderlichen Mindestwahrscheinlichkeit reicht beides aus.

8. Abschluss des Vertrages

Mit der Unterzeichnung des Vertrages und seines Vollzugs hat sich das Auktionsverfahren erledigt und das Endereignis ist eingetreten. Daher ist nunmehr auch eine Ad-hoc-Mitteilung mit der Bekanntgabe der Transaktion abzugeben[920]. Dieser Schritt unterscheidet sich nicht von einem zweiseitigen Verfahren[921]. Sofern der dingliche Vollzug nicht mit dem Vertragsschluss zusammenfällt, gelten die zum zweiseitigen Verhältnis entwickelten Grundsätze entsprechend[922].

---

der von einer Insider-Information bei der Auswahl eines Bieters ausgeht. Die Notwendigkeit der Prüfung einer Insider-Information zu diesem Zeitpunkt betont auch der Emittentenleitfaden der BaFin, Stand 28. April 2009, Ziffer IV.2.2.14, S. 59.

916 Vgl. *Semler*, in: Hölters, Handbuch Unternehmenskauf, 7. Aufl. 2010, Teil VII Rz. 39.

917 Vgl. zu dieser Möglichkeit *Weber-Rey*, in: Semler/Volhard, Arbeitshandbuch für Unternehmensübernahmen, Band 1, 2001, § 11 Rz. 81.

918 *Holzapfel/Pöllath*, Unternehmenskauf in Recht und Praxis, 14. Aufl. 2010, Rz. 126.

919 *Weber-Rey*, in: Semler/Volhard, Arbeitshandbuch für Unternehmensübernahmen, Band 1, 2001, § 11 Rz. 82.

920 Vgl. *Picot*, Handbuch Mergers & Acquisitions, 4. Aufl. 2008, S. 34.

921 *Weber-Rey*, in: Semler/Volhard, Arbeitshandbuch für Unternehmensübernahmen, Band 1, 2001, § 11 Rz. 84.

922 Vgl. die Ausführungen unter I.III.9.

9. Zusammenfassung

Im Sonderfall des Auktionsverfahrens fallen die Ad-hoc-Publizitätspflicht des Veräußerers und der Bieter auseinander. Für den Veräußerer kann möglicherweise schon zu Beginn der Verkauf seines Unternehmensteils überwiegend wahrscheinlich sein, wenn dieser Wille fest besteht. Jedenfalls bei Eingang akzeptabler Indicative Offers steigt die Wahrscheinlichkeit, dass das Verfahren erfolgreich abgeschlossen werden kann, signifikant an. Aus Sicht der Bieter besteht eine hinreichende Wahrscheinlichkeit, dass sie den Zuschlag bekommen, frühestens dann, wenn ihnen Exklusivität bei den Vertragsverhandlungen zugebilligt worden ist. Ist dies nicht der Fall, dann können sich die Bieter bis zur endgültigen Entscheidung des Veräußerers nicht sicher sein, ob sie erwerben dürfen. Aus ihrer Sicht heraus entsteht eine Ad-hoc-Publizitätspflicht folglich erst erheblich später.

J. Anwendung auf Personalmaßnahmen

Gestreckte Geschehensverläufe gibt es nicht nur im Zusammenhang mit Unternehmensübernahmen, sondern beispielsweise auch bei Veränderungen im Personalbereich eines Unternehmens. Dass es sich dabei um kursrelevante Vorgänge handeln kann, zeigt sich eindringlich an der Prozesshistorie rund um das Ausscheiden von Prof. Dr. Jürgen Schrempp bei der damaligen DaimlerChrysler AG[923].

I. Insiderrelevante Personalveränderungen

In einem Unternehmen gibt es regelmäßig eine Vielzahl von Personalveränderungen. Im Hinblick auf die Ad-hoc-Publizitätspflicht ist dabei zu prüfen, welcher Personenkreis regelmäßig betroffen ist und aus welchen Umständen sich die Kursrelevanz ableiten kann.

1. Betroffener Personenkreis

Auch bei Personalveränderungen gibt es verschiedene Konstellationen, die Auswirkungen auf den Börsenkurs haben können. Es handelt sich nicht zwangsläufig immer nur um ein Ausscheiden des Vorstands, sondern möglicherweise auch um die Verlängerung der Bestellung, die Reduzierung der Arbeitszeit oder eine Neuaufteilung der Verantwortlichkeitsbereiche[924]. Ferner kann auch eine mögliche Erkrankung eines Vorstandsmitglieds ein kursrelevantes Ereignis darstellen[925]. Gleiches gilt für den Aufsichtsrat[926].

Die Kursrelevanz betrifft aber nicht immer nur die Organe des Emittenten, sondern auch andere Angestellte des Unternehmens in Schlüsselpositionen[927]. So kann auch

---

923 Vgl. hierzu die Entscheidungen im Ordnungswidrigkeitenverfahren (AG Frankfurt am Main, Beschluss vom 15.08.2008, Az. 934 OWi 7411 Js 233764/07 und OLG Frankfurt am Main, Beschluss vom 12.02.2009 = NZG 2009, 391), sowie im Kapitalanleger-Musterverfahren (OLG Stuttgart, Beschluss vom 15.02.2007 = NZG 2007, 352; BGH, Beschluss vom 25.02.2008= NZG 2008, 300; OLG Stuttgart, Beschluss vom 22.04.2009 = NZG 2009, 624; BGH, Beschluss vom 22.11.2010 = NZG 2011, 109; EuGH, Urteil vom 28.06.2011 = EuZW 2012, 708; BGH, Beschluss vom 23.04.2013 = NZG 2013, 708).

924 *Klöhn*, in: Köln Komm WpHG, 2. Aufl. 2014, § 13 Rdn. 343.

925 *Pfüller*, in: Fuchs, WpHG, 2009, § 15 Rdn. 221; *Klöhn*, in: Köln Komm WpHG, 2. Aufl. 2014, § 13 Rdn. 343.

926 Vgl. *Frowein*, in: Habersack/Mülbert/Schlitt, Handbuch der Kapitalmarktinformation, 2. Aufl. 2013, § 10 Rdn. 51.

927 *Assmann*, in: Assmann/Schneider, WpHG, 6. Aufl. 2012, § 15 Rdn. 89; *Geibel/Schäfer*, in: Schäfer/Hamann, Kapitalmarktgesetze, Band 1, Stand 06/2007, § 15 WpHG Rdn. 76.

eine Personalveränderung in Forschung und Entwicklung oder Design ein kursrelevantes Ereignis sein, sofern die Entwicklung oder Innovationsfähigkeit des Unternehmens von dieser Person abhängt[928]. Gedacht sei beispielsweise an den Stardesigner einer Modefirma[929]. Denkbar ist ferner, dass sogar ein Spieler eines Fußballvereins eine Ad-hoc-Mitteilungspflicht auslöst[930].

2. Merkmale der Kursrelevanz

Ob bei einer personellen Veränderung beim Emittenten Kursrelevanz besteht, ist stets im Einzelfall zu beurteilen. Entscheidend sind insoweit die Kenntnisse und Fähigkeiten der Person, die damit ihren Marktwert bilden[931]. Dies erkennt auch die BaFin, die im Emittentenleitfaden als Beispiel für eine kursrelevante Veränderung das Ausscheiden einer Person nennt, die eine maßgebliche Einwirkung auf den Geschäftsverlauf hat[932]. Dies ist beispielweise dann der Fall, wenn der Vorstandsvorsitzende oder der Gründer des Unternehmens ausscheiden, da dies typischerweise besondere Signalwirkung für den Kapitalmarkt hat[933]. Dadurch können möglicherweise auch Rückschlüsse auf die künftige Unternehmensentwicklung oder auf weitere kursrelevante Informationen möglich sein[934].

II. Das Ausscheiden des Vorstandsvorsitzenden als gestreckter Geschehensverlauf

Der Hauptfall einer kursrelevanten Veränderung in der Personalstruktur eines Unternehmens ist das Ausscheiden des Vorstandsvorsitzenden. Maßgeblich ist insoweit nur die Abberufung von der Organstellung, nicht das Auslaufen oder die Beendigung des Anstellungsvertrages[935]. Die Kompetenz für die Entscheidung über die Aufhebung der Bestellung liegt gemäß § 84 Abs. 1 S. 1 AktG allein beim Aufsichtsrat. Deshalb ist umstritten, ob es sich bei dieser Konstellation überhaupt um einen mehrstufigen

---

928 Emittentenleitfaden BaFin, Stand 28. April 2009, Ziffer IV.2.2.11, S. 57.

929 *Schäfer*, in: Schäfer/Hamann, Kapitalmarktgesetze, Band 1, 2. Aufl., Stand 06/2007, § 13 WpHG Rdn. 52.

930 Vgl. *Schumacher*, NZG 2001, 769, 774 ff; *Klöhn*, in: Köln Komm WpHG, 2. Aufl. 2014, § 13 Rdn. 345; *Pfüller*, in: Fuchs, WpHG, 2009, § 15 Rdn. 219; *Wertenbruch*, WM 2001, 193 f.; *Seibold*, NZG 2013, 809, 811.

931 *Klöhn*, in: Köln Komm WpHG, 2. Aufl. 2014, § 13 Rdn. 343.

932 Emittentenleitfaden BaFin, Stand 28. April 2009, Ziffer IV.2.2.11, S. 57.

933 *Pfüller*, in: Fuchs, WpHG, 2009, § 15 Rdn. 218; Emittentenleitfaden BaFin, Stand 28. April 2009, Ziffer IV.2.2.11, S. 57.

934 *Klöhn*, in: Köln Komm WpHG, 2. Aufl. 2014, § 13 Rdn. 344; *Klöhn*, ZIP 2012, 1885, 1890.

935 *Pfüller*, in: Fuchs, WpHG, 2009, § 15 Rdn. 222.

Entscheidungsprozess handelt[936]. Nach einer Ansicht soll dies aufgrund von § 84 Abs. 1 S. 1 AktG nicht der Fall sein[937]. Obwohl es sich um keine mehrstufige Entscheidung handelt, ändert dies jedoch nichts daran, dass es sich um einen gestreckten Geschehensverlauf handelt[938]. Die Gruppe der mehrstufigen Entscheidungsprozesse ist lediglich ein Unterfall hiervon[939]. Im Übrigen wurde auch in der Literatur darauf abgestellt, dass jedenfalls faktisch die Absprachen im Vorfeld eine gleich große Rolle wie die Entscheidung des Aufsichtsrats selbst spielen[940]. Die Verständigung über das einvernehmliche Ausscheiden im Vorfeld wird vom Kapitalmarkt vielmehr als der entscheidende Schritt gewertet werden[941]. Daher ist zu bestimmen, ab welchem Zeitpunkt das geplante Ausscheiden des Vorstandsvorsitzenden eine veröffentlichungspflichtige Insider-Information begründet.

1. Einseitiger Rücktritt

Bei einem einseitigen Rücktritt handelt es sich um eine Amtsniederlegung. Eine solche ist nach überwiegender Meinung in Literatur[942] und Rechtsprechung[943] grundsätzlich zulässig. Umstritten ist lediglich die Frage, ob die Amtsniederlegung eines wichtigen Grundes bedarf oder nicht[944].

Fraglich ist, ab wann die Gesellschaft bei unterstellter Kursrelevanz eine Ad-hoc-Mitteilung veröffentlichen muss. Das Endereignis liegt im Ausscheiden des Vorstandsmitglieds. Dies ist erst mit dem in dem Rücktrittsschreiben genannten Zeitpunkt der Fall. Insiderrechtlich relevant sind jedoch bereits die vorgehenden Zwischenschritte.

a) Willensbildung des Vorstandsmitglieds

Solange das Vorstandsmitglied noch in seiner persönlichen Willensbildung ist, kann noch keine Ad-hoc-Pflicht entstehen, sondern erst dann, wenn die Gesellschaft

---

936 Vgl. *Schwark/Kruse*, in: Schwark/Zimmer, Kapitalmarktrechts-Kommentar, 4. Aufl. 2010, § 15 WpHG Rdn. 19a; *Hilgendorf*, in: Park, Kapitalmarktstrafrecht, 3. Aufl. 2013, § 13 WpHG Rdn. 86.

937 *Pfüller*, in: Fuchs, WpHG, 2009, § 15 Rdn. 223; OLG Stuttgart, Beschluss vom 15.02.2007, Rz. 122 = NZG 2007, 352, 357.

938 So auch *Pfüller*, in: Fuchs, WpHG, 2009, § 15 Rdn. 224.

939 Vgl. hierzu ausführlich die Definition unter C.I.

940 *Schwark/Kruse*, in: Schwark/Zimmer, Kapitalmarktrechts-Kommentar, 4. Aufl. 2010, § 15 WpHG Rdn. 19a.

941 *Hilgendorf*, in: Park, Kapitalmarktstrafrecht, 3. Aufl. 2013, § 13 WpHG Rdn. 86.

942 *Fleischer*, in: Spindler/Stilz, Aktiengesetz, 2. Aufl. 2010, § 84 Rdn. 141; *Ihrig/Schäfer*, Rechte und Pflichten des Vorstands, 2014, § 10 Rdn. 152; *Koch*, in: Hüffer, Aktiengesetz, 11. Aufl. 2014, § 84 Rdn. 44; *Mertens/Cahn*, in: Köln Komm AktG, 3. Aufl. 2010, § 84 Rdn. 199.

943 Vgl. zur GmbH BGH, Urteil vom 26.06.1995 = NJW 1995, 2850 sowie BGH, Urteil vom 17.02.2003 = NZG 2003, 394.

944 Vgl. die Nachweise zum Streitstand bei *Mertens/Cahn*, in: Köln Komm AktG, 3. Aufl. 2010, § 84 Rdn. 199.

einbezogen wird[945]. Dies geschieht im Regelfall erst in dem Moment, in dem der Gesellschaft die Rücktrittserklärung des Vorstandsmitglieds zugeht[946]. Ansonsten besteht mangels Kenntnis keine Meldepflicht der Gesellschaft, so dass sie auch nicht gegen das Gebot der Ad-hoc-Veröffentlichungspflicht verstoßen kann[947]. Solange die Information im privaten Bereich verbleibt, hat die Willensbildung des Vorstands nur den Charakter einer Überlegung, der noch keine Konkretheit zukommt[948].

b) Vorbereitung der Amtsniederlegungserklärung

Zweifelhaft ist die Zeitspanne, in der der Vorstandsvorsitzende seinen Entschluss anderen Personen, die Unterstützung bei der Erstellung der Rücktrittserklärung leisten sollen, mitgeteilt hat. Gedacht sei beispielsweise an die im Sekretariat beschäftigten Personen oder persönliche Assistenten oder an Vorabgespräche mit dem Aufsichtsratsvorsitzenden. Entscheidend ist insoweit, ob in diesem Moment das Wissen des Vorstandsmitglieds den privaten Bereich verlassen hat und es sich um eine dienstliche Information handelt, die der Gesellschaft bekannt geworden ist.

Insbesondere beim vertraulichen Gespräch mit dem Aufsichtsratsvorsitzenden stellt sich die Frage, ob eine dienstliche Information vorliegt. Zumeist wird solch ein Gespräch vertraulich geführt werden. Privat ist dann aber nur die Art der Kenntniserlangung und nicht der Inhalt des Gesprächs[949]. Fraglich ist aber, ob das Wissen über diese Information der Gesellschaft zuzurechnen ist. Hierzu wurde vom BGH vertreten, dass Gespräche mit anderen Personen während der Überlegungsphase noch keine spezifische Information begründen[950]. Dies greift jedoch zu kurz. Die Einweihung weiterer Personen kann sowohl ein Zeichen dafür sein, dass sich der Vorstand nicht sicher ist und um Rat sucht[951]. Es kann jedoch auch bedeuten, dass der Vorstand sich sicher ist und eine geregelte Nachfolgeplanung angestoßen werden soll[952].

Im Regelfall wird der Vorstand für sich eine Entscheidung getroffen haben, bevor er weitere Personen einweiht. Zwar mag er im Einzelfall umgestimmt werden können. Zumeist wird sich der Willensentschluss jedoch bereits soweit verfestigt haben, dass zu diesem Zeitpunkt schon mit überwiegender Wahrscheinlichkeit feststeht, dass der Vorstand seine Amtsniederlegung erklären wird. Dies gilt umso mehr, wenn bereits Büromitarbeiter weitere Vorbereitungshandlungen durchführen. Folglich handelt es sich schon in diesem Zeitpunkt um eine Insider-Information.

---

945 *Ekkenga*, NZG 2013, 1081, 1085.
946 *Pfüller*, in: Fuchs, WpHG, 2009, § 15 Rdn. 223.
947 *Ekkenga*, NZG 2013, 1081, 1085.
948 Vgl. auch BGH, Beschluss vom 23.04.2013, Rz. 19 = NZG 2013, 708, 711.
949 *Ekkenga*, NZG 2013, 1081, 1086.
950 BGH, Beschluss vom 23.04.2009, Rz. 19 = NZG 2013, 708, 711.
951 *Ekkenga*, NZG 2013, 1081, 1086.
952 Vgl. *Ekkenga*, NZG 2013, 1081, 1086.

Dies entspricht auch dem Schutzzweck des § 15 WpHG. Die Verhinderung von Insiderhandel als Ziel der Ad-hoc-Publizität[953] kann nur effektiv verfolgt werden, wenn bereits zu diesem Zeitpunkt eine Insider-Information entstanden ist. Ansonsten bestünde die Möglichkeit, dass die eingeweihten Personen in Kenntnis der bevorstehenden Amtsniederlegung bis zur Abgabe der Rücktrittserklärung mit Wertpapieren des Emittenten handeln könnten. Ferner kann die von der Ad-hoc-Publizität beabsichtigte informationelle Chancengleichheit[954] nur dann erreicht werden, wenn die Insider-Information auch allen Marktbeteiligten bekannt gegeben wird. Eine Beschränkung auf ein bloßes Handelsverbot, ohne gleichzeitig die Information zu veröffentlichen, würde demgegenüber kein gleich wirksames Schutzniveau herstellen[955].

c) Zugang der Erklärung bei der Gesellschaft

Die insiderrechtliche Beurteilung wird klarer, wenn die Amtsniederlegungserklärung der Gesellschaft zugeht. In diesem Moment entsteht auf Seiten der Gesellschaft erheblicher Beratungsbedarf, so dass es sich in jedem Fall um keine private, sondern um eine den Emittenten unmittelbar betreffende Information handelt[956]. Dabei ist es ausreichend, wenn das Schreiben nur einem Gremienmitglied zugeht[957]. Es muss folglich nicht abgewartet werden, bis sich das Aufsichtsratsplenum mit der Amtsniederlegung beschäftigt hat[958]. Nach Eingang des Schreibens ist das Ausscheiden des Vorstandsmitglieds bereits überwiegend wahrscheinlich geworden. Folglich ist eine ad-hoc-pflichtige Insider-Information entstanden[959].

d) Wirksamwerden des Rücktritts

Die Rücktrittserklärung wird mit Zugang der Erklärung bei der Gesellschaft wirksam[960]. Ab diesem Moment bzw. zu dem in der Rücktrittserklärung benannten

953 Vgl. B.II.4.
954 Vgl. hierzu B.II.4.
955 Insoweit würde beispielsweise auch die in der Marktmissbrauchsverordnung ursprüngliche Insider-Information "light" nichts ändern, da diese nur auf das Merkmal der Präzision verzichtet. Aufgrund der Rechtsprechung des EuGH können aber auch Zwischenschritte unproblematisch ausreichend präzise sein.
956 *Ekkenga*, NZG 2013, 1081, 1086.
957 *Fonk*, in: Semler/v. Schenk, Arbeitshandbuch für Aufsichtsratsmitglieder, 4. Aufl. 2013, § 10 Rdn. 313; § 112 S. 2 AktG verweist diesbezüglich auf die Parallelvorschrift des § 78 Abs. 2 S. 2 AktG, wonach die Erklärung gegenüber einem jedem Aufsichtsratsmitglied abgegeben werden kann, welches somit für den Aufsichtsrat passivlegitimiert ist, vgl. *Habersack*, in: Münch Komm AktG, 4. Aufl. 2014, § 112 Rdn. 24.
958 *Pfüller*, in: Fuchs, WpHG, 2009, § 15 Rdn. 223.
959 *Pfüller*, in: Fuchs, WpHG, 2009, § 15 Rdn. 224.
960 *Kort*, in: Großkomm AktG, 4. Aufl., Stand 01.10.2006, § 84 Rdn. 223.

Zeitpunkt scheidet der Vorstandsvorsitzende als Geschäftsführungsmitglied aus. Damit ist das Endereignis eingetreten bzw. steht unmittelbar bevor.

e) Eintragung des Ausscheidens im Handelsregister

Die spätere Eintragung des Ausscheidens im Handelsregister, welche gemäß § 81 AktG erforderlich ist, hat demgegenüber keine weitere Bedeutung mehr. Die Eintragung ist lediglich deklaratorisch und daher keine Voraussetzung für das Wirksamwerden des Ausscheidens[961]. Bedeutung hat die Eintragung lediglich für den Schutz Dritter über § 15 Abs. 1 HGB[962].

2. Einvernehmliches Ausscheiden

Über die einvernehmliche Aufhebung der Bestellung des Vorstandsvorsitzenden entscheidet der Aufsichtsrat durch Beschluss des Plenums gemäß § 108 AktG[963].

a) Willensbildung des Vorstandsmitglieds

Sofern der Wunsch zur einvernehmlichen Aufhebung der Bestellung vom Vorstandsvorsitzenden ausgeht, besteht noch keine Insider-Information, solange dieser Wunsch noch nicht nach außen getragen wurde, sondern noch im Privatbereich des Vorstands verbleibt[964]. Zu diesem Zeitpunkt besteht noch keine Insider-Information. Es mangelt insoweit bereits an dem erforderlichen Drittbezug der Information[965]. Ferner hat das betroffene Mitglied des Vorstands noch keine Kenntnis darüber, ob der Aufsichtsrat überhaupt willens ist, an einer einvernehmlichen Aufhebung der Bestellung mitzuwirken. Der Aufsichtsrat hingegen weiß noch nicht um das Anliegen des Vorstands[966].

b) Vorabsprachen mit dem Aufsichtsratsvorsitzenden

Die ad-hoc-rechtliche Beurteilung könnte sich jedoch ändern, sobald der Vorstand seinen Wunsch an den Aufsichtsratsvorsitzenden richtet und mit ihm erste Vorabsprachen trifft. In diesem Zeitpunkt hat die Gesellschaft Kenntnis von den Plänen des Vorstandsmitglieds erlangt[967]. Fraglich ist, ob nunmehr bereits Kursrelevanz besteht. Insoweit kann die Kursrelevanz regelmäßig noch nicht aus dem Endereignis abgeleitet werden. Zumeist lässt sich noch nicht absehen, ob das Aufsichtsratsplenum

---

961 *Seibt*, in: Schmidt/Lutter, Aktiengesetz, 2. Aufl. 2010, § 81 Rdn. 15.
962 Vgl. hierzu *Spindler*, in: Münch Komm AktG, 4. Aufl. 2014, § 81 Rdn. 23.
963 *Fleischer*, in: Spindler/Stilz, Aktiengesetz, 2. Aufl. 2010, § 84 Rdn. 96 m.w.N.
964 Insoweit besteht kein Unterscheid zur einseitigen Rücktrittserklärung, vgl. J.II.1.a).
965 Vgl. hierzu dies Ausführungen unter C.II.2.b)aa)(ii).
966 Vgl. hierzu *Ekkenga*, NZG 2013, 1081, 1085.
967 Auch hier besteht kein Unterscheid zu Vorgesprächen bei einer einseitigen Rücktrittserklärung, vgl. J.II.1.b).

dem Wunsch nachkommen wird oder ob überhaupt ab dem Zeitpunkt der geplanten Bestellungsaufhebung ein geeigneter Nachfolger gefunden werden kann[968].

Zwar ist zu berücksichtigen, dass ein Vorstandsmitglied, das eine einvernehmliche Bestellungsaufhebung anstrebt, möglicherweise seine Amtszeit vollenden wird, sofern seinem Wunsch nicht nachgekommen wird. Dennoch ist dies ein Zeichen, dass das Vorstandsmitglied Amtsmüdigkeit zeigt und damit möglicherweise nicht mehr mit letztem Eifer für das Unternehmen tätig sein wird[969]. Auch kann darin ein Signal liegen, dass möglicherweise das Vertrauensverhältnis zwischen Vorstand und Aufsichtsrat zerrüttet ist, was negative Auswirkungen auf die Unternehmensleitung haben würde[970]. Dies wird für einen verständigen Anleger bei der Überprüfung seiner Anlageentscheidung jedoch von Bedeutung sein[971]. Damit kann bereits aufgrund autonomer Kursrelevanz eine Insider-Information entstanden sein[972].

Allerdings besteht die Möglichkeit, dass die Gesellschaft einen Selbstbefreiungsbeschluss fasst und damit die Veröffentlichung verschiebt. Es steht zu befürchten, dass bei Kenntnis der angestrebten Nachfolgeplanung die Suche nach einem eventuellen Nachfolger erschwert sein wird, da die Öffentlichkeit den Suchprozess genau verfolgen wird[973].

c) *Information des Aufsichtsrats*

In einem nächsten Schritt wird der Aufsichtsratsvorsitzende den Gesamtaufsichtsrat informieren. Dieser wird eine Entscheidung dahingehend zu treffen haben, ob er der Abberufung des Vorstandsvorsitzenden grundsätzlich zustimmen wird, sowie die Suche nach einem geeigneten Nachfolger anstoßen.

Sofern der Aufsichtsrat grundsätzliches Einverständnis zu einem Wechsel des Vorstandsmitglieds zeigt, wird man auch von einer Insider-Information ausgehen müssen. Allerdings besteht ein Interesse der Gesellschaft daran, diese Information der Öffentlichkeit noch nicht bekannt zu geben. Der Aufsichtsrat wird vielmehr die letztliche Zustimmung davon abhängig machen, ob und wann ein geeigneter Nachfolger zur Verfügung steht. Um diesen Suchprozess nicht zu behindern, muss es der Gesellschaft immer noch erlaubt sein, sich von der Pflicht zur Veröffentlichung der Ad-hoc-Mitteilung selbst zu befreien.

---

968 Vgl. *Pfüller*, in: Fuchs, WpHG, 2009, § 15 Rdn. 224.

969 Dies als Zeichen der Kursrelevanz wertend auch BGH, Beschluss vom 23.04.2009, Rz. 24 = NZG 2013, 708, 711 f.

970 *V. Bonin/Böhmer*, EuZW 2012, 694, 697.

971 BGH, Beschluss vom 23.04.2009, Rz. 24 = NZG 2013, 708, 711 f.

972 *V. Bonin/Böhmer*, EuZW 2012, 694, 697.

973 Gemäß *Fonk*, in: Semler/v. Schenk, Arbeitshandbuch für Aufsichtsratsmitglieder, 4. Aufl. 2013, § 10 Rdn. 22 ist daher Diskretion das oberste Gebot für eine erfolgversprechende Suche.

d) *Suche nach einem Nachfolger*

In größeren Unternehmen wird zumeist zum einen eine interne Suche nach einem Nachfolger stattfinden, so dass eventuell ein Vorstandskollege den Vorsitz übernehmen und für dessen Position ein Manager aus der zweiten Führungsebene nachrücken wird. Zum anderen ist es aber auch denkbar, dass extern durch einen Personalberater gesucht wird[974]. Grundsätzlich wird dabei der Nachfolger in enger Abstimmung mit dem bisherigen Vorstand gesucht werden, da dieser die fachlichen und persönlichen Anforderungen an den Nachfolger am besten beurteilen kann[975].

Sobald sich abzeichnet, dass die Gesellschaft einen geeigneten Nachfolger im Blick hat und dieser bereit wäre, das Amt zu übernehmen, verdichtet sich die Wahrscheinlichkeit, dass dem Wunsch des Vorstandsmitglieds auf Aufhebung seiner Bestellung entsprochen wird[976]. Die einverständliche Nachfolgeplanung ist daher überwiegend wahrscheinlich geworden.

e) *Beschlussempfehlung eines Aufsichtsratsausschusses*

Für Vorstandsangelegenheiten wird in größeren Unternehmen regelmäßig ein Ausschuss gebildet, welcher die Suche nach einem Nachfolger vorbereitet und dem Aufsichtsratsplenum Vorschläge zur Beschlussfassung unterbreitet[977]. In der Praxis wird dabei regelmäßig nur ein einziger Kandidat zur Beschlussfassung vorgeschlagen[978]. Zwar ist das Plenum nicht an diesen Beschlussvorschlag gebunden[979]. Allerdings ist zu berücksichtigen, in welchem Ausmaß das Plenum in früheren vergleichbaren Konstellationen vom Vorschlag des Ausschusses abgerückt und inwiefern anhand konkreter Anhaltspunkte eine Abweichung zu befürchten ist[980]. Im Regelfall wird man zum Ergebnis kommen, dass sich das Plenum dem Beschlussvorschlag anschließen wird. Das Ausscheiden des Vorstandsvorsitzenden wird deshalb nunmehr bereits hoch wahrscheinlich sein, wenn der Ausschuss dies empfiehlt.

---

974 *Fonk*, in: Semler/v. Schenk, Arbeitshandbuch für Aufsichtsratsmitglieder, 4. Aufl. 2013, § 10 Rdn. 28.

975 *Lutter/Krieger/Verse*, Rechte und Pflichten des Aufsichtsrats, 6. Aufl. 2014, § 7 Rdn. 336.

976 Vgl. *Wiesner*, in: Münchener Handbuch Gesellschaftsrecht, 3. Aufl. 2007, § 20 Rdn. 57, wonach der Aufsichtsrat prüfen muss, ob ein gleichwertiger Nachfolger zur Verfügung steht.

977 Vgl. hierzu ausführlich *Habersack*, in: Münch Komm AktG, 4. Aufl. 2014, § 107 Rdn. 106 ff.

978 *Lutter/Krieger/Verse*, Rechte und Pflichten des Aufsichtsrats, 6. Aufl. 2014, § 7 Rdn. 337.

979 Nur die Möglichkeit, die Beschlussfassung vorzubereiten, wird von § 107 Abs. 3 S. 3 AktG nicht ausgeschlossen, vgl. *Habersack*, in: Münch Komm AktG, 4. Aufl. 2014, § 107 Rdn. 154 f.

980 Vgl. *Klöhn*, in: Köln Komm WpHG, 2. Aufl. 2014, § 13 Rdn. 347.

f) Beschluss des Aufsichtsrats

Das Ausscheiden des Vorstandsvorsitzenden wird durch den Beschluss des Aufsichtsrats besiegelt. Aufgrund der Vorarbeit des Personalausschusses handelt es sich eher um einen rein formalen Schlussakt[981]. Zwar scheidet der Vorstand erst zum jeweils im Beschluss bestimmten Zeitpunkt aus. Die Tatsache, dass er ausscheidet, ist jedoch nunmehr sicher. Somit handelt es sich um eine zu veröffentlichende Insider-Information.

Da nunmehr auch die Nachfolgeplanung geregelt ist, besteht auch keine Notwendigkeit mehr, die Veröffentlichung der Information weiter aufzuschieben. Bei einer einvernehmlichen Nachfolgeregelung wird der künftige Vorstandsvorsitzende schon zugesagt haben und evtl. sogar schon bestellt werden.

g) Wirksamwerden der Aufhebung der Bestellung

Die Aufhebung der Bestellung und damit das Ausscheiden des Vorstandsvorsitzenden werden mit dem Zugang der Widerrufserklärung oder zu dem im Aufsichtsratsbeschluss festgesetzten Zeitpunkt wirksam[982]. Dies stellt das Endereignis dar, da es auf die Eintragung im Handelsregister nicht mehr ankommt. Entscheidend für den Kapitalmarkt sind jedoch die bereits vorgelagerten Zwischenschritte, so dass zu diesem Zeitpunkt keine Kursrelevanz mehr besteht. Der Kapitalmarkt wurde über den Zeitpunkt des Ausscheidens schon vorab durch eine Ad-hoc-Mitteilung informiert.

h) Eintragung im Handelsregister

Wiederum irrelevant ist die Eintragung des Ausscheidens im Handelsregister der Gesellschaft. Diese Eintragung ist für das Wirksamwerden des Ausscheidens lediglich deklaratorisch[983]. Eine Aktualisierung der Ad-hoc-Mitteilung ist daher mangels Kursrelevanz nicht mehr angezeigt.

3. Erkrankung eines Vorstandsmitglieds

Im Rahmen von Veränderungen im Vorstand kommt auch die Veröffentlichungspflicht aufgrund der Erkrankung eines Vorstandsmitglieds in Betracht. Die Erkrankung eines Vorstandsmitglieds ist für einen verständigen Anleger jedoch nur dann von Relevanz, wenn die Krankheit Rückschlüsse auf die Arbeits- und Leistungsfähigkeit der jeweiligen Person zulässt[984].

---

981 *Fonk*, in: Semler/v. Schenk, Arbeitshandbuch für Aufsichtsratsmitglieder, 4. Aufl. 2013, § 10 Rdn. 26.

982 *Spindler*, in: Münch Komm AktG, 4. Aufl. 2014, § 84 Rdn. 140.

983 *Seibt*, in: Schmidt/Lutter, Aktiengesetz, 2. Aufl. 2010, § 81 Rdn. 15.

984 *Fleischer*, NZG 2010, 561, 566; *Klöhn*, in: Köln Komm WpHG, 2. Aufl. 2014, § 13 Rdn. 350.

a) *Krankheit als gegenwärtiger Umstand*

Als gegenwärtige Umstände kommen sowohl die Diagnose als auch der absehbare Krankheitsverlauf in Betracht[985]. Solange die Erkrankung noch keine Auswirkung auf die Leistungsfähigkeit hat, besteht noch keine Kursrelevanz dieses gegenwärtigen Umstands[986]. Die Kursrelevanz könnte sich daher allenfalls aus der zukünftigen Verminderung der Arbeits- und Leistungsfähigkeit ableiten. Der Krankheitsverlauf lässt sich jedoch aufgrund der Prognoseunsicherheit im frühen Krankheitsstadium nicht ausreichend exakt vorhersagen[987]. Dies gilt insbesondere dann, wenn die Arbeitsfähigkeit bei einer degenerativ verlaufenden Krankheit, zum Beispiel Parkinson, erst nach Jahren nachlässt oder der vollständige Krankheitsausbruch oder dessen Zeitpunkt nicht vorausgesehen werden kann, zum Beispiel bei einer HIV-Infektion[988]. Folglich ist in diesem Stadium noch nicht davon auszugehen, dass die Krankheit von der Gesellschaft veröffentlicht werden muss, solange die Leistungsfähigkeit noch nicht konkret beeinträchtigt ist[989].

Eine Veröffentlichungspflicht ist jedoch ohne weiteres gegeben, wenn das Vorstandsmitglied seine Amtstätigkeit zeitweilig ruhen lässt oder vertretungsweise auf einen Vorstandskollegen überträgt, etwa um sich einer Therapie zu unterziehen[990]. In diesem Fall ist die Arbeitsfähigkeit konkret und unmittelbar eingeschränkt.

b) *Ausscheiden als zukünftiger Umstand*

Das kursrelevante drohende krankheitsbedingte Ausscheiden eines Vorstandsmitglieds ist zu veröffentlichen, sobald sich die ersten Anzeichen verdichten, dass das baldige Ausscheiden nicht mehr nur unwahrscheinlich ist. Es ist nicht möglich, die Veröffentlichung im Hinblick auf das Persönlichkeitsrecht des Vorstandsmitglieds zu unterlassen. Vorstandsmitglieder, deren Ausscheiden erhebliche Auswirkungen auf den Börsenkurs hat, unterfallen ebenso wie Politiker und Staatsoberhäupter dem öffentlichen Interesse[991]. Jedoch ist im Rahmen der Veröffentlichung eine Beschränkung auf die Tatsache der Krankheit möglich, während Details zur Erkrankung wie beispielsweise die Diagnose oder die Therapie vertraulich behandelt werden können[992].

Die Veröffentlichung ist deshalb vorzunehmen, wenn sich die Anzeichen verdichten, dass die Leistungsfähigkeit des Vorstandsvorsitzenden nachlässt und damit das

---

985 *Klöhn*, in: Köln Komm WpHG, 2. Aufl. 2014, § 13 Rdn. 352.
986 *Klöhn*, in: Köln Komm WpHG, 2. Aufl. 2014, § 13 Rdn. 352.
987 Vgl. *Klöhn*, in: Köln Komm WpHG, 2. Aufl. 2014, § 13 Rdn. 352.
988 *Fleischer*, in: FS Schneider, S. 333, 347; *ders.*, in: NZG 2010, 561, 567.
989 Vgl. *Fleischer*, in: FS Schneider, S. 333, 347; *Klöhn*, in: Köln Komm WpHG, 2. Aufl. 2014, § 13 Rdn. 352.
990 *Bayer*, in: FS Hommelhoff, S. 87, 95.
991 *Bayer*, in: FS Hommelhoff, S. 87, 95; a.A. *Pfüller*, in: Fuchs, WpHG, 2009, § 15 Rdn. 220.
992 *Bayer*, in: FS Hommelhoff, S. 87, 96; ähnlich *Fleischer*, in: FS Schneider, S. 333, 351.

künftige Ausscheiden unausweichlich erscheint[993]. Als relevanter zeitlicher Horizont für das nahende Ausscheiden dürfte ein Zeitraum von drei bis sechs Monaten anzusetzen sein[994]. Erst sobald Anzeichen für die Verminderung der Leistungsfähigkeit erkennbar sind, ist ein Ausscheiden in den nächsten Monaten nicht mehr nur unwahrscheinlich. Es besteht vielmehr dann die konkrete Möglichkeit des Personalwechsels, weshalb der Kapitalmarkt zu informieren ist[995].

993 *Fleischer*, FS Schneider, S. 333, 347.

994 Vgl. *Fleischer*, FS Schneider, S. 333, 348, der einen längeren Zeitraum von beispielsweise zwei Jahren ablehnt.

995 Das Ausscheiden muss nicht überwiegend wahrscheinlich sein, da im Rahmen der Kursrelevanz lediglich eine Mindestwahrscheinlichkeit erforderlich ist, vgl. E.III.5.a).

K. Anwendung auf Kapitalmaßnahmen

Ein weiteres relevantes Problemfeld in der Praxis, bei dem sich die Frage nach dem Zeitpunkt einer möglichen Ad-hoc-Veröffentlichung stellt, sind Kapitalmaßnahmen des Emittenten. Auch dabei handelt es sich um mehrstufige Entscheidungsprozesse, da eine Vorbereitung über längere Zeit erforderlich ist und die Realisierung der Kapitalerhöhung typischerweise von mehreren Entscheidungen über den Projektvorgang abhängt[996].

Kapitalmaßnahmen wirken sich unmittelbar auf die Finanzierungsgrundlage des Unternehmens aus, indem im Regelfall die Eigenkapitalbasis gestärkt wird. Die Mittelherkunft ist in der Realität, im Gegensatz zu der sogenannten Irrelevanztheorie[997], für den Finanzmarkt nicht unbeachtlich[998]. Die potentiellen Anknüpfungspunkte, an die sich mögliche Kursveränderungen anknüpfen können, sind vielmehr vielfältig. So können Kapitalmaßnahmen Steuereffekte hervorrufen oder die Höhe der langfristigen Finanzierungskosten verändern, was jeweils eine andere Bewertung des Emittenten durch die Anleger rechtfertigen könnte[999]. Zudem könnte die Wahl zwischen Fremd- und Eigenkapitalfinanzierung auch eine Aussage der Geschäftsführung enthalten, wie sie die eigene Bewertung des Unternehmens am Kapitalmarkt empfindet[1000]. Damit wird ersichtlich, dass Veränderungen in der Finanzierungsstruktur zu den fundamentalen Daten eines Unternehmens gehören, denen ein rational agierender Anleger Aufmerksamkeit schenken wird[1001].

I. Kapitalerhöhungen

Für die Aufnahme von neuem Eigenkapital durch eine Aktiengesellschaft sieht das Aktiengesetz grundsätzlich drei[1002] Möglichkeiten vor, nämlich die Kapitalerhöhung gegen Einlagen, die bedingte Kapitalerhöhung sowie die Ausnutzung von genehmigtem Kapital. Diese sind jeweils gesondert auf ihre Insiderrelevanz hin zu überprüfen.

---

996 Vgl. *Meyer*, in: Marsch-Barner/Schäfer, Handbuch börsennotierte AG, 3. Aufl. 2014, § 8 Rdn. 59.

997 Vgl. erläuternd hierzu *Klöhn*, in: Köln Komm WpHG, 2. Aufl. 2014, § 13 Rdn. 328.

998 *Klöhn*, in: Köln Komm WpHG, 2. Aufl. 2014, § 13 Rdn. 329.

999 *Klöhn*, in: Köln Komm WpHG, 2. Aufl. 2014, § 13 Rdn. 329.

1000 *Klöhn*, in: Köln Komm WpHG, 2. Aufl. 2014, § 13 Rdn. 329.

1001 *Parmentier*, NZG 2007, 407, 409.

1002 Bei der darüber hinaus bestehenden weiteren Möglichkeit der Kapitalerhöhung aus Gesellschaftsmitteln gemäß § 207 AktG erhält die Gesellschaft keine weiteren neuen Einlagen, sondern es werden lediglich Kapital- und Gewinnrücklagen in Grundkapital umgewandelt, vgl. *Fock/Wüsthoff*, in: Spindler/Stilz, Aktiengesetz, 2. Aufl. 2010, § 207 Rdn. 2.

1. Kapitalerhöhung gegen Einlagen

Bei der Kapitalerhöhung gegen Einlagen gibt der Emittent neue Aktien aus und erhält im Gegenzug entweder gemäß § 182 Abs. 1 AktG Bareinlagen oder unter den Voraussetzungen des § 183 AktG Sacheinlagen.

Auch bei der Vorbereitung einer Kapitalerhöhung gegen Einlagen handelt es sich um einen mehrstufigen Geschehensverlauf. Das Endereignis einer solchen Kapitalerhöhung tritt erst mit deren konstitutiven[1003] Eintragung im Handelsregister ein. Die Frage der Kursrelevanz stellt sich jedoch schon bei den vorgelagerten Zwischenschritten.

a) Vorbereitender Vorstandsbeschluss

Bei den ersten Vorüberlegungen des Vorstands, eine Kapitalerhöhung in Erwägung zu ziehen und dementsprechende Vorbereitungsmaßnahmen einzuleiten, handelt es sich um den ersten Zwischenschritt im Hinblick auf die mögliche Kapitalerhöhung. Bei der Beurteilung der Ad-hoc-Publizitätspflicht mangelt es jedoch zumeist bereits an der Kursspezifität. Der Vorstand kann noch nicht ohne weiteres beurteilen, in welcher Höhe eine Kapitalmaßnahme vom Markt aufgenommen werden wird. Den Umfang der Kapitalerhöhung kann er daher noch nicht abschließend festlegen. Ob und in welchem Umfang eine Kapitalerhöhung beschlossen werden wird, lässt sich folglich noch nicht projizieren. Ein Schluss auf die möglichen Kursauswirkungen wird daher in der Mehrzahl der Fälle nicht möglich sein. Damit ist auch die Kursrelevanz noch nicht gegeben und es handelt sich noch nicht um eine Insider-Information[1004].

b) Beauftragung von Beratern und Investmentbank

Bei der Beauftragung von externen Beratern sowie einer Investmentbank, welche die Kapitalmaßnahme unterstützend begleiten soll, handelt es sich um bloße Vorbereitungshandlungen. Die Wahrscheinlichkeit, dass es zu einer Durchführung einer Kapitalerhöhung kommt, wird durch diesen Umstand nicht erhöht[1005].

c) Pilot Fishing

Eine Kapitalerhöhung eines Emittenten bedarf aufwändiger Vorbereitungs- und Marketingmaßnahmen[1006]. Teilweise wird in einer ersten Vorstufe überprüft, ob seitens des Marktes die Preisvorstellungen geteilt werden und ob grundsätzliche

---

1003 *Peifer*, in: Münch Komm AktG, 3. Aufl. 2011, § 188 Rdn. 1.

1004 Dies entspricht auch dem Ergebnis im vergleichbaren Fall einer Transaktion, vgl. hierzu I.III.1.

1005 Hier muss das gleiche gelten wie für die Beauftragung von Beratern bei M&A-Transaktionen, vgl. I.III.3.

1006 *Fleischer/Bedkowski*, DB 2009, 2195.

Aufnahmebereitschaft für weitere Aktien besteht[1007]. Damit können mögliche konzeptionelle Schwächen oder preisliche Fehlvorstellungen frühzeitig erkannt und geräuschlos korrigiert werden[1008]. Dazu werden zunächst einige wenige Investoren durch den Emittenten oder die Investmentbanken angesprochen, um erste Indizien für die Unternehmensbewertung zu erhalten[1009]. Dieser Schritt wird „Pilot Fishing" oder auch „Soft-Sounding" oder „Pre-Pre-Marketing" genannt[1010].

In der Literatur wird typischerweise davon ausgegangen, dass in der Phase des Pilot Fishing noch keine Insider-Information entsteht[1011]. In dieser Phase solle gerade erst die Realisationsmöglichkeit eruiert werden[1012]. Dies hänge gerade davon ab, wie das Feedback der angesprochenen Investoren ausfällt[1013]. Das „ob" und das „wie" der Kapitalerhöhung stünden somit noch nicht fest[1014]. Zudem seien zu diesem Zeitpunkt noch keine Gremienbeschlüsse gefasst worden, weshalb die Durchführung noch nicht hinreichend wahrscheinlich sei[1015]. Die Unsicherheit des Emittenten, die Ursache für das Pilot Fishing ist, deute bei der Beurteilung der Eintrittswahrscheinlichkeit eher auf das Gegenteil hin[1016]. Ferner erfordere die Kapitalerhöhung noch weitere äußere Umstände, beispielsweise ein günstiges Marktumfeld[1017]. Daher verpflichten sich die beteiligten Parteien nicht zur Durchführung der Kapitalerhöhung, sondern behalten sich diese bis zum Abschluss der Vorbereitungen vor[1018].

Es ist jedoch festzuhalten, dass es sich beim Pilot Fishing um einen gegenwärtigen und damit um einen konkreten Umstand handelt[1019]. Die Insiderrelevanz kann daher nicht pauschal verneint werden[1020]. Ansonsten wäre ein zu weiter Bereich straflosen

---

1007 Vgl. *v. Bonin/Böhmer*, EuZW 2012, 694, 697.

1008 *Fleischer/Bedkowski*, DB 2009, 2196.

1009 *Schäcker/Kunze/Wohlgefahrt*, in: Habersack/Mülbert/Schlitt, Unternehmensfinanzierung am Kapitalmarkt, 3. Aufl. 2013, § 3 Rdn. 42; *Schlitt/Schäfer*, in: FS Hopt, S. 2469, 2475.

1010 Vgl. *v. Bonin/Böhmer*, EuZW 2012, 694, 697.

1011 Vgl. *Fleischer/Bedkowski*, DB 2009, 2199; „in der Regel" auch *Schlitt/Schäfer*, in: FS Hopt, S. 2469, 2476.

1012 *Klöhn*, in: Köln Komm WpHG, 2. Aufl. 2014, § 13 Rdn. 331.

1013 *Schäfer/Ernst*, in: Habersack/Mülbert/Schlitt, Handbuch der Kapitalmarktinformation, 2. Aufl. 2013, § 14 Rdn. 11.

1014 *Fleischer/Bedkowski*, DB 2009, 2198.

1015 Vgl. *Schäfer/Ernst*, in: Habersack/Mülbert/Schlitt, Handbuch der Kapitalmarktinformation, 2. Aufl. 2013, § 14 Rdn. 11.

1016 *Meyer*, in: Marsch-Barner/Schäfer, Handbuch börsennotierte AG, 3. Aufl. 2014, § 8 Rdn. 58a.

1017 *Parmentier*, NZG 2007, 407, 412; *Fleischer/Bedkowski*, DB 2009, 2198.

1018 *Fleischer/Bedkowski*, DB 2009, 2198.

1019 *Klöhn*, in: Köln Komm WpHG, 2. Aufl. 2014, § 13 Rdn. 332.

1020 Vgl. *v. Bonin/Böhmer*, EuZW 2012, 694, 497; *Klöhn*, in: Köln Komm WpHG, 2. Aufl. 2014, § 13 Rdn. 334.

Insiderhandels zu befürchten[1021]. Vielmehr kommt es darauf an, ob dem Pilot Fishing im konkreten Fall schon Kursrelevanz zuerkannt werden kann.

In diesem Zusammenhang ist zwar zu berücksichtigen, dass die von den im Rahmen des Pilot Fishing angesprochenen Investoren mitgeteilten Ansichten zur Positionierung des Unternehmens sowie zur Aufnahmebereitschaft des Kapitalmarkts regelmäßig sehr aussagekräftig sind, während zur späteren Bewertung der Aktie nur erste Indikationen geliefert werden[1022]. Allerdings ist der überwiegenden Literaturmeinung zuzubilligen, dass beim Eintritt in das Stadium des Pilot Fishings die Durchführung der Kapitalerhöhung noch nunwahrscheinlich ist. Eine Information über die konkrete Ausgestaltung, die für den verständigen Anleger zur Einschätzung der möglichen Auswirkungen, beispielsweise der denkbaren Verwässerung seiner Anteilsquote, von Bedeutung sein wird, lässt sich noch nicht ableiten. Daher kann die Kursrelevanz noch nicht aus dem Endereignis abgeleitet werden, auch wenn hierfür nur eine abgesenkte Mindestwahrscheinlichkeit erforderlich ist[1023].

Denkbarer Anknüpfungspunkt für die Kursrelevanz kann daher lediglich der Umstand sein, dass der Emittent überhaupt über eine Kapitalerhöhung nachdenkt. In den meisten Unternehmen wird dies für sich genommen keine Auswirkungen auf den Börsenkurs haben, sondern die Parameter der späteren Kapitalerhöhung müssen bekannt sein.

d) Pre-Marketing

Als nächster Schritt findet nach dem Pilot Fishing das Pre-Marketing (auch „Investor Education“ genannt[1024]) statt. Beim Pre-Marketing werden gezielt die Investoren angesprochen, um die Spanne für das Bookbuilding-Verfahren festzulegen[1025]. Den Investoren werden dabei die Gesellschaft und das aktuelle Branchenumfeld erläutert[1026]. In dieser Phase, die bis zu zwei Wochen andauern kann, wird das Profil des möglichen Investments diskutiert[1027]. Damit sollen keine konkreten Orders eingeholt, sondern der Boden für den weiteren Ablauf bereitet werden[1028].

1021 *Klöhn*, in: Köln Komm WpHG, 2. Aufl. 2014, § 13 Rdn. 334.

1022 Vgl. *Schäcker/Kunze/Wohlgefahrt*, in: Habersack/Mülbert/Schlitt, Unternehmensfinanzierung am Kapitalmarkt, 3. Aufl. 2013, § 3 Rdn. 42.

1023 Siehe hierzu die Ausführungen unter E.III.5.a).

1024 Vgl. *Fleischer/Bedkowski*, DB 2009, 2195.

1025 *Schlitt/Singhof/Schäfer*, BKR 2005, 251, 259; *Schäfer*, ZGR 2008, 455, 482.

1026 *Brandt/Müller/Oulds*, in: Kümpel/Wittig, Bank- und Kapitalmarktrecht, 4. Aufl. 2011, Rdn. 15.506.

1027 *Stäcker/Lange*, in: Habersack/Mülbert/Schlitt, Unternehmensfinanzierung am Kapitalmarkt, 3. Aufl. 2013, § 2 Rdn. 61.

1028 Vgl. *Brandt/Müller/Oulds*, in: Kümpel/Wittig, Bank- und Kapitalmarktrecht, 4. Aufl. 2011, Rdn. 15.506.

In diesem Schritt lässt sich bereits auf die regelmäßig aussagekräftigen Ergebnisse des Pilot Fishing aufbauen[1029]. Dem Umstand, dass das Pre-Marketing durchgeführt wird, kann daher entnommen werden, dass der Kapitalmarkt der Emission grundsätzlich positiv gegenübersteht und ein gewisser Umfang der Kapitalerhöhung auch vom Markt aufgenommen werden wird. Die Wahrscheinlichkeit, dass es demzufolge zu einer Kapitalerhöhung kommen wird, ist folglich nicht mehr „unwahrscheinlich", sondern zumindest „offen", so dass die für die Kursrelevanz erforderliche Schwelle der Mindestwahrscheinlichkeit überschritten ist, sofern der Emittent mit der Spanne grundsätzlich einverstanden ist. Somit ist bereits eine Insider-Information entstanden.

e) Beschluss der Verwaltung zur Kapitalerhöhung

Nachdem der Emittent die Investoren angesprochen und sich deshalb eine Bild über die Markteinschätzung gemacht hat, muss die Verwaltung die Entscheidung treffen, ob eine Kapitalerhöhung durchgeführt werden soll oder nicht.

Wenn die Verwaltung zu dem Schluss kommt, dass der Hauptversammlung die Durchführung einer Kapitalerhöhung vorgeschlagen werden soll, so ist es zumeist überwiegend wahrscheinlich, dass ein solcher Beschluss zustande kommt. Zwar hängt dies maßgeblich von den erforderlichen Mehrheitsverhältnissen sowie von der Aktionärsstruktur ab. Ist beispielsweise nur eine einfache Kapitalmehrheit erforderlich[1030] und gibt es einen Hauptaktionär, der zumindest faktisch eine Mehrheit in der Hauptversammlung stellt, dann ist die Kapitalerhöhung hoch wahrscheinlich. Gibt es hingegen eine breite Mischung an Aktionären, die dem Vorhaben teilweise ablehnend entgegenstehen, dann wird die Verwaltung nicht zwingend davon ausgehen können, dass der Beschluss zustande kommen wird. Im Regelfall jedoch sind mit dem Vorstandsbeschluss die Voraussetzungen für eine Insider-Information gegeben[1031]. Dies gilt auch dann, wenn die Kapitalerhöhung noch von einer bestimmten Marktsituation abhängt, da der Markt regelmäßig bereits die mit dem Beschluss der Verwaltung manifestierte Absicht zur Kapitalerhöhung als kursrelevant einordnen wird[1032].

1029 Vgl. *Schäcker/Kunze/Wohlgefahrt*, in: Habersack/Mülbert/Schlitt, Unternehmensfinanzierung am Kapitalmarkt, 3. Aufl. 2013, § 3 Rdn. 42.

1030 § 182 AktG erfordert grundsätzlich die einfache Stimmenmehrheit sowie zusätzlich eine qualifizierte Kapitalmehrheit in Höhe von drei Vierteln des bei der Beschlussfassung vertretenen Grundkapitals. Allerdings kann die Satzung gemäß § 182 Abs. 1 S. 2 AktG die erforderliche Kapitalmehrheit ebenfalls auf eine einfache Mehrheit herabsetzen, sofern keine Vorzugsaktien ausgegeben werden oder das Bezugsrecht der Aktionäre ausgeschlossen wird, vgl. *Servatius*, in: Spindler/Stilz, AktG, 2. Aufl. 2010, § 182 Rdn. 18.

1031 Vgl. *Klöhn*, in: Köln Komm WpHG, 2. Aufl. 2014, § 13 Rdn. 334; *Krause/Brellochs*, AG 2013, 309, 325; *Sickinger/Kuthe*, in: Schüppen/Schaub, Münchener Anwalts-Handbuch Aktienrecht, 2. Aufl. 2010, § 33 Rdn. 166.

1032 *Pfüller*, in: Fuchs, WpHG, 2009, § 15 Rdn. 189.

f) Einladung zur Hauptversammlung

Bei der Einladung zur Hauptversammlung, die über die geplante Kapitalerhöhung beschließen soll, handelt es sich um keinen weiteren insiderrechtlich relevanten Zwischenschritt, sondern lediglich um die Bekanntgabe des gefassten Vorstandsbeschlusses gegenüber der Öffentlichkeit. Eine eigene Kursrelevanz ist daher nicht zu erkennen. Die Einladung zur Hauptversammlung hat jedoch zur Folge, dass die Kapitalmaßnahme ab diesem Zeitpunkt öffentlich bekannt ist und damit keine Insider-Information mehr darstellt[1033]. Eine eventuelle vorherige Möglichkeit zur Selbstbefreiung endet daher in diesem Zeitpunkt[1034].

g) Zwischenstand der Stimmrechtsvollmachten

Sofern der Vorstand zum Zeitpunkt der Einladung zur Hauptversammlung noch kein abschließendes Bild über die mögliche Zustimmungsbereitschaft der Aktionäre haben wird, ändert sich dies kurz vor der Hauptversammlung. Der Vorstand steht üblicherweise im Kontakt mit Aktionärsvereinigungen, welche ihr Abstimmungsverhalten vorab ankündigen. Darüber hinaus stellt die Gesellschaft Stimmrechtsvertreter zur Verfügung, die von den Aktionären weisungsgebunden bevollmächtigt werden können. Der Vorstand kann anhand dieser Vollmachten bereits eine genauere Abschätzung über die mögliche Beschlussmehrheit erzielen. Zu Hilfe kommt dem Vorstand auch, dass er aufgrund des Anmeldungserfordernisses die voraussichtliche Präsenz in der Hauptversammlung abschätzen und die Stimmen derjenigen Aktionäre, deren Abstimmungsverhalten bereits bekannt ist, damit ins Verhältnis setzen kann.

h) Beschluss der Hauptversammlung

Mit dem zustimmenden Beschluss der Hauptversammlung, die geplante Kapitalerhöhung durchzuführen, wird die Kapitalerhöhung hoch wahrscheinlich. Es sind kaum Konstellationen denkbar, in denen die Eintragung des Kapitalerhöhungsbeschlusses in das Handelsregister abgelehnt oder die Kapitalerhöhung nicht erfolgreich durchgeführt werden wird. Zwar ist die Kapitalerhöhung bei einer Kapitalerhöhung mit Mindest- oder Höchstbetrag an eine Durchführungsfrist[1035] gebunden, um eine Abgrenzung zur Schaffung eines genehmigten Kapitals zu ermöglichen[1036]. Allerdings

---

1033 *Pfüller*, in: Fuchs, WpHG, 2009, § 15 Rdn. 184.

1034 Vgl. hierzu auch *Koch*, in: Veil, Europäisches Kapitalmarktrecht, 2. Aufl. 2014, § 19 Rdn. 96 f., S. 409.

1035 Diese Frist wird regelmäßig mit sechs Monaten bemessen, teilweise auch mit neun Monaten, vgl. *Servatius*, in: Spindler/Stilz, AktG, 2. Aufl. 2010, § 182 Rdn. 44 sowie *Koch*, in: Hüffer, AktG, 11. Aufl. 2014, § 182 Rdn. 14 m.w.N.

1036 Vgl. *Peifer*, in: Münch Komm AktG, 3. Aufl. 2011, § 182 Rdn. 37; *v. Dryander/Niggemann*, in: Hölters, AktG, 2. Aufl. 2014, § 182 Rdn. 39 f.

steht in den meisten Fällen nicht zu erwarten, dass die Kapitalerhöhung innerhalb dieser Frist nicht durchgeführt werden wird.

Der Kapitalerhöhungsbeschluss kann darüber hinaus auch an bestimmte unechte Bedingungen geknüpft sein[1037]. So kann die Anmeldung der Eintragung einer Kapitalerhöhung zum Handelsregister beispielsweise dadurch bedingt sein, dass das Zusammenschlussvorhaben, dessen Finanzierung die Kapitalerhöhung dienen soll, von den Kartellbehörden genehmigt wird[1038]. In solchen Fällen wird man davon ausgehen müssen, dass die Durchführung der Kapitalerhöhung jedenfalls überwiegend wahrscheinlich sein wird, da die Parteien ex ante grundsätzlich von der Erlangung der Freigabe ausgehen werden.

i) Zeichnung der neuen Aktien

Sobald die neuen Aktien von den bezugsberechtigten Aktionären oder von externen Investoren gezeichnet werden, entfällt das verbliebene (minimale) Restrisiko, dass die Kapitalerhöhung von den Investoren am Markt nicht aufgenommen wird und deshalb nicht durchgeführt werden kann. Dies gilt insbesondere, wenn ein Mindestbetrag für die Kapitalerhöhung vorgesehen ist[1039]. Im Übrigen steht durch die eingegangen Zeichnungserklärungen auch fest, in welcher Höhe die Kapitalerhöhung letztlich durchgeführt werden kann. Insbesondere bei einer Höchstbetragskapitalerhöhung („Bis-zu-Kapitalerhöhung“[1040]) hängt der Kapitalerhöhungsbetrag davon ab, wie viele neue Aktien des Emittenten gezeichnet werden[1041].

Diese Unsicherheit entfällt jedoch schon immer dann, wenn der Emittent mit einer begleitenden Investmentbank ein Underwriting Agreement abgeschlossen hat[1042].

1037 Unzulässig sind echte Bedingungen, die eine auflösende oder aufschiebende Wirkung der Satzungsänderung zur Folge haben. Zulässig sind jedoch unechte Bedingungen, wonach die Satzungsänderung nur im Fall des Eintritts bestimmter Bedingungen angemeldet werden soll, vgl. *Arnold*, in: Münch Komm AktG, 3. Aufl. 2011, § 207 Rdn. 25 f.

1038 Ein Beispiel hierfür ist die von der außerordentlichen Hauptversammlung der Telefónica Deutschland Holding AG vom 11. Februar 2014 beschlossene Barkapitalerhöhung, die nur im Fall der Freigabe des Vollzugs einer Transaktion durch die Kartellbehörden durchgeführt werden soll, vgl. den Passus in der Einladung, abrufbar unter https://www.telefonica.de/investor-relations/hauptversammlung/aohv-2014.html.

1039 Kommt bei einer Kapitalerhöhung mit Mindestbetrag dieser Betrag nicht zustande, ist die Kapitalerhöhung nicht erfolgreich, vgl. *Peifer*, in: Münch Komm AktG, 3. Aufl. 2011, § 182 Rdn. 36.

1040 Vgl. hierzu *Krieger/Kraft*, in: Münchener Handbuch Gesellschaftsrecht, 3. Aufl. 2007, § 56 Rdn. 23.

1041 *Busch*, in: Marsch-Barner/Schäfer, Handbuch börsennotierte AG, 3. Aufl. 2014, § 42 Rdn. 11.

1042 *Parmentier*, NZG 2007, 407, 411; zur Rechtsnatur eines Underwriting Agreements vgl. ausführlich *Technau*, AG 1998, 445, 446 ff.

In einer solchen Vereinbarung verpflichtet sich die Investmentbank, diejenigen Aktien, die nicht vom Markt aufgenommen werden, auf eigene Rechnung zu zeichnen[1043]. Der Emittent kann sich daher sicher sein, dass das gewünschte Kapitalerhöhungsvolumen auch erreicht wird, wohingegen die Emissionsbegleiter das Platzierung- und Preisrisiko übernehmen[1044]. Folglich ist auch die Durchführung der Kapitalerhöhung sicher und eine Ad-hoc-Mitteilung abzugeben[1045].

Dies gilt jedenfalls dann, wenn es sich um ein sogenanntes „Hard Underwriting" und nicht nur um ein „Best Efforts Underwriting" handelt, bei welchem das Preis- und Platzierungsrisiko nicht übernommen wird[1046]. Bei letzterem soll es sich nicht um eine insider-relevante Tatsache handeln, sofern die Durchführung der Maßnahme nicht aufgrund des Investoreninteresses hinreichend wahrscheinlich ist[1047]. Allerdings wird in der Mehrzahl der Fälle ohne ein ausreichendes Investoreninteresse die Hauptversammlung nicht zur Beschlussfassung über eine Kapitalerhöhung ersucht werden, so dass es auch im Fall eines „Best Efforts Underwriting" nicht an der hinreichenden Wahrscheinlichkeit des Zustandekommens der Kapitalerhöhung fehlen wird.

j) Eintragung der Kapitalerhöhung

Nach Zeichnung der Kapitalerhöhung durch die Investoren und der Erbringung der neuen Einlagen wird die Kapitalerhöhung zur Eintragung im Handelsregister angemeldet und sodann eingetragen. Erst durch diesen Schritt ist das Grundkapital des Emittenten erhöht[1048] und das Endereignis eingetreten. Eine weitergehende Kursrelevanz nach Mitteilung der vorgelagerten Zwischenschritte ist diesem Umstand jedoch nicht mehr zu entnehmen. Die spätere Eintragung stellt lediglich den formaljuristischen Umsetzungsakt dar, welcher vom Markt nach Bekanntgabe der anstehenden Kapitalerhöhung bereits in den Börsenkurs eingepreist wird.

k) Zusammenfassung

Kapitalerhöhungen erstrecken sich oftmals über einen längeren Zeitraum mit vielen Zwischenschritten. Die Durchführung der Kapitalerhöhung hängt dabei vom Marktumfeld ab. Beim Pilot Fishing wird die Marktlage zuerst nur allgemein sondiert und damit die grundsätzliche Möglichkeit einer Kapitalerhöhung eruiert. Sobald aber das anschließende Pre-Marketing erkennen lässt, dass der Markt die geplante Kapitalerhöhung aufnimmt, entsteht eine Insider-Information, da nunmehr erkennbar ist, zu

---

1043 *Seibt/Voigt*, AG 2009, 133, 145.

1044 *Seibt/Voigt*, AG 2009, 133, 145.

1045 *Krause/Brellochs*, AG 2013, 309, 325.

1046 Vgl. zu den Unterschieden zwischen diesen beiden Formen *Seibt/Voigt*, AG 2009, 133, 145 f.

1047 *Frowein*, in: Habersack/Mülbert/Schlitt, Handbuch der Kapitalmarktinformation, 2. Aufl. 2013, § 10 Rdn. 50; *Parmentier*, NZG 2007, 407, 411.

1048 Vgl. *Busch*, in: Marsch-Barner/Schäfer, Handbuch börsennotierte AG, 3. Aufl. 2014, § 42 Rdn. 115.

welcher Preisspanne und in welchem Umfang eine Kapitalerhöhung durchgeführt werden kann. Bei einer stabilen Aktionärslage wird bereits mit der Einberufung der Hauptversammlung die Durchführung der Kapitalerhöhung überwiegend wahrscheinlich werden. Jedenfalls ist dies dann der Fall, wenn Stimmrechtsvollmachten Rückschlüsse auf die zu erwartenden Mehrheiten erkennen lassen oder spätestens wenn der Beschluss von der Hauptversammlung gefasst wurde.

2. Bedingte Kapitalerhöhung

Gemäß § 192 AktG kann eine Aktiengesellschaft eine Erhöhung des Grundkapitals beschließen, die nur soweit durchgeführt werden soll, wie von einem Umtausch- oder Bezugsrecht Gebrauch gemacht wird. Als zulässige Zwecke für eine solche bedingte Kapitalerhöhung nennt § 192 Abs. 2 AktG die Gewährung von Umtausch- oder Bezugsrechten von Gläubigern von Wandelschuldverschreibungen, die Vorbereitung eines Zusammenschlusses zweier Unternehmen sowie die Gewährung von Bezugsrechten für Mitarbeiter und Mitglieder der Geschäftsführung. Bei dieser Art der Kapitalerhöhung handelt es sich um keine unmittelbare Erhöhung des Grundkapitals gegen neue Einlagen[1049], sondern lediglich um die Festlegung eines Höchstbetrags der Kapitalbeschaffung, welche davon abhängt, in welchem Umfang Dritte von ihrem Umtausch- oder Bezugsrecht Gebrauch machen[1050].

a) Die bedingte Kapitalerhöhung als gestreckter Geschehensverlauf

Auch die bedingte Kapitalerhöhung stellt einen gestreckten Geschehensverlauf dar[1051]. Die bedingte Kapitalerhöhung vollzieht sich für den Fall der Gewährung von Bezugsrechten an Inhaber von Wandelschuldverschreibungen gemäß § 192 Abs. 2 Nr. 1 AktG oder an Mitarbeiter oder Geschäftsführungsmitglieder gemäß § 192 Abs. 2 Nr. 3 AktG in vier[1052] wesentlichen Schritten[1053]: Zunächst bedarf es der Beschlussfassung über die bedingte Kapitalerhöhung, deren Eintragung im Handelsregister sowie der Einräumung von Bezugs- bzw. Umtauschrechten. In einem zweiten Schritt müssen die Berechtigten die Bezugserklärungen abgeben und den Gegenwert der Aktien leisten. Der sich anschließende Vollzug der Kapitalerhöhung

---

1049 Dies im Unterschied zur ordentlichen Kapitalerhöhung und zu einer Kapitalerhöhung aus genehmigtem Kapital, vgl. *Busch*, in: Marsch-Barner/Schäfer, Handbuch börsennotierte AG, 3. Aufl. 2014, § 41 Rdn. 1.

1050 Vgl. *Fuchs*, in: Münch Komm AktG, 3. Aufl. 2011, § 192 Rdn. 1.

1051 *Fuchs*, in: Münch Komm AktG, 3. Aufl. 2011, § 192 Rdn. 4.

1052 Teilweise werden die folgenden vier wesentlichen Hauptschritte auch in mehrere Einzelschritte unterteilt, vgl. *Dissars*, in: Schüppen/Schaub, Münchener Anwalts-Handbuch Aktienrecht, 2. Aufl. 2010, § 35 Rdn. 13; *Krieger*, in: Münchener Handbuch Gesellschaftsrecht, 3. Aufl. 2007, § 57 Rdn. 2.

1053 Vgl. hierzu *Busch*, in: Marsch-Barner/Schäfer, Handbuch börsennotierte AG, 3. Aufl. 2014, § 44 Rdn. 4.

durch die Ausgabe von Bezugsaktien wird sodann im Handelsregister eingetragen. In einem letzten Schritt ist die Satzung anzupassen.

Bei der Vorbereitung eines Unternehmenszusammenschlusses gemäß § 192 Abs. 2 Nr. 2 AktG handelt es sich insoweit um einen gestreckten Geschehensverlauf, als dass es sich um einen Zwischenschritt im Ablauf der Unternehmenstransaktion handelt.

b) Kursrelevanz der bedingten Kapitalerhöhung

Fraglich ist jedoch, ob der bedingten Kapitalerhöhung überhaupt Kursrelevanz zukommt. Auf die Ad-hoc-Publizitätspflicht bei bedingten Kapitalerhöhungen wird in der Literatur, soweit ersichtlich, nicht eingegangen. Dies mag daran liegen, dass es bei dieser Art der Kapitalerhöhung an der Geeignetheit, im Fall ihres öffentlichen Bekanntwerdens den Börsenkurs erheblich zu beeinflussen, fehlt. Wie bereits ausgeführt, erlangt die Gesellschaft dadurch nur in geringem Umfang neue Einlagen. Daher ändert sich dadurch auch die Kapitalstruktur der Gesellschaft nicht wesentlich.

Ferner sind die in § 192 Abs. 2 AktG genannten Zwecke der bedingten Kapitalerhöhung zu berücksichtigen. Bei der Gewährung von Bezugsrechten an Arbeitnehmer und Geschäftsführungsmitglieder gemäß § 192 Abs. 2 Nr. 3 AktG ist der Umfang der Beteiligung typischerweise so gering, dass die Auswirkungen auf den Börsenkurs gering sind. Sofern eine bedingte Kapitalerhöhung der Gewährung von Bezugsrechten für Gläubiger von Wandelschuldverschreibungen gemäß § 192 Abs. 2 Nr. 1 AktG dienen soll, dann wird nicht die Schaffung des bedingten Kapitals hierfür, sondern die Ausgabe der Wandelschuldverschreibung die kursrelevante Tatsache darstellen. Entweder ist dann der Beschluss der Verwaltung zur Ausnutzung der Genehmigung gemäß § 221 Abs. 2 AktG zu veröffentlichen oder die Vorbereitung des Hauptversammlungsbeschlusses gemäß § 221 Abs. 1 AktG. Schließlich ist auch im Fall der Schaffung eines bedingten Kapitals zur Vorbereitung eines Unternehmenszusammenschlusses letzterer der kursrelevante Vorgang. Das bedingte Kapital dient nur dessen Umsetzung und hat für sich keine darüber hinaus gehende Kursrelevanz.

Somit bleibt festzuhalten, dass es sich bei der Schaffung eines bedingten Kapitals mangels Kursrelevanz um kein zu veröffentlichendes Ereignis handelt.

3. Kapitalerhöhung aus genehmigtem Kapital

Bei der Schaffung eines genehmigten Kapitals gemäß § 202 AktG handelt es sich um eine Rahmenermächtigung, mit der der Vorstand für höchstens fünf Jahre ermächtigt werden kann, das Grundkapital gegen Einlagen zu erhöhen.

a) Unterscheidung zwischen Schaffung und Ausnutzung

Bei einem genehmigten Kapital handelt es sich um einen gestreckten Geschehensverlauf[1054]. Dies ergibt sich schon daraus, dass zwischen der Schaffung des genehmigten

---

1054 *Brandi/Süßmann*, AG 2004, 642, 649; *Pfüller*, in: Fuchs, WpHG, 2009, § 15 Rdn. 186.

Kapitals durch einen Beschluss der Hauptversammlung sowie der Ausnutzung der Ermächtigung durch die Verwaltung unterschieden werden muss. Darüber hinaus untergliedern sich beide Geschehnisse in weitere Zwischenschritte.

b) Ad-hoc-Publizität der Schaffung des genehmigten Kapitals

Um den Zeitpunkt der Ad-hoc-Veröffentlichungspflicht bei der Schaffung eines genehmigten Kapitals prüfen zu können, muss zunächst geklärt werden, ob der ermächtigende Hauptversammlungsbeschluss Auswirkungen auf den Börsenkurs hat.

aa) Kursrelevanz der Schaffung des genehmigten Kapitals

Teilweise wird angenommen, dass bereits die Schaffung des genehmigten Kapitals eine Insider-Information darstellen kann[1055]. Bei der Beurteilung der Kursrelevanz ist jedoch zu berücksichtigen, dass es sich bei dem genehmigten Kapital um einen Ermächtigungsbeschluss handelt, welcher eine Laufzeit von bis zu fünf Jahren haben kann[1056]. Hierbei wird zumeist der Vorstand ermächtigt, mit Zustimmung des Aufsichtsrats die weiteren Einzelheiten der Kapitalerhöhung festzulegen, insbesondere den Ausgabebetrag für die neuen Aktien zu bestimmen. Der Hauptversammlungsbeschluss sagt daher regelmäßig noch nichts über das „ob" und „wie" einer späteren Kapitalerhöhung aus. Folglich kann ein verständiger Anleger noch keine Rückschlüsse auf eine etwaige Veränderung in der Finanzierungsstruktur der Gesellschaft ziehen. Darüber hinaus handelt es sich bei einem genehmigten Kapital um eine Ermächtigung, die bei der Mehrzahl der börsennotierten Unternehmen in der Satzung zu finden ist[1057]. Dementsprechend hat die Schaffung eines genehmigten Kapitals regelmäßig keine besondere Bedeutung für den Markt. Dies gilt insbesondere dann, wenn lediglich ein bestehendes genehmigtes Kapital nach Ablauf der Laufzeit ersetzt werden soll.

1055 Vgl. *Sickinger/Kuthe*, in: Schüppen/Schaub, Münchener Anwalts-Handbuch Aktienrecht, 2. Aufl. 2010, § 34 Rdn. 72.

1056 Vgl. § 202 Abs. 1 AktG.

1057 Eine Auswertung der im Juli 2014 gültigen Satzungen der 30 DAX-Unternehmen zeigt, dass sämtliche Unternehmen mit Ausnahme der K+S Aktiengesellschaft über ein bestehendes genehmigtes Kapital verfügen. Im 50 Unternehmen umfassenden M-DAX verfügen alle Unternehmen mit Ausnahme der Airbus Group N.V. (wobei diese ihren Sitz in den Niederlanden hat), der Axel Springer SE (wobei diese im Mehrheitsbesitz der Axel Springer Gesellschaft für Publizistik steht), der Fuchs Petrolub SE (die im Mehrheitsbesitz der Familie Fuchs steht), der Rational AG (die im Mehrheitsbesitz von Herrn Siegfried Meister steht), der RTL Group S.A. (welche ihren Sitz in Luxemburg hat) sowie der Wacker Chemie AG (die mehrheitlich der Dr. Alexander Wacker Familiengesellschaft mbH gehört) über ein genehmigtes Kapital. Die genannten Unternehmen sind daher in Sondersituationen, bei denen entweder deutsches Recht keine Anwendung findet oder sie über einen Mehrheitsgesellschafter verfügen, welcher ein genehmigtes Kapital überflüssig macht.

bb) Keine Kursrelevanz der dem Hauptversammlungsbeschluss vorgelagerten Zwischenschritte

Folglich kann damit festgehalten werden, dass erst die spätere Ausnutzung der Ermächtigung durch die Verwaltung Kursrelevanz besitzt. Damit steht auch fest, dass erst in dem Zeitpunkt, in welchem diese Ausnutzung zu einem gewissen Grad wahrscheinlich geworden ist, eine Ad-hoc-Mitteilung abzugeben ist. Der Hauptversammlungsbeschluss bzw. die vorgelagerten Schritte wie beispielweise der Beschluss zur Einberufung der Hauptversammlung samt Tagesordnung mit Beschlussvorschlägen begründet die erforderliche Mindestwahrscheinlichkeit nicht. Zum Zeitpunkt des Hauptversammlungsbeschlusses lässt sich die Ausnutzung des genehmigten Kapitals regelmäßig nicht absehen.

c) Ad-hoc-Publizitätspflicht der Ausnutzung des genehmigten Kapitals

Anknüpfungspunkt für die Abgabe einer Ad-hoc-Mitteilung im Zusammenhang mit einer Kapitalerhöhung aus genehmigtem Kapital ist daher die Ausnutzung des Beschlusses durch die Verwaltung[1058]. Dabei handelt es sich zumeist um ein kursrelevantes Ereignis[1059]. Abhängen kann dies insbesondere vom Umfang der Kapitalerhöhung und der Frage, ob das Bezugsrecht ausgeschlossen wird[1060]. Hierfür gilt nichts anderes als für die Kapitalerhöhung gegen Einlagen. Durch die Ausnutzung des genehmigten Kapitals erhält die Gesellschaft neue Einlagen. Dadurch ändert sich zugleich die Finanzierungsstruktur der Gesellschaft. Damit besteht möglicherweise das Bedürfnis nach einer Neubewertung des Emittenten und damit nach einer Überprüfung der Anlageentscheidung durch den verständigen Anleger. Allerdings handelt es sich auch bei der Ausnutzung des genehmigten Kapitals um einen gestreckten Geschehensverlauf, so dass der richtige Zeitpunkt der Abgabe der Ad-hoc-Mitteilung zu bestimmen ist. In der Praxis wurde jedoch festgestellt, dass Unternehmen nur sehr zögerlich über durchgeführte Kapitalerhöhungen informieren[1061].

aa) Beschlussfassung des Vorstands

Über die Einzelheiten der Kapitalerhöhung entscheidet regelmäßig der Vorstand mit Zustimmung des Aufsichtsrats. Spätestens sobald der Vorstand den konkreten Beschluss gefasst hat, das Grundkapital zu erhöhen und dabei die Höhe der Kapitalerhöhung sowie den Ausgabebetrag der neuen Aktien festgelegt hat, entsteht eine

---

1058 *Klie*, DStR 2013, 530.

1059 Für *Bayer*, in: Münch Komm AktG, 3. Aufl. 2011, § 203 Rdn. 154 gilt dies insbesondere im Fall der bezugsrechtsfreien Emission.

1060 *Bayer*, in: Münch Komm AktG, 3. Aufl. 2011, § 202 Rdn. 89.

1061 Vgl. *Bayer*, in: Münch Komm AktG, 3. Aufl. 2011, § 203 Rdn. 154.

Insider-Information[1062]. Dies gilt auch dann, wenn der Aufsichtsrat noch nicht zugestimmt hat[1063]. Gegebenenfalls können schon Schritte zur Vorbereitung der Kapitalerhöhung spezifisch genug sein, damit eine Insider-Information entsteht[1064]. Diese wäre beispielsweise der Fall, wenn der Vorstand vor der Beschlussfassung zur Ausnutzung des genehmigten Kapitals die Anlagebereitschaft potentieller Investoren erkundet. Verwiesen sei insoweit auf die Ausführungen zum Parallelfall einer ordentlichen Kapitalerhöhung, die sich insoweit nicht unterscheidet[1065].

bb) Beschlussfassung des Aufsichtsrats

Die Ausnutzung des genehmigten Kapitals bedarf zusätzlich zum Beschluss des Vorstands der Zustimmung des Aufsichtsrats. Solange diese nicht vorliegt, kann sich der Vorstand nach seiner Beschlussfassung von der Veröffentlichung der Ad-hoc-Mitteilung selbst befreien[1066]. Die Gesellschaft kann sich hierfür auf § 6 Nr. 2 WpAIV berufen[1067].

Fraglich ist, ob die Veröffentlichung der Ad-hoc-Mitteilung über diesen Zeitpunkt hinaus noch weiter aufgeschoben werden kann. Einerseits wird davon ausgegangen, dass spätestens nach Erteilung der Zustimmung durch den Aufsichtsrat die Ad-hoc-Mitteilung zu veröffentlichen ist[1068]. Demgegenüber wird aber auch vertreten, dass die Befreiung bis zur Eintragung der Kapitalerhöhung im Handelsregister zulässig ist, sofern dies im Gesellschaftsinteresse liegt und dieses die Informationsinteressen des Kapitalmarkts überwiegt[1069].

Letztlich kann dies aber nur dann der Fall sein, wenn das Bezugsrecht der Aktionäre ausgeschlossen ist und es bereits Investoren gibt, die die Kapitalerhöhung zeichnen wollen. Dass die Transaktionssicherheit einen Aufschub rechtfertigt[1070], ist jedoch abzulehnen.

1062 *Pfüller*, in: Fuchs, WpHG, 2009, § 15 Rdn. 186; *Krämer/Teigelack*, AG 2012, 20, 22; *Seibt*, CFL 2011, 74, 84; *Schlitt/Schäfer*, AG 2005, 67, 74; v. *Dryander/Niggemann*, in: Hölters, Aktiengesetz, 2. Aufl. 2014, § 202 Rdn. 65.

1063 *Sickinger/Kuthe*, in: Schüppen/Schaub, Münchener Anwalts-Handbuch Aktienrecht, 2. Aufl. 2010, § 34 Rdn. 73; *Schlitt/Schäfer*, AG 2005, 67, 74; a.A. *Bayer*, in: Münch Komm AktG, 3. Aufl. 2011, § 202 Rdn. 89. In der Praxis werden die Beschlüsse von Vorstand und Aufsichtsrat jedoch ohnehin zumeist am gleichen Tag gefasst werden.

1064 Vgl. *v. Bonin/Böhmer*, EuZW 2012, 694, 697.

1065 Vgl. die Ausführungen unter K.I.1.

1066 *Pfüller*, in: Fuchs, WpHG, 2009, § 15 Rdn. 185; *Wellhöfer*, in: Wellhöfer/Peltzer/Müller, Die Haftung von Vorstand, Aufsichtsrat, Wirtschaftsprüfer, 2008, § 4 Rdn. 268; *Schlitt/Schäfer*, AG 2005, 67, 74; *Seibt*, CFL 2011, 74, 84.

1067 *Ekkenga*, in: Fleischer, Handbuch des Vorstandsrechts, 2006, § 21 Rdn. 44; *Krämer/Teigelack*, AG 2012, 20, 22.

1068 *Sickinger/Kuthe*, in: Schüppen/Schaub, Münchener Anwalts-Handbuch Aktienrecht, 2. Aufl. 2010, § 34 Rdn. 73; *Pfüller*, in: Fuchs, WpHG, 2009, § 15 Rdn. 187.

1069 *Seibt*, CFL 2011, 74, 84; *Seibt/Voigt*, AG 2009, 133, 145.

1070 Auf diesen Fall abstellend *Seibt*, CFL 2011, 74, 84.

cc) Zeichnung der Kapitalerhöhung

Nachdem die Verwaltung die Ausnutzung des genehmigten Kapitals beschlossen hat, müssen die neuen Aktien bei Investoren platziert werden. Dies geschieht häufig[1071] in Form des Accelerated Bookbuildings, wenn das Bezugsrecht der Aktionäre ausgeschlossen ist[1072]. Bei diesem werden innerhalb einer sehr kurzen Frist, die nur einen Tag oder auch nur wenige Stunden betragen kann, Angebote von Investoren innerhalb einer bestimmten Preisspanne gesammelt[1073]. Damit kann flexibel reagiert und der Kursdruck auf die Aktie minimiert werden[1074]. Anhand der eingegangen Angebote wird sodann der tatsächliche Ausgabebetrag pro Aktie festgelegt[1075]. Nach Abschluss des Bookbuilding-Verfahrens legt der Vorstand mit Zustimmung des Aufsichtsrats[1076] den Ausgabebetrag sowie die platzierte Aktienanzahl mit erneutem Beschluss fest[1077].

Typischerweise werden das Ergebnis der Preisfestsetzung und der Abschluss des Bookbuilding-Verfahrens sodann in einer Aktualisierung der bereits veröffentlichten Ad-hoc-Mitteilung bekannt gegeben[1078]. Dies ist auch folgerichtig, da die tatsächliche Preisfestsetzung sowie das Ausmaß des Investoreninteresses für die Investitionsentscheidung eines verständigen Anlegers von maßgeblicher Bedeutung sind.

dd) Eintragung der Kapitalerhöhung

Letztendlich wird die Kapitalerhöhung im Handelsregister der Gesellschaft eingetragen. Erst durch diesen Vorgang ist das Grundkapital der Gesellschaft erhöht. Ebenso wie bei der ordentlichen Kapitalerhöhung[1079] kommt dieser Eintragung aber keine

---

1071 Daneben gibt es anstelle des Accelerated Bookbuilding-Verfahrens auch die Möglichkeit eines Block Trades, bei welchem die Bank die Aktien durch Ansprache an institutionelle Investoren unmittelbar außerbörslich platziert, vgl. *Meyer*, in: Marsch-Barner/Schäfer, Handbuch börsennotierte AG, 3. Aufl. 2014, § 7 Rdn. 91.

1072 *Schlitt/Schäfer*, AG 2005, 67, 72; *Sickinger/Kuthe*, in: Schüppen/Schaub, Münchener Anwalts-Handbuch Aktienrecht, 2. Aufl. 2010, § 34 Rdn. 36.

1073 *V. Oppen/Menhart/Holst*, WM 2011, 1835, 1836; *Schlitt/Schäfer*, AG 2005, 67, 72; *Sickinger/Kuthe*, in: Schüppen/Schaub, Münchener Anwalts-Handbuch Aktienrecht, 2. Aufl. 2010, § 34 Rdn. 36.

1074 *Schäcker/Kunze/Wohlgefahrt*, in: Habersack/Mülbert/Schlitt, Unternehmensfinanzierung am Kapitalmarkt, 3. Aufl. 2013, § 3 Rdn. 29.

1075 *Meyer*, in: Marsch-Barner/Schäfer, Handbuch börsennotierte AG, 3. Aufl. 2014, § 7 Rdn. 91.

1076 Vgl. *v. Oppen/Menhart/Holst*, WM 2011, 1835, 1836. Allerdings wird teils auch eine Vorab-Zustimmung des Aufsichtsrats für zulässig gehalten, vgl. *Trapp*, AG 1997, 115, 119.

1077 *Sickinger/Kuthe*, in: Schüppen/Schaub, Münchener Anwalts-Handbuch Aktienrecht, 2. Aufl. 2010, § 34 Rdn. 36.

1078 *Seibt*, CFL 2011, 74, 85.

1079 Vgl. K.I.1.j).

weitere Kursrelevanz mehr zu, so dass eine Aktualisierung der Ad-hoc-Mitteilung nicht mehr veranlasst ist.

4. Zusammenfassung

Bei der ordentlichen Kapitalerhöhung entsteht eine Insider-Information in dem Moment, in dem der Markt erkennen lässt, in welchem Umfang und zu welchem Preis er eine Kapitalerhöhung der Gesellschaft aufnimmt. Bei der Kapitalerhöhung aus genehmigtem Kapital wird dieser Rahmen durch einen Vorstandsbeschluss festgesetzt. Mit Beschlussfassung des Vorstands entsteht folglich die Insider-Information, die bis zur erforderlichen Zustimmung des Aufsichtsrats aufgeschoben werden kann. Die Kapitalerhöhung aus bedingtem Kapital stellt hingegen zumeist mangels Kursrelevanz keine Insider-Information dar.

II. Kapitalherabsetzungen

Abgesehen vom Regelfall der Kapitalerhöhung gibt es, insbesondere im Fall eines restrukturierungsbedürftigen Emittenten, die Möglichkeit, dass eine Kapitalherabsetzung erforderlich ist. Hierfür kann eine ordentliche Kapitalherabsetzung gemäß § 222 AktG erfolgen, aber auch eine vereinfachte Kapitalherabsetzung gemäß § 229 AktG durchgeführt werden. Auch Maßnahmen der Kapitalherabsetzung können eine Ad-hoc-Mitteilungspflicht auslösen[1080].

1. Ordentliche Kapitalherabsetzung

Bei einer Kapitalherabsetzung handelt es sich ebenfalls um einen gestreckten Geschehensverlauf, an dessen Ende der Beschluss der Hauptversammlung steht[1081]. Wirksamkeit erlangt der Beschluss jedoch erst mit Eintragung in das Handelsregister, § 224 AktG. Im Anschluss muss die Kapitalherabsetzung durchgeführt werden, wobei hierzu gemäß § 222 Abs. 4 AktG zwei Optionen bestehen. So kann entweder der Nennbetrag der Aktien herabgesetzt werden oder es werden subsidiär[1082] Aktien zusammengelegt[1083].

a) Beschlussfassung der Verwaltung

Am Anfang dieses Geschehensverlaufs steht der Beschluss von Vorstand und Aufsichtsrat, die Herabsetzung des Grundkapitals der Gesellschaft der Hauptversammlung zur Beschlussfassung vorzuschlagen. Schon der Beschluss des Vorstands begründet dabei eine Insider-Information[1084]. Insofern ist kein Unterschied zum

---

1080 *Reger/Stenzel*, NZG 2009, 1210, 1214.

1081 Vgl. *Sethe*, ZIP 2010, 1825, 1826.

1082 Vgl. *Oechsler*, in: Münch Komm AktG, 3. Aufl. 2011, § 222 Rdn. 43 ff.

1083 Zur Durchführung der Kapitalherabsetzung vgl. *Marsch-Barner*, in: Spindler/Stilz, Aktiengesetz, 2. Aufl. 2010, § 222 Rdn. 38 ff.

1084 *Sethe*, ZIP 2010, 1825, 1826.

Parallelfall der Kapitalerhöhung[1085] gegeben. Bis zur Beschlussfassung des Aufsichtsrats kann die Möglichkeit der Selbstbefreiung in Anspruch genommen werden[1086]. Sodann ist jedoch die Ad-hoc-Mitteilung abzugeben[1087].

Zu diesem Zeitpunkt ist das Zustandekommen des Hauptversammlungsbeschlusses, abhängig von den Mehrheitsverhältnissen in der Gesellschaft, zumeist überwiegend wahrscheinlich[1088]. Auf diese Eintrittswahrscheinlichkeit kommt es letztlich jedoch gar nicht an. Vielmehr hat die geplante Kapitalherabsetzung eine eigenständige kursrelevante Bedeutung. Meistens ist mit ihr eine Schrumpfung des unternehmerischen Zuschnitts der Gesellschaft bezweckt[1089] oder eine Realteilung wird vorbereitet[1090]. Regelmäßig dient sie jedoch der Beseitigung einer Unterbilanz und damit der Sanierung der Gesellschaft[1091]. Da damit die Interessen der Aktionäre direkt berührt werden, sind die Überlegungen der Verwaltung für die Anlageentscheidung des verständigen Anlegers von unmittelbarer Bedeutung.

Folglich können auch weitere Vorbereitungsmaßnahmen, die der Vorstand für eine eventuell erforderlichen Sanierung im Wege der Kapitalherabsetzung in Verbindung mit einer Kapitalerhöhung trifft, beispielweise vorbereitende Gespräche mit Investoren oder Mehrheitsaktionären, publizitätspflichtige Insider-Informationen darstellen[1092].

b) Einberufung und Beschluss der Hauptversammlung

Mit der Einberufung der Hauptversammlung verbindet sich hingegen keine erneute Ad-hoc-Mitteilungspflicht. Insofern mangelt es an einer weitergehenden Kursrelevanz. Spätestens in diesem Augenblick endet die Insider-Information, da der Beschluss der Verwaltung der Öffentlichkeit bekannt gemacht wird[1093]. Schließlich wird mit dem zustimmenden Beschluss der Hauptversammlung die anstehende Kapitalherabsetzung hoch wahrscheinlich. Es ist im Normalfall nicht anzunehmen, dass die Eintragung im Handelsregister scheitern wird.

c) Eintragung im Handelsregister

Mit der Eintragung im Handelsregister ist das Grundkapital der Gesellschaft herabgesetzt, § 224 AktG. Auch dieser Eintragung fehlt es aber an einer eigenständigen Kursrelevanz, so dass keine erneute Ad-hoc-Mitteilung mehr angezeigt ist.

1085 Vgl. K.I.1.e).

1086 *Sethe*, ZIP 2010, 1825, 1826.

1087 *Sethe*, ZIP 2010, 1825, 1826.

1088 Vgl. die parallelen Ausführungen unter K.I.1.e).

1089 *Oechsler*, in: Münch Komm AktG, 3. Aufl. 2011, § 222 Rdn. 2.

1090 *Marsch-Barner*, in: Spindler/Stilz, Aktiengesetz, 2. Aufl. 2010, § 222 Rdn. 3.

1091 vgl. *Koch*, in: Hüffer, Aktiengesetz, 11. Aufl. 2014, § 222 Rdn. 3; *Reger/Stenzel*, NZG 2009, 1210.

1092 *Thomas*, S. 488 f.

1093 Vgl. *Pfüller*, in: Fuchs, WpHG, 2009, § 15 Rdn. 184.

2. Vereinfachte Kapitalherabsetzung

Für die vereinfachte Kapitalherabsetzung verweist § 229 Abs. 3 AktG auf wesentliche Vorschriften der §§ 222 ff. AktG. Insofern ist das Prozedere identisch, so dass auch die diesbezüglichen Ausführungen zur Ad-hoc-Publizitätspflicht[1094] gleichermaßen Anwendung finden.

1094 Vgl. K.II.1.

L. Zusammenfassung in Thesen

Zu Beginn dieser Arbeit wurde die Frage aufgeworfen, wann ein Zwischenschritt eine Insider-Information begründet, insbesondere wann ein Zwischenschritt ein konkretes Ereignis darstellt, aber auch wann ihm Kursrelevanz zukommt. Ferner sollte Emittenten eine Hilfestellung gegeben werden, wie sie eine frühzeitige Veröffentlichung von Informationen vermeiden können.

Darüber hinaus sollten die gefundenen Ergebnisse in praktischen Anwendungssituationen, in denen typischerweise gestreckte Geschehensverläufe vorkommen, angewendet werden.

Die einzelnen Ergebnisse dieser Untersuchung werden nunmehr in Thesen zusammengefasst:

1. **Rechtssystematische Stellung und Entwicklung der Ad-hoc-Publizitätspflicht**
   Die Ad-hoc-Publizität dient mehreren Zwecken. Sinn der Ad-hoc-Publizität ist sowohl die Erweiterung der Regelpublizität. Verstärkt im Vordegrund steht nunmehr jedoch die Verhinderung von Insiderhandel.
   Durch die Ad-hoc-Veröffentlichungspflicht werden die Marktteilnehmer mit einer gemeinsamen und gleichmäßigen Informationsgrundlage ausgestattet. Damit stärkt die Ad-hoc-Publizität auch das Anlegervertrauen. Dies ist essentiell für die Erhaltung der Funktionsfähigkeit des Kapitalmarkts.
2. **Konkretheit von Zwischenschritten**
   Die Ad-hoc-Publizitätspflicht bezieht sich sowohl auf Zwischenschritte als auch auf Endereignisse Anwendung. Die Veröffentlichung von Zwischenschritten ist nicht durch das Endereignis gesperrt. Dafür sprechen insbesondere sowohl systematische als auch teleologische Erwägungen. Die Anerkennung einer Sperrwirkung würde die Ziele der Ad-hoc-Publizität missachten.
   Die Konkretheit von Zwischenschritten bestimmt sich anhand einer zweistufigen Prüfung. In einem ersten Schritt ist zu unterscheiden, ob es sich um einen bereits eingetretenen oder um einen zukünftigen Zwischenschritt handelt. Ferner ist die Kursspezifität des Ereignisses zu prüfen, wonach die Information allgemein eine Grundlage für eine Aussage über den Verlauf des Börsenkurses bietet.
   Zu veröffentlichende konkrete Zwischenschritte können auch solche sein, die zukünftig eintreten. Nur bei solchen zukünftigen Zwischenschritten ist die Frage der Eintrittswahrscheinlichkeit zu prüfen.
   Die Eintrittswahrscheinlichkeit wird aus der Sicht eines verständigen Anlegers bestimmt. Für den erforderlichen Grad der Eintrittswahrscheinlichkeit bedarf es einer überwiegenden Wahrscheinlichkeit im Sinne von „50% + x". Die Probability/Magnitude-Formel ist mit den Vorgaben der Rechtsprechung nicht vereinbar. Eine hohe Wahrscheinlichkeit ist demgegenüber ebenfalls nicht erforderlich. Andere Ansatzpunkte zur Bestimmung der notwendigen Eintrittswahrscheinlichkeit, beispielsweise nach Vertraulichkeitsaspekten, sind nicht zielführend.

3. **Ermittlung der Kursrelevanz von Zwischenschritten**
Zukünftig liegt der Schwerpunkt der ad-hoc-rechtlichen Prüfung auf dem Merkmal der Kursrelevanz. Zwischenschritte haben nur im Ausnahmefall ein autonomes Kursbeeinflussungspotential, bei dem der Eintritt des Endereignisses außer Acht bleibt. Möglich ist dies beispielsweise bei elementaren Kurswechseln, die für sich eine große Bedeutung für den Emittenten haben.
Im Regelfall leitet sich die Kursrelevanz aus dem Endereignis ab. Hierfür ist die Wahrscheinlichkeit des Eintritts des Endereignisses einzubeziehen. Damit der Zwischenschritt Kursrelevanz hat, muss der Eintritt des Endereignisses nicht überwiegend wahrscheinlich sein, da sonst eine „Sperrwirkung durch die Hintertür" die Folge wäre.
Die Probability/Magnitude-Formel ist im Ansatz her anzuwenden, aber nicht uneingeschränkt. Ansonsten wäre jedes wichtige Ereignis, welches einen hohen Kursausschlag zur Folge hätte, stets zu veröffentlichen. Eine Korrektur ist über das Erfordernis einer Mindestwahrscheinlichkeit zu erreichen.
Für die Bestimmung der Kursrelevanz lässt sich eine quantitative Wahrscheinlichkeitsskala heranziehen. Demnach begründen Endereignisse, die überwiegend wahrscheinlich eintreten, stets die Kursrelevanz eines Zwischenschritts. Handelt es sich um ein offenes Ereignis ist die Kursrelevanz im Regelfall ebenfalls gegeben. Unwahrscheinliche Ereignisse, deren Eintrittswahrscheinlichkeit noch geringer ist, sind regelmäßig nicht kursrelevant, sondern nur dann, wenn es sich um Ereignisse von außerordentlicher Bedeutung für den Emittenten handelt.
Sehr unwahrscheinliche Ereignisse sind jedoch auch dann nie kursrelevant.
4. **Auswirkungen der Anknüpfung an Zwischenschritte**
Obwohl ein jeder Zwischenschritt ein potentiell ad-hoc-pflichtiges Ereignis darstellen kann, bleiben Zwischenschritte als kapitalmarktrechtliche Kategorie bestehen. Tendenziell sind mehr Selbstbefreiungen zu erwarten. Von einer Zunahme der Anzahl der Ad-hoc-Mitteilungen ist hingegen nicht auszugehen. Es kann allenfalls dann zu mehr Veröffentlichungen kommen, wenn in einem Sachverhalt mehrere Veröffentlichungen abgegeben werden.
Emittenten müssen sich jedoch darauf einstellen, dass der erforderliche Dokumentationsaufwand, insbesondere um die eigenen Entscheidungen über den Aufschub einer Veröffentlichung nachprüfen zu können, steigen wird. In diesem Zusammenhang wird sich auch die Notwendigkeit einer Konsultation rechtlicher Berater erhöhen.
5. **Selbstbefreiung der Gesellschaft gemäß § 15 Abs. 3 WpHG**
Insbesondere teleologische Erwägungen, aber auch eine grammatikalische und historische Auslegung zeigen, dass die Inanspruchnahme der Selbstbefreiungsmöglichkeit durch die Gesellschaft gemäß § 15 Abs. 3 WpHG eine bewusste und aktive Entscheidung des Emittenten erfordern.
Zuständig ist hierfür grundsätzlich der Vorstand, der jedoch die Entscheidung auf nachgeordnete Stellen delegieren kann. Der Delegationsempfänger kann über die Selbstbefreiung in eigener Kompetenz entscheiden, wobei jedoch dem Vorstand eine Überwachungspflicht zukommt. Ferner verbleibt dem Vorstand das

Letztentscheidungsrecht, durch welches er die Entscheidungsbefugnis jederzeit an sich ziehen kann.

Sobald eine Befreiungsentscheidung getroffen wurde, muss nicht bei jedem weiteren Zwischenschritt eine erneute Befreiung beschlossen werden, da die Entscheidung ohnehin stets überprüft werden muss. Ist sich der Emittent nicht sicher, ob bereits eine Insider-Information entstanden ist, dann ist es ihm möglich, eine vorsorgliche Selbstbefreiungsentscheidung zu treffen.

Bei einer späteren Bekanntgabe der Insider-Information ist deren aktueller Stand bekannt zu geben. Die einzelnen Zwischenschritte seit dem Selbstbefreiungsbeschluss sind nicht zu benennen.

6. **Ausblick auf die Marktmissbrauchsverordnung**

Die Marktmissbrauchsverordnung knüpft im Rahmen der Konkretheit eines Zwischenschritts nicht mehr an das Merkmal der „hinreichenden" Wahrscheinlichkeit an, sondern fordert einer „vernünftige Erwartung" des Eintritts des künftigen Ereignisses. Wesentliche Änderungen im Rahmen der ad-hoc-rechtlichen Beurteilung von Zwischenschritten sind dadurch jedoch nicht veranlasst.

Im Hinblick auf das Tatbestandsmerkmal der Kursrelevanz sind in der Marktmissbrauchsverordnung keine Neuerungen enthalten.

Aus Art. 12 Abs. 5 Marktmissbrauchsverordnung lässt sich im Umkehrschluss ableiten, dass die Selbstbefreiung einer aktiven Entscheidung des Emittenten bedarf.

7. **Anwendung auf M&A-Transaktionen**

Bei der Beurteilung der Ad-hoc-Publizitätspflicht bei M&A-Transaktionen sind die Blickwinkel des Käufers, des Verkäufers sowie der Zielgesellschaft zu unterscheiden. Sind Käufer und Verkäufer Tochtergesellschaften einer börsennotierten Konzernobergesellschaft, so kann auch diese veröffentlichungspflichtig sein.

Aus Sicht von Käufer und Verkäufer entsteht eine Insider-Information regelmäßig erst mit Abschluss eines Letter of Intents bzw. sobald dessen Unterzeichnung überwiegend wahrscheinlich ist. Vorgesprächen und Vertraulichkeitsvereinbarungen fehlt es demgegenüber an der Kursrelevanz, da der Eintritt des Endereignisses noch zu ungewiss ist.

Die Durchführung der Due Diligence stellt selbst zumeist ein kursrelevantes Ereignis dar. Der erfolgreiche Abschluss der Due Diligence lässt jedoch den Transaktionsabschluss als Endereignis überwiegend wahrscheinlich werden. Alle nachgehenden Schritte, wie zum Beispiel die Einigung über wesentliche Punkte, erhöhen die Eintrittswahrscheinlichkeit noch mehr.

Ist eine fusionskontrollrechtliche Überprüfung erforderlich, dann handelt es sich um einen weiteren selbständigen gestreckten Geschehensverlauf. Die Kursrelevanz der fusionskontrollrechtlichen Prüfung hängt von dem Inhalt der Verpflichtungszusagen ab sowie von der zu erwartenden Freigabe auf Basis der Gespräche mit den Behörden.

Auch aus Sicht der Zielgesellschaft ist regelmäßig mit Unterzeichnung eines Letter of Intents eine Insider-Information entstanden.

Im Sonderfall des Auktionsverfahrens kann für den Veräußerer schon mit dem Entschluss zur Unternehmensveräußerung entstehen, spätestens jedoch mit

Eingang zufriedenstellender indikativer Angebote. Aus Sicht des Bieters in einem Auktionsverfahren entsteht eine Insider-Information frühestens dann, wenn Exklusivität für die Verhandlungen gewährt wird, ansonsten erst mit Erlangung einer wirtschaftlichen Einigung.

8. **Anwendung auf Personalmaßnahmen**
Kursrelevante Personalveränderungen bei einem Emittenten können nicht nur in der Führungsetage entstehen, sondern bei allen Mitarbeitern, die in Schlüsselpositionen arbeiten oder Einfluss auf die Unternehmensentwicklung haben.
Im Fall der Amtsniederlegung eines Vorstands ist die Willensbildung im privaten Bereich keine zu veröffentlichende Information. Mit Einweihung des Aufsichtsratsvorsitzenden entsteht auf Ebene der Gesellschaft eine zu veröffentlichende Insider-Information.
Wenn ein einvernehmliches Ausscheiden angestrebt ist, dann kann der Wunsch des Vorstands für sich schon eine kursrelevante Bedeutung haben. Sobald sich Anzeichen verdichten, dass ein geeigneter Nachfolger zur Verfügung steht, wird das Ausscheiden überwiegend wahrscheinlich. Der Vorstandswechsel wird hoch wahrscheinlich, wenn ein Ausschuss eine entsprechende Beschlussempfehlung abgibt.
Die Erkrankung eines Vorstandsmitglieds stellt erst dann eine Insider-Information dar, wenn und sobald die Krankheit Auswirkungen auf die Leistungsfähigkeit des Vorstands hat.

9. **Anwendung auf Kapitalmaßnahmen**
Bei der Kapitalerhöhung gegen Einlagen stellt das Pilot Fishing noch keine Insider-Information dar, da erst die Möglichkeit einer Kapitalerhöhung ausgelotet wird. Sobald im Anschluss konkret Investoren im Pre-Marketing angesprochen werden und die Preisspanne und Umfang der Kapitalerhöhung erkennbar sind, kann eine Insider-Information entstehen.
Eine Selbstbefreiung ist nur bis zur Einladung zur Hauptversammlung, die über die Kapitalmaßnahme beschließt, möglich. Das Restrisiko eines Scheiterns der Kapitalerhöhung entfällt fast vollständig, wenn die Kapitalerhöhung gezeichnet wurde, insbesondere wenn ein Underwriting Agreement abgeschlossen wurde.
Eine bedingte Kapitalerhöhung stellt im Regelfall kein kursrelevantes Ereignis dar.
Die Insider-Information entsteht mit der Beschlussfassung des Vorstands. Die fehlende Zustimmung des Aufsichtsrats rechtfertigt eine Selbstbefreiung. Die Ad-hoc-Mitteilung ist jedoch nach der erteilten Zustimmung des Aufsichtsrats zu veröffentlichen. Mit Zeichnung der Kapitalerhöhung aus genehmigtem Kapital und Festsetzung des Bezugspreises im Wege des Bookbuilding-Verfahrens ist eine Aktualisierung der Ad-hoc-Mitteilung angezeigt.
Eine Kapitalherabsetzung kann ab Beschlussfassung des Vorstands eine Insider-Information darstellen.

Literaturverzeichnis

Apfelbacher Gabriele / Polke Peter, Ad-hoc-Publizität bei zukünftigen Ereignissen und gestreckten Sachverhalten – (Nichts) Neues aus Luxemburg und Brüssel?, CFL 2012, 275–281

Assmann Heinz-Dieter, Das künftige deutsche Insiderrecht (I), AG 1994, 196–206

Assmann Heinz-Dieter, Das neue deutsche Insiderrecht, ZGR 1994, 494–529

Assmann Heinz-Dieter, Konzeptionelle Grundlagen des Anlegerschutzes, ZBB 1989, 49–63

Assmann Heinz-Dieter, Unternehmenszusammenschlüsse und Kapitalmarktrecht, ZHR 172 (2008), 635–665

Assmann Heinz-Dieter / Schneider Uwe H. (Hrsg), WpHG, 6. Auflage, Köln, 2012

Assmann Heinz-Dieter / Schütze Rolf A., Handbuch des Kapitalanlagerechts, 4. Auflage, München, 2015

Bachmann Gregor, Ad-hoc-Publizitätspflicht nach „Geltl“, DB 2012, 2206–2211

Bachmann Gregor, Kapitalmarktrechtliche Probleme bei der Zusammenführung von Unternehmen, ZHR 172 (2008), 597–634

Baumbach Adolf / Duden Konrad, Handelsgesetzbuch mit Nebengesetzen ohne Seerecht, 24. Auflage, München, 1980

Bayer Walter, Erkrankungen von Vorstandsmitgliedern, Rechtlicher Rahmen, empirische Studie, Empfehlungen an Praxis und Regelsetzer, S. 87–97, in: Erle Bernd, Goette Wulf, Kleindiek Detlef, Krieger Gerd, Priester Hans-Joachim, Schubel Christian, Schwab Martin, Teichmann Christoph, Witt Carl-Heinz (Hrsg.), Festschrift für Peter Hommelhoff zum 70. Geburtstag, Köln 2012

Beck'sches Formularbuch Zivil-, Wirtschafts- und Unternehmensrecht, Deutsch-Englisch, Walz Robert (Hrsg.), 3. Auflage, München, 2014

Beck'sches Handbuch Unternehmenskauf im Mittelstand – Vertragsgestaltung, Steuerliche Strukturierung für Käufer und Verkäufer, Ettinger Jochen/Jaques Henning (Hrsg.), München 2012

Beck'sche Online-Formulare Vertrag, Weise Stefan/Krauß Hans-Frieder (Hrsg.), 28. Edition, München 2014

Bedkowski Dorothea, Der neue Emittentenleitfaden der BaFin, BB 2009, 394–400

Behn Lars, Ad-hoc-Publizität und Unternehmensverbindungen – Informationszugang des Emittenten im faktischen Aktienkonzern, Baden-Baden 2012

Beisel Wilhelm / Klumpp Hans-Hermann, Der Unternehmenskauf – Gesamtdarstellung der zivil- und steuerrechtlichen Vorgänge einschließlich gesellschafts-, arbeits- und kartellrechtlicher Fragen bei der Übertragung eines Unternehmens, 6. Auflage, München, 2009

Bergjan Ralf / Schwarz Philipp, Scheitern von Vertragsverhandlungen bei M&A-Transaktionen: Die Breakup-Fee-Klausel im Letter of Intent, GWR 2013, 4–6

Bingel Adrian, Die „Insiderinformation“ in zeitlich gestreckten Sachverhalten und die Folgen der jüngsten EuGH-Rechtsprechung für M&A-Transaktionen, AG 2012, 685–700

Birk Dieter / Bruse Matthias / Saenger Ingo (Hrsg.), Forum Unternehmenskauf 2013 – Aus dem Münsterander Studiengang „Mergers & Acquisitions“, Baden-Baden 2014

Brandi Tim Oliver / Süßmann Rainer, Neue Insiderregeln und Ad-hoc-Publizität – Folgen für den Ablauf und Gestaltung von M&A-Transaktionen, AG 2004, 642–658

Brealey Richard A. / Myers Stewart C. / Allen Franklin, Principles of Corporate Finance, Ninth Edition, 2008, London

Brellochs Michael, Zur Ad-hoc-Publizität bei gestreckten Sachverhalten, ZIP 2013, 1170–1173

Büche Christian, Die Pflicht zur Ad-hoc-publizität als Baustein eines integeren Finanzmarkts – Die Vorgaben der Marktmissbrauchs-Richtlinie und ihre Umsetzung in § 15 WpHG, Baden-Baden, 2005

Buck-Heeb Petra, BGH: Haftung für verspätete Ad-hoc-Mitteilung bei zeitlich gestrecktem Vorgang, LMK 2013, 348684

Buck-Heeb Petra, Die Haftung von Mitgliedern des Leitungsorgans bei unklarer Rechtslage, BB 2013, 2247–2257

Buck-Heeb Petra, Kapitalmarktrecht, 6. Auflage, Heidelberg, 2013

Burg Michael / Marx Eric, Der neue Emittentenleitfaden der BaFin (2009) – Unter besonderer Berücksichtigung des Erfordernisses eines Freistellungsbeschlusses nach § 15 Abs. 3 Satz 1 WpHG, AG 2009, 487–491

Bürgers Tobias, Das Anlegerschutzverbesserungsgesetz, BKR 2004, 424–432

Cahn Andreas, Das neue Insiderrecht, Der Konzern 2005, 5–13

Callies Christian / Ruffert Matthias, EUV/AEUV – Das Verfassungsrecht der Europäischen Union mit Europäischer Grundrechtecharta, 4. Auflage, München, 2011

Claussen Carsten P., Neues zur kommenden Insidergesetzgebung (II), ZBB 1992, 267–283

Claussen Carsten P. / Florian Ulrich, Der Emittentenleitfaden, AG 2005, 745–765

Dreier Horst, Grundgesetz Kommentar, Band III, Art. 83–146, 2. Auflage, Tübingen, 2008

Dreyling Georg, Das Vierte Finanzmarktförderungsgesetz – Überregulierung oder Notwendigkeit?, Die Bank 2002, 16–21

Eichner Moritz Peter, Insiderrecht und Ad-hoc-Publizität nach dem Anlegerschutzverbesserungsgesetz, Baden-Baden, 2009

Ekkenga Jens, Individuelle Entscheidungsprozesse im Recht der Ad-hoc-Publizität – Sieben Thesen zum Fall Geltl/Daimler/Schrempp, NZG 2013, 1081–1087

Erbs Georg / Kohlhaas Max (Hrsg.), Strafrechtliche Nebengesetze, Stand 197. Ergänzungslieferung, München, 2014

Fleischer Holger, Ad-hoc-Publizität bei einvernehmlichen vorzeitigen Ausscheiden des Vorstandsvorsitzenden, NZG 2007, 401–407

Fleischer Holger, Gesundheitsprobleme eines Vorstandsmitglieds im Lichte des Aktien- und Kapitalmarktrechts, NZG 2010, 561–568

Fleischer Holger, Handbuch des Vorstandsrechts, München 2006

Fleischer Holger, Schwere Erkrankung des Vorstandsvorsitzenden und Ad-hoc-Publizität – Zum Spannungsverhältnis zwischen Markttransparenz und personenbedingten Geheimhaltungsinteressen im deutschen und US-amerikanischen Kapitalmarktrecht – S. 333–352, in: Burgard Ulrich, Hadding Walther, Mülbert Peter O., Nietsch Michael, Welter Reinhard (Hrsg.), Festschrift für Uwe H. Schneider zum 70. Geburtstag, Köln 2011

Fleischer Holger / Bedkowski Dorothea, Aktien- und kapitalmarktrechtliche Probleme des Pilot Fishing bei Börsengängen und Kapitalerhöhungen, DB 2009, 2195–2200

Fuchs Andreas (Hrsg.), Wertpapierhandelsgesetz (WpHG), München, 2009

Fürhoff Jens, Neuregelungen der Ad-hoc-Publizitätspflicht auf europäischer Ebene, AG 2003, 80–85

Gehrt John Alexander, Die neue Ad-hoc-Publizität nach § 15 Wertpapierhandelsgesetz – Eine kritische Betrachtung im Vergleich zur französischen und angloamerikanischen Regelung, Baden-Baden 1997

Götze Cornelius, Ad-hoc-Publizitätspflicht bei Zulassung einer Due Diligence durch AG-Vorstand?, BB 1998, 2326–2330

Grabitz Eberhard / Hilf Meinhard / Nettesheim Martin, Das Recht der Europäischen Union, Stand 51. Ergänzungslieferung, München, 2013

Gran Andreas, Abläufe bei Mergers & Acquisitions, NJW 2008, 1409–1415

Groß Wolfgang, Befreiung von der Ad-hoc-Publizitätspflicht nach § 15 Abs. 3 WpHG, S. 385–399, in: Burgard Ulrich, Hadding Walther, Mülbert Peter O., Nietsch Michael, Welter Reinhard (Hrsg.), Festschrift für Uwe H. Schneider zum 70. Geburtstag, Köln 2011

Großkommentar Aktiengesetz, Hopt Klaus J./Wiedemann Herbert (Hrsg.), Dritter Band – §§ 76–94, 4. Auflage, Berlin, 2008

Gruson Michael / Wiegmann William J., Die Ad-hoc-Publizitätspflicht von Unternehmen nach amerikanischem Recht und die Auslegung von § 15 WpHG, AG 1995, 173–181

Gunßer Christian, Ad-hoc-Publizität bei Unternehmenskäufen und – übernahmen, Baden-Baden 2008

Gunßer Christian, Ad-hoc-Veröffentlichungspflicht bei zukunftsbezogenen Sachverhalten, NZG 2008, 855–858

Habersack Mathias / Mülbert Peter O. / Schlitt Michael, Handbuch der Kapitalmarktinformation, 2. Auflage, München, 2013

Habersack Mathias / Mülbert Peter O. / Schlitt Michael, Unternehmensfinanzierung am Kapitalmarkt, 3. Auflage, Köln, 2013

Hanke Kerstin / Socher Oliver, Fachbegriffe aus M & A und Corporate Finance – Der Unternehmenskauf in Planungs- und Bieterphase, NJW 2010, 664–666

Happ Wilhelm, Zum Regierungsentwurf eines Wertpapierhandelsgesetzes, JZ 1994, 240–246

Harbarth Stephan, Ad-hoc-Publizität beim Unternehmenskauf, ZIP 2005, 1898–1909

Hauschka Christoph E., Corporate Compliance – Handbuch der Haftungsvermeidung im Unternehmen, 2. Auflage, München, 2010

Hazen Thomas Lee, The law of securities regulation, Sixth Edition, 2009, St. Paul, Minnesota, USA

Heidel Thomas (Hrsg), Aktienrecht und Kapitalmarktrecht, 4. Auflage, Baden-Baden, 2014

Heider Karsten / Hirte Markus, Ad hoc-Publizität bei zeitlich gestreckten Vorgängen, GWR 2012, 429–432

Heidmeier Heiner, Die Ad-hoc-Publizitätspflicht gemäß § 44a BörsG im System der Berichtspflichten für börsennotierte Aktiengesellschaften, AG 1992, 110–115

Hellgardt Alexander, The notion of inside information in th Market Abuse Directive: *Geltl*, CMLR 2013, 861–874

Hemeling Peter, Gesellschaftsrechtliche Fragen der Due Diligence beim Unternehmenskauf, ZHR 169 (2005), 274–294

Herfs Achim, Weiter im Blindflug – Zur Ad-hoc-Pflicht bei gestreckten Geschehensverläufen aus Sicht der Praxis, DB 2013, 1650–1656

Hitzer Martin, Zum Begriff der Insiderinformation, NZG 2012, 860–863

Hölters Wolfgang (Hrsg.), Aktiengesetz, 2. Auflage, München, 2014

Hölters Wolfgang, Handbuch Unternehmenskauf, Bewertung Finanzierung Steuern Arbeitsrecht Kartellrecht Vertragsgestaltung Öffentliche Übernahmen, Besonderheiten bei Aktiengesellschaften, Immobilien, Insolvenz und im internationalen Rechtsverkehr, Vertragsbeispiele und Checklisten, 7. Auflage, Köln, 2010

Holzapfel Hans-Joachim / Pöllath Reinhard, Unternehmenskauf in Recht und Praxis – Rechtliche und steuerliche Aspekte, 14. Auflage, Köln, 2010

Holzborn Timo / Israel Alexander, Das Anlegerschutzverbesserungsgesetz, WM 2004, 1948–1956

Hopt Klaus J., Europäisches und deutsches Insiderrecht, ZGR 1991, 17–73

Hopt Klaus J., Grundsatz- und Praxisprobleme nach dem Wertpapierhandelsgesetz – insbesondere Insidergeschäfte und Ad-hoc-Publizität –, ZHR 159 (1995), 135–163

Hopt Klaus J., Rechtsprobleme des europäischen und deutschen Insiderrechts, BFuP 1994, 85–98

Hopt Klaus J. / Veil Rüdiger / Kämmerer Jörn Axel, Kapitalmarktgesetzgebung im Europäischen Binnenmarkt, Tübingen 2008

Hopt Klaus J. / Will Michael R., Europäisches Insiderrecht – Einführende Untersuchung, Ausgewählte Materialien, Stuttgart, 1973

Hueck Götz, Arbeitskreis Gesellschaftsrecht, Verbot des Insiderhandelns, Rechtspolitische Überlegungen und Vorschlag eines Gesetzes gegen unlautere Börsengeschäfte in Wertpapieren, Heidelberg 1976

Hüffer Uwe (Hrsg.), Aktiengesetz, 11. Auflage, München, 2014

Hupka Jan, Das Insiderrecht im Lichte der Rechtsprechung des EuGH, EuZW 2011, 860–865

Hupka Jan, Kapitalmarktaufsicht im Wandel – Rechtswirkungen der Empfehlungen des Committee of European Securities Regulators (CESR) im deutschen Kapitalmarktrecht, WM 2009, 1351–1359

Hutter Stephan / Lepper Michael, Das 4. Finanzmarktförderungsgesetz aus Unternehmenssicht, NZG 2002, 649–657

Ihrig Hans-Christoph, Ad-hoc-Pflichten bei gestreckten Geschehensabläufen – Praxisfragen aus dem „Geltl"-Urteil des EuGH, S. 113–141, in: Gesellschaftsrecht in der Diskussion 2012, Jahrestagung der Gesellschaftsrechtlichen Vereinigung (VGR), Köln 2013

Ihrig Hans-Christoph / Kranz Christopher, Das Geltl/Daimler-Verfahren in der nächsten Runde – Keine abschließende Weichenstellung des BGH für die Ad-hoc-Publizität bei gestreckten Geschehensabläufen, AG 2013, 515–518

Ihrig Hans-Christoph / Kranz Christopher, EuGH-Entscheidung Geltl/Daimler: „Selbstbefreiung" von der Ad-hoc-Publizitätspflicht – Offene Streitfragen im Umgang mit § 15 Abs. 3 WpHG, AG 2013, 451–458

Ihrig Hans-Christoph / Schäfer Carsten, Rechte und Pflichten des Vorstands, Köln, 2014

Immenga Ulrich / Mestmäcker Hans-Joachim, Wettbewerbsrecht – Band 1. EU/Teil 1, Kommentar zum Europäischen Kartellrecht, 5. Auflage, München 2012

J. von Staudingers Kommentar zum Bürgerlichen Gesetzbuch mit Einführungsgesetz und Nebengesetzen, Buch 2 – Recht der Schuldverhältnisse, §§ 823 E-I, 824, 825 (Unerlaubte Handlungen 1 – Teilband 2), Neubearbeitung 2009, Berlin, 2009

Kaserer Christoph, Unternehmensfinanzierung im Wandel: Mehr Kapitalmarkt – weniger Banken, AG 2013, R100–R102

Kästle Florian / Oberbracht Dirk, Unternehmenskauf – Share Purchase Agreement, 2. Auflage, München, 2010

Kert Robert, Vorschläge für neue EU-Instrumente zur (strafrechtlichen) Bekämpfung von Insiderhandel und Marktmanipulation, NZWiSt 2013, 252–261

Kiesewetter Matthias / Parmentier Miriam, Verschärfung des Marktmissbrauchsrechts – ein Überblick über die neue EU-Verordnung über Insidergeschäfte und Marktmanipulation, BB 2013, 2371–2379

Kindhäuser Urs / Neumann Ulfrid / Paeffgen Hans-Ullrich, Strafgesetzbuch, 4. Auflage, Baden-Baden, 2013

Kleinheisterkamp Thomas / Schell Matthias, Der Übergang des wirtschaftlichen Eigentums an Kapitalgesellschaften beim Unternehmenskauf, DStR 2010, 833–839

Klie Marcus, Informationspflichten des Vorstands einer AG bei der Ausnutzung genehmigten Kapitals unter Bezugsrechtsausschluss und Folgen ihrer Missachtung, DStR 2013, 530–534

Klimaänderung 2007 Synthesebericht – Ein Bericht des Zwischenstaatlichen Ausschusses für Klimaänderungen (IPCC), Berlin, 2008

Klöhn Lars, Ad-hoc-Publizität und Insierverbot nach „Lafonta", NZG 2015, 809–817

Klöhn Lars, Das deutsche und europäische Insiderrecht nach dem Geltl-Urteil des EuGH, ZIP 2012, 1885–1895

Klöhn Lars, Der „gestreckte Geschehensablauf" vor dem EuGH, NZG 2011, 166–171

Klöhn Lars, Kapitalmarkt, Spekulation und Behavioral Finance – Eine interdisiplinäre und vergleichende Analyse zum Fluch und Segen der Spekulation und ihrer Regulierung durch Recht und Markt, Berlin, 2006

Klöhn Lars, Lafonta/AMF – die neue cause célèbre des europäischen Insiderrechts?, ZIP 2014, 945–954

Koch Philipp, Die Ad-hoc-Publizität nach dem Kommissionsentwurf einer Marktmissbrauchsverordnung – Nicht ad-hoc-pflichtige Insiderinformationen und Aufschub der Veröffentlichung bei systemrelevanten Insiderinformationen, BB 2012, 1365–1369

Kocher Dirk / Schneider Sebastian, Zuständigkeitsfragen im Rahmen der Ad-hoc-Publizität, ZIP 2013, 1607–1612

Kocher Dirk / Widder Stefan, Ad-hoc-Publizität bei M&A-Transaktionen – Praktische Auswirkungen des Vorlagebeschlusses des BGH zur insiderrechtlichen Beurteilung unsicherer und gestreckter Sachverhalte –, CFL 2011, 88–96

Kocher Dirk / Widder Stefan, Ad-hoc-Publizität in Unternehmenskrise und Insolvenz, NZI 2010, 925–932

Kocher Dirk / Widder Stefan, Die Bedeutung von Zwischenschritten bei der Definition von Insiderinformationen, BB 2012, 2837–2841

Kocher Dirk / Widder Stefan, EuGH: Zwischenschritte einer gestreckten Entscheidung als Insider-Information, BB 2012, 1817–1821

Kölner Kommentar zum Aktiengesetz, Zöllner Wolfgang/Noack Ulrich (Hrsg.), Band 2/1 – §§ 76–94, 3. Auflage, Köln, 2010

Kölner Kommentar zum WpHG, Hirte Heribert/Möllers Thomas M.J. (Hrsg.), 1. Auflage, Köln, 2007

Kölner Kommentar zum WpHG, Hirte Heribert/Möllers Thomas M.J. (Hrsg.), 2. Auflage, Köln, 2014

Kommission der Europäischen Wirtschaftsgemeinschaft (Hrsg.), Der Aufbau eines europäischen Kapitalmarktrechts, Bericht einer von der EWG-Kommission eingesetzten Sachverständigengruppe, Brüssel, 1966

Kösters Friedrich, Letter of Intent – Erscheinungsformen und Gestaltungshinweise, NZG 1999, 623–626

Krämer Lutz / Heinrich Tobias A., Emittentenleitfaden „reloaded“, ZIP 2009, 1737–1747

Krämer Lutz / Teigelack Lars, Gestaffelte Selbstbefreiungen bei gegenläufigen Insiderinformationen?, AG 2012, 20–28

Krause Rüdiger, Ad-hoc-Publizitätspflicht und haftungsrechtlicher Anlegerschutz, ZGR 2002, 799–841

Kübler Friedrich, Transparenz am Kapitalmarkt – Wirtschaftspolitische Grundlagen aktueller Regelungsprobleme, AG 1977, 85–92

Kümpel Siegfried / Veil Rüdiger, Wertpapierhandelsgesetz – Eine systematische Darstellung, 2. Auflage, Berlin, 2006

Kümpel Siegfried / Wittig Arne, Bank- und Kapitalmarktrecht, 4. Auflage, Köln, 2011

Kuthe Thorsten, Änderungen des Kapitalmarktrechts durch das Anlegerschutzverbesserungsgesetz, ZIP 2004, 883–888

Langenbucher Katja, Zum Begriff der Insiderinformation nach dem Entwurf für eine Marktmissbrauchsverordnung, NZG 2013, 1401–1406

Lebherz Axel, Publizitätspflichten bei der Übernahme börsennotierter Unternehmen, WM 2010, 154–163

Lenenbach Markus, Kapitalmarktrecht und kapitalmarktrelevantes Gesellschaftsrecht, 2. Auflage, Köln, 2010

Leuering Dieter, Behandlung zukünftiger Umstände im Recht der Ad-hoc-Publizität, DStR 2008, 1287–1290

Liese Jens / Kraft Moritz, Anmerkung zum Urteil des EuGH vom 28.06.2012 (C-19/11; CCZ 2013, 219)- Zur Frage, ob Insider-Informationen einzelne Ereignisse zeitlich gestreckter Vorgänge sein können, CCZ 2013, 222–223

Linker Anja Celina / Zinger Georg, Rechte und Pflichten der Organe der Aktiengesellschaft bei der Weitergabe vertraulicher Unternehmensinformationen, NZG 2002, 497–502

Loewenheim Ulrich / Meessen Karl M. / Riesenkampff Alexander, Kartellrecht, 2. Auflage, München, 2009

Löffer Christoph, Anmerkung zum Urteil des EuGH vom 28.06.2012 (C-19/11, NZWiSt 2012, 303) – Zum Begriff der Insiderinformation, NZWiSt 2012, 306–310

Lutter Marcus / Bayer Walter / Schmidt Jessica, Europäisches Unternehmens- und Kapitalmarktrecht, Berlin/Boston, 5. Auflage 2012, in: Zeitschrift für Unternehmens- und Gesellschaftsrecht, Sonderheft 1 Teil 1

Lutter Marcus / Krieger Gerd / Verse Dirk A., Rechte und Pflichten des Aufsichtsrats, 6. Auflage, Köln, 2014

Marsch-Barner Reinhard / Schäfer Frank A. (Hrsg.), Handbuch börsennotierte AG – Aktien- und Kapitalmarktrecht, 3. Auflage, Köln, 2014

Maunz Theodor / Dürig Günter, Grundgesetz Kommentar, Stand 70. Ergänzungslieferung Dezember 2013, Band VI, Art. 86 – Art. 106a, München

Mayer Christian / Miege Christian, Die Rechtsfolgen eines Verstoßes gegen das zusammenschlussrechtliche Vollzugsverbot – Nichtigkeit der den Verstoß begründenden Rechtsgeschäfte?, BB 2008, 2031–2034

Mennicke Petra, Ad-hoc-Publizität bei gestreckten Entscheidungsprozessen und die Notwendigkeit einer Befreiungsentscheidung des Emittenten, NZG 2009, 1059–1063

Mennicke Petra, Steine statt Brot – Weiterhin keine Rechtssicherheit zur Ad-hoc-Publizität bei sog. gestreckten Entscheidungsprozessen, ZBB 2013, 244–252

Merkner Andreas / Sustmann Marco, Insiderrecht und Ad-Hoc-Publizität – Das Anlegerschutzverbesserungsgesetz „in der Fassung durch den Emittentenleitfaden der BaFin", NZG 2005, 729–738

Merkner Andreas / Sustmann Marco, Reform des Markmissbrauchsrechts: Die Vorschläge der Europäischen Kommission zur Verschärfung des Insiderrechts, AG 2012, 315–324

Meyer Andreas / Kiesewetter Matthias, Rechtliche Rahmenbedingungen des Beteiligungsaufbaus im Vorfeld von Unternehmensübernahmen, WM 2009, 340–349

Mielke Werner / Welling Inken, Kartellrechtliche Zulässigkeit von Conduct of Business-Klauseln in Unternehmenskaufverträgen, BB 2007, 277–283

Mock Sebastian, Gestreckte Verfahrensabläufe im Europäischen Insiderhandelsrecht, ZBB 2012, 286–292

Möllers Thomas M. J., Das europäische Kapitalmarktrecht im Umbruch, ZBB 2003, 390–409

Möllers Thomas M. J. / Kernchen Eva, Information Overload am Kapitalmarkt, ZGR 2011, 1–26

Möllers Thomas M. J. / Seidenschwann Sabine, Anlegerfreundliche Auslegung des Insiderrechts durch den EuGH, NJW 2012, 2762–2765

Mülbert Peter O., Anlegerschutz und Finanzmarktregulierung – Grundlagen, ZHR 177 (2013) 160–211

Müller Bernhard, Einstweiliger Rechtsschutz für Unternehmen im Fusionskontrollverfahren, WRP 2002, 1037–1049

Müller Knut, Führungskräfte: Haftung und Enthaftung, NZA-Beilage 2014, 30–37

Münchener Anwalts Handbuch Aktienrecht, Schüppen Matthias/Schaub Bernhard (Hrsg.), 2. Auflage, München, 2010

Münchener Handbuch des Gesellschaftsrechts, Hoffmann-Becking Michael (Hrsg.), Band 4 Aktiengesellschaft, 3. Auflage, München, 2007

Münchener Kommentar zum Aktiengesetz, Band 2 – §§ 76–117, MitbestG, DrittelbG, 4. Auflage, München 2014

Münchener Kommentar zum Aktiengesetz, Band 4 – §§ 179–277, 3. Auflage, München 2011

Münchener Kommentar zum Bürgerlichen Gesetzbuch, Band 1 – Allgemeiner Teil, §§ 1–240, ProstG, AGG, 6. Auflage, München, 2012

Münchener Kommentar zum Bürgerlichen Gesetzbuch, Band 5 – Schuldrecht, Besonderer Teil III, §§ 705–853, Partnerschaftsgesellschaftsgesetz, Produkthaftungsgesetz, 6. Auflage, München, 2013

Nietsch Michael, Schadensersatzhaftung wegen Vorstoßes gegen Ad-hoc-Publizitätspflichten nach dem Anlegerschutzverbesserungsgesetz, BB 2005, 785–790

Nikoleyczik Tobias, Der neue Emittentenleitfaden der BaFin, GWR 2009, 264–266

Pananis Panos, Zur Abgrenzung von Insidertatsache und ad-hoc-publizitätspflichtigem Sachverhalt bei mehrstufigen Entscheidungsprozessen, WM 1997, 460–464

Park Tido (Hrsg.), Kapitalmarktstrafrecht – Straftaten, Ordnungswidrigkeiten, Finanzaufsicht, Compliance, 3. Auflage, Baden-Baden, 2013

Parmentier Miriam, Ad-hoc-Publizität bei Börsengang und Aktienplatzierung, NZG 2007, 407–416

Parmentier Miriam, Die Verhandlung eines Rechtssetzungsvorschlags der Kommission in den Arbeitsgruppen des Rates am Beispiel des EU-Marktmissbrauchsrechts, BKR 2013, 133–141

Parmentier Miriam, Insiderinformation nach dem EuGH und vor der Vereinheitlichung, WM 2013, 970–978

Pattberg Holder / Bredol Martin, Der Vorgang der Selbstbefreiung von der Ad-hoc-Publizitätspflicht, NZG 2013, 87–91

Pellens Bernhard, Ad-hoc-Publizitätspflicht des Managements börsennotierter Unternehmen nach § 44 a BörsG, AG 1991, 62–69

Pellens Bernhard / Fülbier Rolf-Uwe, Publizitätspflichten nach dem Wertpapierhandelsgesetz, DB 1994, 1381–1388

Picot Gerhard, Handbuch Mergers & Acquisitions, Planung – Durchführung – Integration, 4. Auflage, Stuttgart, 2008

Reger Gerald / Stenzel Igor, Der Kapitalschnitt auf Null als Mittel zur Sanierung von Unternehmen – Gesellschaftsrechtliche, börsenzulassungsrechtliche und kapitalmarktrechtliche Konsequenzen, NZG 2009, 1210–1214

Rehahn Johannes, Teilschritte gestreckter Vorgänge als Insiderinformation, GPR 2012, 319–322

Schäfer Carsten, Vereinbarungen bei Aktienemissionen, ZGR 2008, 455–494

Schäfer Frank A., Grundzüge des neuen Börsenrechts, ZIP 1987, 953–959

Schäfer Frank A. / Hamann Uwe (Hrsg.), Kapitalmarktgesetzte, Band 1 – Wertpapierhandelsgesetz, Börsengesetz mit BörsZulV, Werpapierprospektgesetz, 2. Auflage, Stand 1/2013, Stuttgart, 2013

Schall Alexander, Anmerkungen zum Urteil des EuGH vom 28.6.2012, Rs. C-19/11 – Insiderinformationen und Publizitätspflichten in gestreckten Entscheidungsprozessen, ZIP 2012, 1286–1288

Schimansky Herbert / Bunte Hermann-Josef / Lwowski Hans-Jürgen, Bankrechts-Handbuch, Band II, 4. Auflage, München 2011

Schlitt Michael / Schäfer Susanne, Alte und neue Fragen im Zusammenhang mit 10 %-Kapitalerhöhungen, AG 2005, 67–77

Schlitt Michael / Schäfer Susanne, Finanzmarktkommunikation anlässlich von Kapitalmarkttransaktionen, S. 2469–2488, in: Grundmann Stefan, Haar Brigitte, Merkt Hanno, Mülbert Peter O., Wellenhofer Marina, Baum Harald, von Hein Jan, von Hippel Thomas, Pistor Katharina, Roth Markus, Schweitzer Heike (Hrsg.), Festschrift für Klaus J. Hopt zum 70. Geburtstag am 24. August 2010, Unternehmen, Markt und Verantwortung, Band 2, Berlin/New York 2010

Schlitt Michael / Singhof Bernd / Schäfer Susanne, Aktuelle Rechtsfragen und neue Entwicklungen im Zusammenhang mit Börsengängen, BKR 2005, 251–264

Schmidt Karsten / Lutter Marcus, Aktiengesetz, Band 1 – §§ 1–149, 2. Auflage, Köln, 2010

Schneider Sven H., Die Weitergabe von Insiderinformation, NZG 2005, 702–707

Schneider Sven H., Selbstbefreiung von der Pflicht zur Ad-hoc-Publizität, BB 2005, 897–902

Schneider Uwe H. / Gilfrich Stephanie Uta, Die Entscheidung des Emittenten über die Befreiung von der Ad-hoc-Publizitätspflicht, BB 2007, 53–56

Schödermeier Martin / Wallach Edgar, Die Insider-Richtlinie der Europäischen Gemeinschaft, EuZW 1990, 122–126

Schröder Sönke, Die Selbstbefreiung von der Ad-hoc-Publizität nach § 15 Absatz 3 WpHG, Berlin 2011

Schumacher Thorsten, Ad-hoc-Publizitätspflichten börsennotierter Fußballclubs, NZG 2001, 769–779

Schwark Eberhard, Das neue Kapitalmarktrecht, NJW 1987, 2041–2048

Schwark Eberhard (Hrsg.), Kapitalmarktrechts-Kommentar: Börsengesetz mit Börsenzulassungsverordnung, Verkaufsprospektegesetz mit Verkaufsprospekteverordnung, Wertpapierhandelsgesetz, Werpapiererwerbs- und Übernahmegesetz, 3. Auflage, München, 2004

Schwark Eberhard / Zimmer Heiko (Hrsg.), Kapitalmarktrechts-Kommentar: Börsengesetz mit Börsenzulassungsverordnung, Verkaufsprospektegesetz mit Verkaufsprospekteverordnung, Wertpapierhandelsgesetz, Werpapiererwerbs- und Übernahmegesetz, 4. Auflage, München, 2010

Seibold Sebastian, Der Fall Götze – Transfermarkt und Ad-hoc-Publizität, NZG 2013, 809–813

Seibt Christoph H., Anmerkung zum Beschluss des BGH vom 23.4.2013, Az. II ZB 7/09 – Zur Insiderinformation, EWiR 2013, 433, 434

Seibt Christoph H., Barkapitalemissionen mit erleichtertem Bezugsrechtsausschluss deutscher Emittenten nach § 186 Abs. 3 Satz 4 AktG, CFL 2011, 74–87

Seibt Christoph H. / Voigt Hans-Christoph, Kapitalerhöhungen zu Sanierungszwecken, AG 2009, 133–147

Semler Johannes / Volhard Rüdiger, Arbeitshandbuch für Unternehmensübernahmen, Band 1, Unternehmensübernahme, Vorbereitung – Durchführung – Folgen, Ausgewählte Drittländer, München 2001

Semler Johannes / Von Schenk Kersten, Arbeitshandbuch für Aufsichtsratsmitglieder, 4. Auflage, München, 2013

Sethe Rolf, Kapitalmarktrechtliche Konsequenzen einer Kapitalherabsetzung, ZIP 2010, 1825–1832

Simon Stefan, Die neue Ad-hoc-Publizität, Der Konzern 2005, 13–22

Speier Torben, Insiderhandel und Ad-hoc-Publizität nach Anlegerschutzverbesserungsgesetz – Rechtliche Grundlagen und ausgewählte Fragen in einem veränderten kapitalmarktrechtlichen Gewand, Frankfurt am Main 2009

Spill Joachim, Due Diligence – Praxishinweise zur Planung, Durchführung und Berichterstattung, DStR 1999, 1786

Spindler Gerald, Kapitalmarktreform in Permanenz – Das Anlegerschutzverbesserungsgesetz, NJW 2004, 3449–3455

Spindler Gerald / Speier Torben, Die neue Ad-hoc-Publizität im Konzern, BB 2005, 2031–2035

Spindler Gerald / Stilz Eberhard (Hrsg.), Kommentar zum Aktiengesetz, Band 1, §§ 1–84, 2. Auflage, München, 2010

Spindler Gerald / Stilz Eberhard (Hrsg.), Kommentar zum Aktiengesetz, Band 2 – §§ 150–410, IntGesR, SpruchG, SE-VO, 2. Auflage, München, 2010

Staake Marco, Die Vorverlagerung der Ad-hoc-Publizität bei mehrstufigen Entscheidungsprozessen – Hemmnis oder Gebot einer guten Corporate Governance, BB 2007, 1573–1578

Szesny André-M., Zwischenschritte eines zeitlich gestreckten Vorgangs können ad-hoc-meldepflichtige Insiderinformation sein – Schrempp-Rücktritt, GWR 2012, 292

Technau Konstantin, Rechtsfragen bei der Gestaltung von Übernahmeverträgen („Underwriting Agreements") im Zusammenhang mit Aktienemissionen, AG 1998, 445–459

Teichmann Christoph, Haftung für fehlerhafte Information am Kapitalmarkt, JuS 2006, 953–960

Teigelack Lars, Insiderhandel und Marktmanipulation im Kommissionsentwurf einer Marktmissbrauchsverordnung, BB 2012, 1361–1365

The Committee of European Securities Regulators (CESR), Market Abuse Directive, Level 3 – second set of CESR guidance and information on the common operation of the Directive to the market, July 2007, Paris

Thomas Gunther, Delisting und Aktienrecht – Verfassungs- und gesellschaftsrechtliche Voraussetzungen des Rückzugs einer Aktiengesellschaft von der Börse, Berlin 2009

Tilp Andreas W., Zum Erfordernis der Kausalität zwischen einer fehlerhaften oder unterbliebenen Ad-hoc-Mitteilung und dem Schaden des Anlegers, ZIP 2002, 1729–1730

Trapp Christoph, Erleichterter Bezugsrechtsausschluß nach § 186 Abs. 3 S. 4 AktG und Greenshoe, AG 1997, 115–123

Veil Rüdiger, Europäisches Kapitalmarktrecht, 1. Auflage, Tübingen, 2011

Veil Rüdiger, Europäisches Kapitalmarktrecht, 2. Auflage, Tübingen, 2014

Veil Rüdiger / Koch Philipp, Auf dem Weg zu einem Europäischen Kapitalmarktrecht: die Vorschläge der Kommission zur Neuregelung des Marktmissbrauchs, WM 2011, 2297–2306

Veith Alexander, Die Befreiung von der Ad-hoc-Publizitätspflicht nach § 15 III WpHG, NZG 2005, 254–259

Viciano-Gofferje Martin / Cascante Christian, Neues aus Brüssel zum Insiderrecht – die Marktmissbrauchsverordnung, NZG 2012, 968–979

Von Bonin Gregor / Böhmer Jörg, Der Begriff der Insiderinformation bei gestreckten Sachverhalten, EuZW 2012, 694–698

Von Oppen Matthias / Menhart Katrin / Holst Peter, Die Ermittlung des Platzierungspreises bei einer 10%-Kapitalerhöhung im beschleunigten Bookbuilding-Verfahren, WM 2011, 1835–1842

Von Werder Andreas / Kost Timo, Vertraulichkeitsvereinbarungen in der M&A-Praxis, BB 2010, 2903–2911

Walla Fabian, Die Europäische Wertpapier- und Marktaufsichtsbehörde (ESMA) als Akteur bei der Regulierung der Kapitalmärkte Europas – Grundlagen, erste Erfahrungen und Ausblick, BKR 2012, 265–270

Weber Martin, Die Entwicklung des Kapitalmarktrechts im Jahre 2008, NJW 2009, 33–39

Weber Martin, Eintrittswahrscheinlichkeit und Kursrelevanz, S. 653–668, in: Grundmann Stefan, Kirchner Christian, Raiser Thomas, Schwintowski Hans-Peter, Weber Martin, Windbichler Christine (Hrsg.), Unternehmensrecht zu Beginn des 21. Jahrhunderts – Festschrift für Eberhard Schwark zum 70. Geburtstag, München 2009

Wellhöfer Werner / Peltzer Martin / Müller Welf, Die Haftung von Vorstand Aufsichtsrat Wirtschaftsprüfer mit GmbH-Geschäftsführer, München 2008

Wendel Heiko, Kapitalmarkt Compliance in der Praxis – Anforderungen an die Organisation in börsennotierten Unternehmen zur Erfüllung insiderrechtlicher Pflichten, CCZ 2008, 41–49

Wertenbruch Johannes, Die Ad-hoc-Publizität bei der Fußball-AG, WM 2001, 193–195

Widder Stefan, Ad-hoc-Publizität bei gestreckten Sachverhalten – BGH legt Auslegungsfragen dem EuGH vor, GWR 2011, 1–4

Widder Stefan, BGH: Zwischenschritt bei zeitlich gestrecktem Sachverhalt als Insiderinformation – Daimler/Geltl, BB 2013, 1483–1489

Widder Stefan, Die Befreiung von der Ad-hoc-Publizität ohne Selbstbefreiungsbeschluss?, BB 2009, 967–972

Widder Stefan, Vorsorgliche Ad-hoc-Meldungen und vorsorgliche Selbstbefreiungen nach § 15 Abs. 3 WpHG, DB 2008, 1480–1483

Widder Stefan / Bedkowski Dorothea, Ad-hoc-Publizität im Vorfeld öffentlicher Übernahmen – Kritische Überlegungen zu § 15 WpHG im übernahmerechtlichen Kontext, BKR 2007, 405–409

Wilsing Hans-Ulrich / Goslar Sebastian, Ad-hoc-Publizität bei gestreckten Sachverhalten – Die Entscheidung des EuGH vom 28.6.2012, C-19/11, „Geltl“

Wilsing Hans-Ulrich / Goslar Sebastian, „Daimler, die Dritte“ – Insiderinformation i.S. des § 13 Abs. 1 WpHG bei zeitlich gestreckten Vorgängen, DStR 2013, 1610–1613

Wölk Armin, Ad hoc-Publizität – Erfahrungen aus Sicht des Bundesaufsichtsamts für den Wertpapierhandel, AG 1997, 73–80

Ziemons Hildegard, Neuerungen im Insiderrecht und bei der Ad-hoc-Publizität durch die Marktmissbrauchsrichtlinie und das Gesetz zur Verbesserung des Anlegerschutzes, NZG 2004, 537–543

Zimmer Daniel, Die Selbstbefreiung – Achillesferse der Ad-hoc-Publizität? S. 669–682, in: Grundmann Stefan, Kirchner Christian, Raiser Thomas, Schwintowski Hans-Peter, Weber Martin, Windbichler Christine (Hrsg.), Unternehmensrecht zu Beginn des 21. Jahrhunderts – Festschrift für Eberhard Schwark zum 70. Geburtstag, München 2009

www.ingramcontent.com/pod-product-compliance
Ingram Content Group UK Ltd.
Pitfield, Milton Keynes, MK11 3LW, UK
UKHW021235031026
15588UKWH00001B/86

9 783631 670583